MELTE...

Niyet
Defteri

Her kalp kendi niyetini yazar

DESTEK
yayınları

DESTEK YAYINLARI: 908
GÜNCEL: 71

MELTEM GÜNER / NİYET DEFTERİ

Her hakkı saklıdır. Bu eserin aynen ya da özet olarak hiçbir bölümü, yayınevinin yazılı izni alınmadan kullanılamaz.

İmtiyaz Sahibi: Yelda Cumalıoğlu
Genel Yayın Yönetmeni: Ertürk Akşun
Yayın Koordinatörü: Özlem Esmergül
Editör: Devrim Yalkut
Kapak Tasarım: İlknur Muştu
Sayfa Düzeni: Cansu Poroy
Sosyal Medya-Grafik: Tuğçe Budak - Mesud Topal

Destek Yayınları: Şubat 2018
1.-23. Baskı: Kasım 2018
24.-25. Baskı: Ocak 2019
26.-27. Baskı: Mart 2019
28.-29. Baskı: Mayıs 2019
30.-31. Baskı: Ağustos 2019
32.-35. Baskı: Eylül 2019
36.-37. Baskı: Aralık 2019
38.-39. Baskı: Şubat 2020
Yayıncı Sertifika No. 13226

ISBN 978-605-311-377-5

© Destek Yayınları
Abdi İpekçi Caddesi No. 31/5 Nişantaşı/İstanbul
Tel. (0) 212 252 22 42
Faks: (0) 212 252 22 43
www.destekdukkan.com
info@destekyayinlari.com
facebook.com/DestekYayinevi
twitter.com/destekyayinlari
instagram.com/destekyayinlari

Özkaracan Matbaacılık ve
Ciltçilik San. Tic. Ltd. Şti.
15 Temmuz Mah. Gülbahar Cad.
No. 62/B Bağcılar / İstanbul
Tel. (0) 212 515 49 47
Sertifika No. 45469

MELTEM GÜNER

Niyet Defteri

Her kalp kendi niyetini yazar

İÇİNDEKİLER

YAZAR HAKKINDA 17

1.BÖLÜM
HAYATINA NELER ÇAĞIRIYORSUN FARK ET 25
Geleceğini tasarlamaya hazır mısın? 25
Niyet, Dua ve Dilek Farklı mıdır? 28
    Dua Etmek 28
"Seni bir koruyan var. Kötüyü de iyiyi de ona teslim et." 33
    Beddua 33
Kendine Ettiğin Beddualar 36
    Öneriler 38
Dilek Dilemek 40
Parça Bütüne, Bütün Parçaya Aittir 44
Niyet Etmek 46
Söz Büyüdür 53
    Hayırlısı neyse o olsun! 59
    Olsun! 59
    Emir Kipleri 60
    Korku Titreşimleri 60
    Me-Ma Olumsuzluk Ekleri 61
    Soru Sormak 61

Zaman Belirtme 62

Keskin ve Yıkıcı İfadeler 62

Meydan Okumalar 63

Şarkı Sözleri 63

Öylesine İfade Edilenler 64

Şakalar 64

Dedikodu 64

Şikâyet-Eleştiri 65

Halet Dili 66

Mış Gibi Yapma Hali 69

Nedir bizi merkezimizden uzaklaştıran? 70

Mutluluk 72

Emin Olmak 74

Aşk 78

Kendiliğinden olan kıymetlidir 79

2. BÖLÜM
KENDİNİ TANI 81

Kendini Bilmek 81

Mesajı Okuyalım 84

Kendini Tanıma Tablosu 87

Kendi Kendinin Terapisti Ol 95

Hayatını Yöneten Kalıplar 95

İyi desinler... 95

    Hemen olsun... .... *96*
    Çok... .... *97*
    Hep böyle olsun... .... *97*
    Yok... .... *98*
    Lazım... .... *98*
    Daha... .... *99*
    En... .... *99*
    Her. *100*
    Keşke... .... *101*
    İsterim... .... *101*
    Öneriler *102*
İtiraf Özgürleştirir 103
    Yüzleşmek *103*
Kabul Et, İtiraf Et, Özgürleş 106
    Ne yapmalı? *106*
Korku ve Endişelerle Vedalaşalım 108
    Endişeler neler olabilir? *109*
    Bedende neler olur? *110*
    Nasıl özgürleşiriz? *111*
Sadeleşme ve Arınma Çalışması 115
    Nedir Seni Biriktirmeye Sevk Eden? *116*
    Evine konuk ol! *116*
    Sadeleşme Çalışmasının Mesajını OKU *118*
    Geçmişin ağırlığından özgürleş *119*

Karar Vermek 122
   Seyrettiğin Hayatına Davet Ettiğin *128*

3. BÖLÜM
NELERE İHTİYACIN VAR? 135
Neyin Zengini, Neyin Fakirisin? 135
   Fakr (Osmanlıca bir şeyin azalması,
   ihtiyaç sahibi olmak.) *136*
Para Senin İçin Ne İfade Ediyor? 140
   Parayı Nerede Kullanıyorsun? *141*
   Parayı Nelerle Takas Ediyorsun? *143*
   Hedefin Var mı? *144*
   İfadelerinle ne çağırıyorsun fark et! *146*
   Parayla Olan İlişkinin Temeli *149*
   Bir çalışma önerisi *155*
   Paha Enerjisi *157*
   Pahalı = Değerli *159*
   Nasıl bir gelecek planın var? *161*
Bereket Enerjisi 163
   Bereket Nasıl Artırılır? *165*
   Bereketimizi artırmanın yolları *165*
   Sadaka *166*
Yokluk Bilincinden Özgürleş 170
Hangi Zamanda Yaşıyorsun? 172
   Geçmişte Yaşayanlar *172*

    Zamanı Donduranlar *172*

    Gelecekte Yaşayanlar *173*

    Şimdide Yaşayanlar *173*

    Şimdide Yaşamak *174*

    Rüyadan Uyanmak! *175*

    Öneriler *178*

    Benzer Benzeri Çeker *180*

    Öneriler *184*

Denge Yasası 185

Ne Ekersen Onu Biçersin 188

    Yapıyorum ki yapasın... .... *190*

    Öneriler *192*

Almak ve Vermek-Bırakmak ve 194

Kabul Etmek 194

    Gel bakalım bu ayrılık hali bize nasıl anlatılıyor? *195*

    Nasıl özgürleşiriz bu halden? *196*

Anılardan Özgürleşmek Tablosu 197

4. BÖLÜM
NİYETİNİ GERÇEĞE DÖNÜŞTÜR. 201

Niyeti Hayatın Hangi Alanlarında Kullanabilirsin? 201

    Niyetinle Geleceğini Tasarla *202*

    Niyet Panosu *204*

    Niyet Panom *204*

Olumlu Niyet Örnekleri 205

Önemli Konular 216

Sonuca Gidecek Niyetin Kullanım Kılavuzu 217

Niyetin Gücü 227

Niyetimi Yaptım Her Şey Yolunda mı? 230

Başkaları İçin Niyet Edebilir misin? 233

Bilgiyi Eyleme Dönüştür 235

Niyet Okuması 1 250

Niyet Okuması 2 251

Niyet Okuması 3 251

Niyet Okuması 4 252

Göksel Hareketler 254

Ay Hareketleri 257

Yeniay 257

Dolunay 257

Güneş ve Ay Tutulmaları 258

Ay Tutulmaları 259

Ay Tutulmalarında Ne Yapmalı, Ne Yapmamalı? 259

Güneş Tutulmaları 261

Güneş Tutulmalarında Ne Yapmalı, Ne Yapmamalı? 262

Merkür Gerilemeleri 263

Merkür Geri Hareketindeyken Ne Yapmalı,
Ne Yapmamalı? 264

Gün Doğumu 266
    Gün Doğmadan Neler Doğar..............................266
    Sabah Uyanırken 267
    Günbatımı...269
    Akşam Uyurken 271
Doğum Günleri 273
İçsel Etkiler 275
Büyüsel Etkiler 277
Yersel Etkiler 280

5. BÖLÜM
ARINMA, YENİLENME VE GÜN NİYETLERİ 283
Arınma Niyetleri 283
    Güneş Tutulmasına Özel 294
    Ay Tutulmasına Özel..295
Gün Niyetleri 297

Bu kitabı yazma isteğini içime verene
Aldığımı aktararak niyetlerin dilimden dökülmesine izin verene
Yazdıklarımın sayfalara, dillere aktarılmasına aracılık edenlere
Aktardıklarımı okuyan, niyetleriyle buluşanlara
Şükürler olsun.
Bu kitabı okuyanlar niyetleriyle buluşsun.
Dilden dile aktarılsın, bilgisi, tesiriyle birlik yaratılsın.
Niyet edenin niyeti kabul olsun.

Bu kitap yaşanmışlıklardan, fark edilenlerden, seyredilenlerden alınan notların paylaşımı. Her ne kadar niyet önerilerini sunsam da, devam edecek ve kendi niyetlerini yapacak olan sensin. Burada başlayan seninle devam edecek, bu nedenle adı *Niyet Defteri* oldu.

Dileğim odur ki:

Kalbin sesini duyarak
İç huzura vardıracak
Sevginin diliyle ifade bulacak
Öz ile buluşturacak niyetlerimiz olsun.

YAZAR HAKKINDA

1970 yılında İzmir'de dünyaya geldim. Farklı coğrafyalardan göçen, ancak hayatın bir araya getirdiği köklerimin yer değiştirme isteği benim de genlerimde yer etmiş. 1994 yılının sonunda, kızım Bilge Su henüz yirmi günlükken İstanbul'a taşındık. Alıştığını bırakmanın ne derece zor bir deneyim olduğunu ilk o yıllarda yaşadım. İstanbul'dan gitme hayalleriyle savaşırken, ondan uzağa gidemeyeceğimi fark etmem ise New York şehrine yerleşmek için yaklaşık sekiz ay boyunca verdiğim mücadelede, oturma izni tam çıkmak üzereyken vazgeçmem ve İstanbul'un kucağına geri dönmem ile oldu. İstanbul, bana çok şey hediye etti. İzmir'de doğdum, İstanbul'da büyüyorum. Ne zamana kadar? Henüz bilmiyorum...

Ege Üniversitesi Edebiyat Fakültesi Klasik Arkeoloji Bölümü'nde eğitim aldım. Her ne kadar sıralama hatası ile girmiş olsam da tesadüf gibi görünen bu siparişim, hayata bakış açıma pek çok değer kattı. Geçmişin değerini gün geçtikçe daha çok önemsiyorum.

Çalışma hayatına üniversitede öğrenciyken başladım. Üretmeyi, öğrenmeyi ve hayata emeğimle katılmayı seviyorum. Yemek pişirmekten de keyif alırım, mutfak konusunda yakın çevremde ünlüyümdür. Vakit buldukça yürüyüş yaparım, bisiklete binerim, Hatha ve Yin Yoga yaparım.

Başka bir merakım olan astrolojiyi ise kendi çabamla ve araştırarak öğrendim. Gözlemci yapım ve odaklanma becerim sayesinde birçok farklı alanda kendimi yetiştirmeye devam ediyorum.

İstanbul Üniversitesi Edebiyat Fakültesi Antropoloji Bölümü'nde halen öğrenciyim. Vakit bulup okulda derslere katıldıkça, gençlerle beraber yeni bilgilerle zenginleşme deneyimi bana iyi geliyor.

2012 yılında blogumu açtım. Farklı konularda yazdığım yazıların arasından *Derin* adlı romanım aktı geldi ilham kapısından. Ne yazdığımı anlamam aylarımı aldı. İçimden geldikçe yazıyor, yazdıkça daha fazla yazasım geliyordu. Bu arada *Niyet Defteri* adlı kitabımı da kaleme aldım. Her ikisi de 2015 yılının son aylarında yayımlandı. Tüm bu gelişmeler olurken *Sırlar Bohçası* adlı kitabı yazmaya yeni başlamıştım.

Derin, mükemmellik dayatmasında boğulmuş "başarılı" bir kadının "başaramama" öyküsü üzerinden sistemi sorgulayan bir roman. *Niyet Defteri,* kadim bir bilgi olan niyet etmenin uygulamalarını aktarıyor. Nasıl niyet edilmez? Ne zaman niyet edilmeli? Niyetlerimizin gerçekleşmeme sebepleri nelerdir? Bu gibi soruların cevaplarıyla okuyana yol gösteriyor. *Niyet Defteri* 2018 yılında yenilenmiş ve genişletilmiş baskısıyla yeniden yayımlandı.

Sırlar Bohçası adlı kitabım Ekim 2017'de yayımlandı. Sembol okuyucusu olmanın inceliklerini anlattığım bu kitabımda kadim sembollerin yanında; renkler, sayılar, hayvan sembolleri ve mitolojik sembollerin kullanım şekillerinden derinlemesine bahsediyorum. Dövme sembollerinin hayatına getirebileceği etkileri de paylaşıyorum.

2018 yılında *Gelecek Geçmişi Şekillendirir* adını verdiğim interaktif bir çalışma kitabım okurla buluştu. Bu kitapta okuyucuma atölye çalışmalarımda da paylaştığım teknikleri anlatıyor, kendi yolculuğunu aydınlatabilmesi için inceleyip uygulamasında fayda olan yaşam alanlarını işaret ediyorum.

2019 yılında *Derin* adlı romanım gözden geçirilmiş haliyle yeniden yayımlandı.

2020 yılında rüya konusunu detaylı olarak ele aldığım, sembolleri ve yorumlama tekniklerini örneklerle aktardığım *Rüya* adlı kitabım yayımlandı.

Aktif olarak videolar eklediğim YouTube kanalımda deneyimlerimi ve bilgilerimi paylaşıyorum. Ayrıca düzenli atölye çalışmalarım ve seminerlerimde de bildiklerimi talep edenlere aktarıyorum.

Doğada görünen, görünmeyen her şeyin birbiriyle iletişimde olduğuna inanırım.

Buğday Derneği üyesiyim. Birçok derneğin ve kuruluşun da destekçisiyim. Bir arada olmamızın bizi güçlü ve mutlu yapacağına inanırım.

Hayatın geçiciliğinin farkındayım ve bize verilen emanetlere sahip çıkarak yaşama gayretindeyim.

Kitabın içerisinde sıkça rastlayacağımız ifadeler var. Aslında hepimizin bildiği ve kullandığı kelimeler bunlar...

DUA
Arapça kökenli bir kelimedir. Çağrı yapmak, yakarmak, istemek anlamına gelir.

BEDDUA
Farsça KÖTÜ anlamına gelir. Kötülüğü çağırmak, kötülük istemek anlamına gelir.

NİYET
Bir şeyi yapmayı önceden isteyip düşünme, maksadını ifade etme. Niyet, tasarlamak anlamına da gelir.

DİLEK
İsteme, talep, temenni, rica, murat.

ÂMİN

Sami kökenli bir kelimedir. Sağlam, sabit, güvenilir gibi anlamlara gelen EMİN kelimesiyle akraba bir sözcüktür. Yunanca Eski Ahit'te genellikle "öyle olsun" anlamında kullanılırken, İngilizce Kitab-ı Mukaddes'te "kesinlikle, gerçekten de" anlamında kullanılır. Bazı din felsefecilerine göre Firavun "Amon Ra adının zamanla Âmin kelimesi olarak önce İbrani diline, oradan da Hıristiyanların ve Müslümanların diline girmiş olduğu düşünülmektedir. Kelime Kuran-ı Kerim'de yer almaz. İslam'da Fatiha Suresi her okunduğunda âmin ile bitirilir. Âminin duadan sonra söylenilmesi geleneği, Zebur'da ve Yeni Ahit'te oldukça yaygındır. Hıristiyanlıkta tüm dualar âmin ile bitirilir.

"HAYR"LISI-HAYIRLISI

Arapça en iyisi, en faydalısı demektir. Hayr kelimesi şer ve zarar kelimelerinin zıddıdır.

EYVALLAH

Arapça (iy-vallah) vallahi öyledir, Allah bilir gibi anlamlara gelir.

TÖVBE

Nedamet, pişmanlık. İnsanın, işlemiş olduğu günahlarından pişmanlık duyması ve bu halden geri dönmesi.

RAHMAN-RAHİM

İslam'da Esma-ül Hüsna olarak anılan Allah'ın Kuran-ı Kerim'de geçen güzel isimlerinden.

İbranice ve Aramice "merhamet eden", fiil olarak sevme, acıma, merhamet etme, bağışlama anlamlarına gelir.

Rahman ve Rahim kelimelerinin kaynağını aldığı RHM kökü Akadca gibi antik diller başta olmak üzere birçok Ortadoğu, İran ve Hint dillerinde ortak kullanımlara sahiptir.

Hayat, ne içeride ne dışarıda
Hem içeride hem dışarıda
Dört yanımda
Ve ben tam merkezimde
Dengede, keyifle,
huzur içinde yaşıyorum
verileni, var olanı
Sevgiyle kucaklıyorum yaşamı
Şükrediyorum, burada olduğum
ve kendim olduğum için...

1.BÖLÜM
HAYATINA NELER ÇAĞIRIYORSUN FARK ET

Geleceğini tasarlamaya hazır mısın?

Niyet kelimesini çok severim. Sanki bilgisi çocukluğumun anılarında saklı, niyet bana annemin, onun annesinin ve çevremdeki tüm bilge kadınların yaptığı bir sihir gibi gelirdi. Onları seyrederdim, yemek yaparken, dikiş dikerken, kendi aralarında konuşurken "Niyet ettim, niyet eyledim... Olsun" ifadelerini duyardım. Sorardım neden böyle diye, "Niyetini söylemezsen olmaz, işin bitmez, aksilik olur" derlerdi.

Yıllar sonra fark ettim ki niyetimi beyan etmediğimde o iş yarım kalıyor.

Niyet aslında bizim bulunduğumuz bir halden diğer bir hale geçişimizin yol haritası, yolculuk biletidir. Hayatı yeniden tasarlamaktır. Hayal etmek, o hayalin gerçekleşeceğinden emin olarak, emek vererek ilerlemek, harekete katılmaktır. Önce bir karar verirsin. Kararlarınla yol alırsın. Bir ceket ise dikeceğin, önce modeline karar verir, ardından ihtiyaçlarını belirler ve sonra onları tedarik edersin. Bu henüz başlangıçtır. O ceketi ortaya çıkarmak için kumaşı keser, biçer, diker ve daha birçok emekle ve en önemlisi sabırla sona doğru ilerlersin. Neresidir o son? Ceketin bittiği andır. Onu askıya asarken görürsün kendini ve bu sona gidişe kadar sana yol arkadaşı olan içindeki istektir. O senin bildiğin bir yerdir, sanki görünmez olanı görünür hale getirirsin. Yemek yaparken aradığın tattır. Daha başlamadan bilirsin neyi aradığını, eksiği tamamlayarak söndürürsün ocağı. Bir çocuk düşün, ona bir resim yapması için kâğıt verdiğini, sana ilk söyleyeceği ne hakkında bir resim yapacağıdır. Ona göre seçer kalemlerini, pembeyse bulut kafasında eli pembeye gider. İşte tam o an niyetin anlamı açığa çıkar, dile dahi gelmemiş ama sanki olmuş bitmiş olanla buluşma gerçekleşir. Başlangıcından önce sonu vardır. İstanbul'dan İzmir'e gideceğim demek için önce bir karar alırsın. Bir yere gitmek değil İzmir'e gitmektir. Bir yere dersen o yol hiç bitmez. Bu nedenle netlik, kararlılık ve eyleme geçmek en güçlü enstrümanlarıdır bu orkestranın. Solisti ifademiz, senkronu olacağına olan güvenimizdir. İzmir'e gitmek için yola çıkanın şüphesi yoktur. Emin bir şekilde yol alır. Oysa bir yola çıkalım bakarız diyen için attığı her adım bir belirsizliğe açılır, boşluğun yerini hiçbir şey dolduramaz. Niyet için hedef, hedef için karar, karar için eylem, eylem için tamamlamak iyi dosttur.

Niyet, dua, dilek ve istemekten farklıdır.

Bunları kitabın içinde anlatıyorum.

Niyetin ilk eylemi bırakmak, yola çıkmak, terk etmektir. Yıllardır yaptırdığım niyet çalışmalarında en önemli gözlemim niyeti yapıyormuş gibi yapmamızdır. Ne zaman birisi benden bu konuda destek istese ona neye niyet edeceğini sorarım. Eğer net bir şekilde ifade ettiyse olmuştur. Bu bir hastalığın mucizevi şekilde iyileşmesi, doğmaz denilen çocuğun doğması, iş, seyahat, içsel yolculuğun başlaması veya huzursuzluğun bitişi ve hayatla barış olabilir. Ancak ne zaman niyetinden emin olduğunu zannederek gelen birisi varsa onda gördüğüm ilk hareket şikâyettir. Durmadan anlatır. Aslında istediklerinin ona nasıl verilmediğini, ne istese olmadığını, engellendiğini veyahut ona verilmediği için yapamadıklarından bahseder. Bunları anladım derim, sen şimdi ne istediğini ifade et. Suskunluk.

Neden dersin?

Emin değildir. O gideceği limanı belirlememiştir. Çıkmak istediği limana tutkundur. Orada o yaşadıklarına alışmış hatta bana sorarsan kaybolmuştur. O kayboluşun korkusu yeniyi başlatmasını engeller. İyi ile olan bağı kesilmiştir. Umudu kaybolmuştur. Umut bizden gittiğinde bu hayat bize zindan olur. O zaman biz eylemle bağımızı keseriz. Orası hayatın bizden vazgeçiş alanıdır. İlerlemek, geleceği var eder. İlerlemek yoksa çöküş başlar. Bizler oluş ve yok oluş evreninin içinde var olan canlarız. Can çekilince önce çöküş başlar, çürüme ortaya çıkar. O çürümenin içinde yeniden varoluş başlayana kadar yüzleştiğimizde hoşumuza gitmeyenler ortaya çıkar. Değişime direnen için hayatın akış yönü aşağıya doğru döner. Burası sembolizmde cehennem, toprağın altı, ölüm ve çürümüşlükle anlatılır. Başlamak ise canlılık içerir. Bu anlattıklarım akan su ile durmuş su gibidir. Bu nedenle ilkönce şu soruyu sormak isterim: Bırakmaya hazır mısın?

Bırakacağın alıştığın, bildiğin ve belki de seni tanımlayan birçok şey olacak. Ancak bu bırakışla beraber aradığın o tat gelecek, hayata katılmış, amacına ulaşmak için harekete geçmiş olmanın huzuru ve mutluluğu ile buluşacaksın. Eminsen ve niyetini gerçeğe dönüştürmek için heyecanın varsa başlayabiliriz.

Başlamadan önce gözlerini kapat ve niyetini ifade et, hatta kitabın ilk sayfasına yaz, kitap bittikten sonra bir bak, o niyet olsun istiyor musunuz ve olabilirliği var mı?

Niyet, Dua ve Dilek Farklı mıdır?

Dua Etmek

Kalbinin sesini duy,
ezberler seni geriletir. Diri ol, diril

Dua kelimesinin anlamına bakıldığında çağrı yapmak ve sesleniş olarak karşımıza çıkıyor. Semavi dinlerin tamamında bir prensibe bağlı kalarak istediklerini dile getirenler aslında dua ile yaşamı birbirinden ayırmaktadır. Dua etmenin bir yeri, zamanı ve prensipleri vardır.

Bazen bir din adamı eşliğinde, bazen abdest alınmalı, örtü kullanılmalı veya bir araya gelinmelidir. İnanışın gösterdiği yolda istenen ibadetin ardından da yapılsa, kutsal addedilen prensiplerin dışında kendi dilinde ifade edilerek de olsa duaya yönelten etkenleri iki ana grupta inceleyebiliriz:

- Yardım ve sığınma
- Talep ve beklenti

Genelde korunmak, bereketini artırmak, bir sıkıntıdan kurtulmak, bir isteğinin olması ya da ölenlerin huzura ermesi için dua edilir. Çoğunlukla bir sığınma hali içinde bir durum için talep vardır. En önemlisi ise bu istenilen için hareketsizlik oluşur. Dua bir şey yapmama, yapamama durumunun açığa çıkışıdır. Talep ifade edilir ve sonucunda olması için beklemeye geçilir. Bu bekleme içinde "Talep ettiğim için benim gücüm yetmez" algısı vardır. Teslimiyet içerir. Ama bu teslimiyet tevekkül manasından çok elden bir şey gelmediği için kabule geçiştir. Tevekkülde ise bilerek sakınarak bir teslimiyet söz konusudur.

Dualar için törenler de düzenlenir. Bir çocuk doğduğunda, bazı inanışlarda yaş döngülerinde, kutsal günlerde, cenazelerde bir araya gelinir ve hep birlikte dua edilir, kutsal kitaptan bölümler okunur.

Her semavi din (hatta diğer dinler de) duanın kendi dilinde yapılmasını ister. Yani dua etmek çoğu zaman kutsal kitaptan bir bölüm okumak ve ardından da istenenleri dile getirmek anlamına gelir.

Kutsal kitaptan bir bölüm okunmada da dua etmenin, belli prensipleri bulunur. İçeriğinde anlamında olduğu gibi bir yakarış vardır. Ve biraz âciz hissetme halini içerir. Amaç yüce olan ve uzaklardaki Tanrı-Allah-Yaratıcı ile bağ kurmak ve O'na taleplerimizi iletmektir. Burada yaşanan hal aslında bir sıkıntı, sorun veya çaresizlikten kurtulmak için destek alma isteğidir. Beraberinde ruhsal olarak bir aşama kaydetmek isteyen insan suçlu, günahkâr ve doğru olanı yapamamış olmanın pişmanlığı içinde af diler, tövbe eder.

Dua kimi zaman din adamları aracılığı ile gerçekleştirilir. Toplu halde yapılan bu ritüellerde cemaat sadece "Âmin" diyerek duaya katılabilir. O anda gruba dini liderlik yapan kişinin ne söylediğinin tam farkında olmasa da kalabalığın bir parçası olarak katılım sağlayabilir.

İnsan özellikle ezber haline gelen dualarda tekrar tekrar okunanların pek farkında olamayabilir.

Dua sırasında okunanlar ve söylenenlerden daha önemlisi onları söyleyiş biçimimiz ve hissedişimizdir.

Dua algımız özel günlerde giydiğimiz özel giysiler gibidir. Ayrı bir zamanda, itina ederek, inancımızın rehberliğinde hazırladığımız ortamda dile getiririz.

Dua etmeye başlamadan önce de niyet ederiz.

Kendimizi doğru ifade ettiğimizden emin olmak isteriz. Bu prensip oldukça önemlidir. Belki de kendimize bu emin olma halini hatırlatmak için dualarımızın sonunda "Âmin" deriz.

Dua sırasında ne istediğimizden ve verileceğinden emin olma halimiz bizi istediğimiz sonuçla buluşturur.

Oysa birçoğumuz dua sırasında tam olarak orada bile değilizdir. Hem bir şeyi isteriz hem de ne istediğimizi tam olarak dinlemeyiz.

Eğer tam olarak oradaysak, kalpten istediysek ve verileceğinden de eminsek zaten oluverir.

Daha sonraki bölümlerde inceleyeceğimiz ağzımızdan çıkanların oluş hızı ve kâinatın işleyiş prensiplerinden bir küçük örnek vererek kalıplaşmış dua cümlelerini inceleyelim:

"Kaza bela verme."
"Ele güne muhtaç etme."
"Elden ayaktan düşürme."
"Namahreme el sürdürme."
"Kötüyle muhatap etme."
"Evlat acısı gösterme."
"Yoklukla terbiye etme."

Yukarıdaki kalıpları kullanıyorsa aslında Yaratıcı tarafından cezalandırılacağımıza dair bir inanca sahibiz demektir. Oysa tüm inanışlar ve yaşam korumak, yeniden var etmek ve sevginin titreşimi ile devam eder.

Korku ve endişe en yüksek frekanslardandır. Olacağına dair inancımız olmama olasılığını yok edecek kadar güçsüz bırakır ve korkulan gerçeğe dönüşür. Korku ve endişede yeniden olmasını istemediklerimizin bizi yöneten etkisi vardır. Bir hastalık yaşanmıştır ve tüm aile etkilenmiştir. Yeniden bir hastalık yaşamaktan korkarak "Hastalık verme" kalıbı ile ifade edilen "hastalık" kelimesi bize hastalığın davetiyesidir. İstemediklerimizi ifade etmemizin hiçbir anlamı yoktur. Dua sırasında kendinden geçercesine âmin diyerek katılım yapılan birkaç ifadeyi hatırlatayım.

"Sen devletimize zeval verme."
"Sen düşmanlarımızın yüzünü güldürme."

Neden istemediğini ifade edersin?

Bir lokantaya girdiğinde, "Sakın bana köfte getirme, kabak tatlısı verme, tereyağı dökme gibi ifadeler kullanır mısın?"

Elbette hayır. Olumsuzluk eklerinin doğru kullanımı sorulan bir soru karşısında veya ortada olan bir durumun reddi için kullanılmasıdır.

Örneğin "Çay alır mısınız?" sorusuna "Hayır çay almam", "Kahvenize süt ister misiniz?" sorusuna "Hayır kahveme süt istemem" yanlış kullanımı; ortaya çıkmasını istemediğin bir durumun gerçekleşmemesi için ifade etmek.

Örneğin: "... olmasını istemem, ... istemedim."

İnançlarımız bizi iman etmekten alıkoyar ve katılaştırır. Bu nedenle aşırı dindar insanlar kendilerini ve çevrelerini daha fazla yargılar ve kusurlu görür. Oysa tüm kutsal kitaplar sonunda doğru yolu bulana ya da bulmak isteyene kapıların açık olduğunu aktarır. İman bildiğimizin, o ana kadar doğru olarak kabul ettiğimizin de ötesinde bilemediğimizin de olabileceğini kabul etmektir. Doğru yolda olduğumuz ve yoldan çıkacağımız endişesi taşıyorsak hayatın gidişatına yeterince teslim olamıyoruz demektir. Oysa kalbinin niyetinden emin olanlar doğru yolu bulacaklarını bilirler. Doğru yoldan çıkma korkusu bizi bir şeyi isteme halinden uzaklaştırarak, istemediklerimizi söylemeye yöneltir.

> **"Emir kipi dışında kullandığımız "me-ma" gibi olumsuzluk eklerinin bir işlevi yoktur. Yani biz VERme dediğimizde aslında VER deriz."**

"Veriyorum ki veresin."

Bir hesapla ve beklenti içinde yapılan ibadet ve dua seni amacından uzaklaştırır. İbadet insanın kalbinin sesini duyması, yaşadığı sistemin bir parçası olarak varlığına can veren ile bağlantıya geçmesidir. Kendi sorularının cevaplarını arayan insan için dışarıdan içeriye giriş anıdır. Oysa çoğu zaman içsel olarak hissetmeden bir gerekçe ile ibadet yapılabiliyor. Bir şeye sahip olmak, bir güç elde etmek ve yaptıklarından dolayı bir kıdeme sahip olma isteği insanın manevi enerjisini düşürür. Ben bir şey veriyorum sen de bana bir şey ver ile ilerleme gayretimiz bizi hayat amacımızdan uzağa koyar. En kıymetlisi kendimizle buluşmamız için kalbin kapısını açabilmemizdir ve bu kapı sadece içeriden açılır.

> "Seni bir koruyan var.
> Kötüyü de iyiyi de ona teslim et."

Beddua

Bedduanın kelime anlamı kötüyü çağırmaktır. Kötüye çağrı yapmak aslında tüm inanışlarda yani hem semavi dinlerde hem de Budizm, Hinduizm gibi dinlerde onaylanmaz.

Elbette kısas yani bize yapılanın aynısının karşı tarafın başına gelmesini isteme hakkı verilmiştir. Ancak burada yine "emin" olma halinden uzaklaşırız. Yani başımıza gelen her ne ise onun yaşamın akışında karşı tarafa da verileceğinden emin olamaz ve adaleti sağlamanın ancak bizim harekete geçmemiz ile mümkün olacağı düşüncesi ile hareket ederiz.

Başımıza gelen bir durumu hak etmediğimizi ve bir şekilde cezalandırıldığımızı düşününce bu olayın gerçeklemesinde etkin olanların cezalandırılmasını isteriz.

Biz o kişi ya da kişiler için kötülük isteyelim veya istemeyelim, benzer benzerle buluşacak ve o kişi kendi yaydığı frekansı kendine tekrar çekecektir. Yani kötülük eden kötülük bulacaktır.

Bu halin eminliği ile teslim olduğumuzda kendimizi kurban olma halinden korur ve sıkıntı veren intikam duygusundan özgürleşiriz.

> **"Benzer benzeri çeker.**
> **İyi düşünen iyi ile kötü düşünen kötü ile buluşur.**
> **Gezdiğimiz yerin kokusu üstümüze siner."**

Burada hatırlamamız gereken şey ağızdan çıkan söz ilk olarak kişinin kendisine, sonrasında yakın çevremize yankı yaparak gönderilene ulaşır.

Tıpkı cep telefonundan yayılan radyasyonun telefona en yakın olana daha fazla zarar vermesi gibi bir etki yaratırız.

Biz canımızı acıtan bizi üzen olaydan ve kişilerden bahsettikçe onlarla olan bağımız güçlenir ve aynı enerjileri hayatımıza çekeriz.

Üst üste yaşanan üzücü, yıkıcı olayların, tekrar eden kayıpların birbirinin ardı sıra geldiğine kendi hayatınızda veya yakın çevrenizde tanık olmuşsundur.

Burada olayın sonucunu kabul edemeyen tarafımız intikam almak ve karşı tarafın da aynısını yaşadığını görmek isteyebilir. Bu enerji yıkıcı bir hale gelerek bize zarar verebilir. Bu halden çıkabilmenin ve içimizi ferahlatmanın yolu, olanı, hayatımıza ve bize kattıklarını veya aldıklarını kabul ederek, yolumuza devam etmek olacaktır.

İçimizde yanan ateşi yatıştıramıyor ve illa bir ifade ile ona bir söz söylemek istiyorsak bunun kötüyü çağırmaktan çok adalet istemek üzerine olmasına dikkat edebiliriz.

Canımızı acıtan, bizi üzen, zarara uğratan kişilerle ilgili ne diyelim, nasıl diyelim diye sorabiliriz. Kaza, bela, yıkım, ölüm gibi ifadelerden uzak durmakta ve her sözün sahibine ait olduğunu hatırlamakta fayda vardır. Eminlik, sakinlik ve kabul kalbi huzursuz eden öfkenin ateşini alır. Burası sabır kapısıdır. Zarar verebilecekken bırakmak, kolaya kaçabilecekken yapmamak şükre vardırır. Sabır, beklemekten ötede olacağının eminliğinde kabul edebilmektir. İlahi sisteme güvenip Allah'a teslim ederek, aradan çekilmek daha doğru olur.

Yaradan'a öfkedir, olana öfke
Kadere isyandır, olana isyan
Kendinden uzaklaşır karşıya kızan
Kızdıkça artan öfkemiz yakar geçer, önce bizi sonra sevgimizi
Öfkenin dumanından görünmez olur sevginin ışığı
Oysa sevgi her yaraya merhem, her derde deva, her oluşa kabuldür.
Sevginin ışığı aydınlatsın karanlıkları
Sevginin gücüyle aşılsın bu yollar
Aydınlıkla olalım her nefeste

Kendine Ettiğin Beddualar

Sevgiye yönel,
merhamet et, sözlerin duan olsun.

İnsanın en büyük düşmanı kendisidir. Belki başlığı okuyunca canım insan kendisine beddua eder de kötülüğe çağrı yapar mı diye düşünmüş olabilirsin. Ediyoruz. Sadece kendimize de değil en sevdiklerimize de beddua ediyoruz. Lütfen çevrene ve kendine kulak ver ve dinle.

Şimdi birlikte birkaç örneği inceleyelim ve aslında farkında olmadan neler çağırıyoruz, anlayalım. Belki bundan sonra bu şekilde ifade etmeyi bırakır ve hayırlı cümleler kurarız, hem kendimiz hem sevdiklerimiz için.

"Gözün kör olsun!" – Görmez ol başına gelenleri, fark edeme yaşayacaklarını vb...

"Al canımı da kurtulayım!" – Yaşadığım hayat zulüm, verdiklerini al benden, bu halde öleyim.

"Bensiz kalınca anlarsın!" – Ben hayatından çıkana kadar hayatı anlamanı istemiyorum.

"Allah ıslah etsin!" – Öyle bir terbiyeden geç öyle deneyimler yaşa ki ıslah ol, durul.

"Allah cezanı ver-mesin!" – me-ma ekinin bir hükmü yok demiştik.

"Kahretsin!" – kahredecek olaylar ver.

Dua etmek bizim için hayatın içinde özel bir zamanda yapılan bir tören gibi özel olduğu için sanki gün içinde ettiklerimiz bize verilmeyecekmiş gibi ağzımızdan çıkanı duymadan konuşabiliyoruz. Hal böyle olunca canımızdan çok sevdiklerimize dahi "Gözün kör olsun!", "Allah seni kahretmesin!" gibi beddua tadında seslenişlerde bulunabiliyoruz. Sanırım bu yüzden "Söz gümüş ise sükût altındır" denilmiş.

Dua sadece belli zamanlarda yapılan bir eylem değildir.

Yaşamın tamamında söylediklerimiz duamızdır.

> **"Çok konuşmak ne konuştuğunun kontrolünü yitirmek demektir. Ağzından çıkanı dinleyen güzelliklerle süsler sözlerini."**

Sürekli tekrar edilerek uygulanan "ZİKİR, MANTRA, ESMA, ŞIRIM" sırasında yüksek enerji alanları yarattığımızı hatırlayalım. Bu enerji alanlarında her cümlemiz, davranışımız büyür ve hız kazanır. Aynı şekilde yoğun ibadet, zikir, nefes çalışmaları ve meditasyon sonrasında dinlediklerimiz, söylediklerimiz, yaptıklarımız artan yoğun pozitif enerji alanımızda büyür. Ayrıca tüm bunları yaparken bir yandan günlük hayatın içinde bizi bekleyen işleri, endişelerimizi düşünmek de yine büyüyerek önümüze gelir. Bu nedenle birçok tasavvuf ehli, bilge kişiler önerirler ki bazı yöntemlerin bir mürşit yani yol gösteren ile yapılması daha uygun olur.

Duamızı bilmediğimiz yani hâkim olmadığımız bir dilde yapıyorsak okuduklarımızın manasını öğrenelim. Bizim bilmiyor olmamız etkisini azaltmaz. Sürekli tekrar ettiklerimiz bize ne anlatıyor onu da öğrenelim. Yani ihtiyaç duyduğumuz ifadelerin bize mana aktarımlarını fark edelim.

Yoğun olarak yapılan dualardan sonra yoğun pozitif enerji oluşur. Bu enerji alanına farkında olmadan söylediklerimiz, yaptıklarımızla negatif bir enerji bulaştırdığımızda o negatif enerjiyi de büyüterek hayatımıza çekebiliriz.

Bu nedenle toplu olarak ya da tek başına yapılan dualardan sonra sıradan bir sohbet sırasında bahsedeceklerine dikkat et.

Söylediklerimizin hemen olabileceğini unutmayalım.

> "Aşırılıklar içinde olduğumuzda dengemizi yitiririz ve dışarıdan dengeleniriz. Aşırılıklardan uzakta denge içinde yaşayalım."

Öneriler

✓ Dua ederken bırakmak istediklerimizi ve buluşmak istediklerimizi söyleyelim.

✓ Biz ne istersek verilir, yeter ki tam olarak istediğimizi yani kalbimizin hissedişini dile getirelim.

✓ Her gün yeni bir gündür, bildiğimizle devam edersek hayat bildiğimiz gibi devam eder. Yani sıkıntılarımız, keyiflerimiz sabit kalır. Dünün öldüğünü ve bugünün doğduğunu fark edelim.

✓ Yoğun bir dua sonrasında hayatın içine katılırken söylediklerimize ve eylemlerimize özen gösterelim.

✓ Kötü ifadeden uzak olalım.

✓ Kaza, bela, kahretsin, ceza gibi cümleleri ve benzerlerini hayatımızdan çıkaralım.

✓ Hangi dilde dua ediyorsak edelim önce ve sonrasında niyetimizi yapalım.

✓ Anlamadığımız ama sürekli okuduğumuz dualar varsa anlamlarını öğrenelim.

Dilek Dilemek

Hayatın teklifini duy, sürprizlere kucak aç.

Dilek kelimesinin anlamında, temenni, murat, rica, istek yazar. Aslında istemenin en yumuşak halidir diyebiliriz "dilek" dilemeye. " Bir dilek tut" denir özel anlar yaşanırken, bir yıldız kayarken, gökkuşağının altından geçerken, doğum günü mumumuzu üflerken. Dilemenin taşıdığı enerjide duadan farklı olarak kendimizi çaresiz hissedişimiz, yetersizlik hissimiz yoktur. Güzelliklerle buluşmak isteriz dilerken, özel yerler seçer, özel günleri bekleriz.

Dilemenin enerjisinin yumuşaklığını hayatımızın bütününe taşıyabiliriz.

Lütfen bu satırları okuduktan sonra gözlerini kapat ve bir yıldızın kaydığını düşün, dilek tut. Yüzünde oluşan gülümseme ya da yumuşak hal yaşamın tamamının şahane anlarla dolu olduğunu anladığında takınacağın hal ile aynıdır. Yani biz sadece mucize diye tanımladıklarımızla buluştuğumuzda, istediklerimizin bize verileceği kalıbından kurtulduğumuzda, yaşam bize cömert yüzünü sunacaktır.

Çoğumuz imkânsız olarak gördüğümüz veya açıklayamadığımız bir sonuca mucize deriz. Oysa doktorların istatistiklerine göre hepimiz mucize bebek olarak dünyaya geldik. Bir kadının gebe kalma olasılığı %1'dir. Yani bir kadının bedeninde %99 oranında gebe kalmaması için şartlar mevcuttur. Oysa hepimiz buradayız ve hâlâ mucize beklemekteyiz. Ayrıca bizler seçilmişiz. Sadece doğduğumuz, burada olduğumuz ve yaşadığımız için seçilmişlerdeniz. Biz 200 milyon sperm ve binlerce yumurta arasından seçildik ve mucizevi bir şekilde doğduk.

İstek ve arzu olarak da tanımlanan "DİLEK" kelimesinin taşıdığı enerjide istek ve arzunun içerdiği keskin enerjiler bulunmaz.

İstemekte ısrarcı olmak vardır. Arzulama hali hâkimdir. Sonunda egonun tatmini söz konusudur. Bir çocuğu düşün, ne kadar inatla istiyorsa aslında o kadar zorlaştırır ve karşısında bir direnç oluşturur:

"O oyuncağı istiyorum." (Olmazsa ağlarım, küserim.)
"O oyuncağı alabilir miyiz?"

Hangisine olumlu cevap gelir?

İlk seçenekte en sonunda o çocuğun istediği yapılsa da aslında kendini hırpalamış ve biraz da üzmüştür. Karşısında oluşan direnci kırmak için çabalaması gerekmiştir. İkinci seçenekte o oyuncak alınsa veya alınamasa da çocuğa alternatif sunulur, alınamamasının nedeni anlatılır ve de en önemlisi gönlü yapılır.

Çok istiyorum demek aslında "İstediğim bunun için mücadele etmek" demektir.

Arzulamakta ise egonun yani "Benim istediğim olsun" halinin enerjisi bulunur, daha da önemlisi zaaf içerir. Bu nedenle de zayıflıklarımızı açığa çıkarmamıza yardım eder. Hazlara olan düşkünlüğümüz bizden bir şeyler alarak, bizi zevkle kendimizden geçirerek, belki de bazen taviz verdirerek bizi arzuladığımızla buluşturur. Bu iyidir ya da kötüdür diyemeyiz. Burada çağrı yaptığımız halin bize yaşattıklarını inceliyor ve fark ediyoruz, nasıl, neden yapıyoruz? Belki zorlaştırdıklarımızı kolaylaştırmanın keşfindeyiz.

Arzuladığımızda güdülerimiz devrededir. Yani diyelim ki bir çikolatayı arzuladığını düşün. Çikolata düşkünlüğün yoksa çok keyif aldığın bir yiyeceği hayal et. Onunla buluşana kadar rahat edemezsin. Aklına düştüyse artık onun peşinden gidecek güdün oluşmuştur.

Durman için iradenin gelişmesi gerekir. Zaten arzulama halini irademizi geliştirmek ve bu hayatta gideceğimiz yöne karar vermek için kullanırız. Ancak arzularımız bizi yönetmeye başlarsa işte o zaman zayıflıklarımız da açığa çıkar. Çoğu zaman bir şey istemekten, kendimiz için bir dilekte bulunmaktan çekinmemizin sebebi geçmiş arzulama ve isteme hallerimizin sonunda edindiğimiz deneyimlerimizden kaynaklanır.

Bazı deneyim kalıplarını hatırlayalım:

✓ Bir şeyi çok istedim, başıma gelmedik kalmadı.
✓ İnsanın zaafları bazen hiç istemediklerini yaptırır.
✓ İstedikçe benden kaçıyor.
✓ Kaçan kovalanır.

Arzulamak ve istemek gibi davranışlar, bize bu hayatın içinde deneyim kazandırır. İrademizin güçlenmesi kararlarımızı kendimizin vermemizin kapısını açar. Kararlarımız konusunda emin olduğumuzda hayatımıza neyi davet edip ne ile vedalaşacağımıza daha kolay karar veririz.

Hatırlaman gereken arzularının seni zafiyete düşürebileceği ve ısrarla istemenin de bir dirençle karşılaşmana sebep olacağıdır. Dilek tuttuğun anların yumuşaklığı ve eminliği içinde olmanı diliyorum. Dilekte, serbest bırakmak vardır. Olsa da olur, olmasa da ama olursa iyi olur. Bu serbest bırakma hali plansızlığı da çağrıştırır. Bu nedenle hızlı olan dileklerin ardından "Bilseydim başka bir şey dilerdim" ifadesini çok duyarsın. O deneyime dikkatini verdiğinde sen de çok iyi anlayacaksın ki bir misafirlikte bir bardak çay daha içeceğimizi ifade ettiğimiz şekliyle ne dilesek hayat önümüze getirir. Olduktan sonra "Tüh! Daha iyisini isteseydim!" nafile bir çabadır. Daha iyisinin içinde arzulanan ve tutku ile istenen vardır. O kadar hesap yapınca karşılığında bir hesap oluşur. Bir bedel ödediğimiz her ne ise sahipleniriz. Bu sahiplik hali bizi eşyanın tutkunu yapar. Kaybetme korkusu ile başlayan süreçte sahip olunanların prangası ile fakirlik başlar. Doymak bilmez bir kör kuyu olan "daha" ile buluşur, tadımızı da o derin kuyuya atıveririz.

> "Arzulama hali egoyu besler.
> Egomuz güçlendikçe kibrimiz yani ben bilirim hallerimiz ve olana itirazımız artar.
> Sahip olduklarımız sadece haz verir.
> Haz kalbi değil nefsi besler."

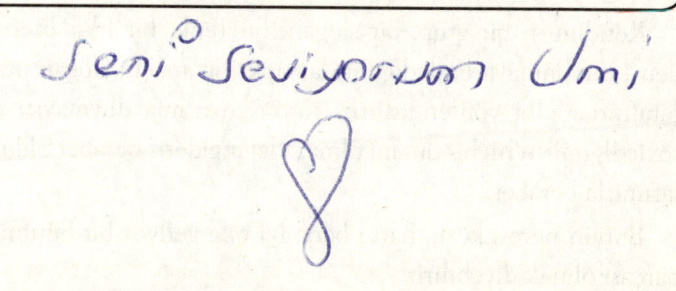

Parça Bütüne, Bütün Parçaya Aittir

"Özgürlük, özgünlük ile mümkün..."

Bu söz binlerce yıl önce bulunan bir levhanın üstünde yazan kadim bir bilgi. Bizim kendimize ait bir eşya veya davranışımız hayata olan bakış açımızı anlatır. Bu bilgiyle tarih boyunca büyü denilen etki altına alma yöntemlerini geliştirmişler. Bir kişiye ait bir eşya veya benzeyen bir bebek ile kendisini etki altına almışlar.

Bizi burada enterese eden kısım, kendimize yaptığımız büyüleri fark ederek çözebilmektir. Buna küçük bir ek daha yapabiliriz. Başkalarının üzerimizdeki etkisini, isteklerini, dua ve dileklerinizi onaylamak da yine bir tür büyüsel etkiye sahiptir. İrade edilmenin sonucu, yolunu kaybetmektir.

Belki senin de dikkatini çekmiştir. Bir film repliği, bir reklam müziği, bir arkadaşımızın sıklıkla tekrarladığı kelimeler, kendimizi yakın hissettiğimiz bir fikrin aktarılması sırasında duyduğumuz ifadeler kolaylıkla dilimize yerleşebilir.

Kendimizi, bir grup, bir slogan, bir renk, bir fikir üzerinden tanımlamaya başladığımızda, tıpkı bir maçta slogan atan taraftarlar gibi yönlendiriliriz. Konuşuruz ama duymayız, ne söylediğimizin hiçbir önemi olmaz, dalar gideriz beraber olduklarımızla beraber.

Bunun neresi kötü, hatta bana iyi bile geliyor bir bütünün parçası olmak diyebiliriz.

Elbette bu bir seçim... Seçimler ile ilerliyoruz bu hayatta... Seçimlerimizi ifade ederek beyan ediyoruz hem kâinata hem kendimize nereye gideceğimizi.

Sen hangi bütünün parçasısın?

Kendini ait hissettiğin her neresi ise teslim olduğun seni senden, senin hayat planından ve tekâmül yolculuğunuzdan alıkoyar.

Onun gibi olmak isteriz, benzemek isteriz. Oysa kâinat eşsiz bir farklılık ile yaratılır ve yönetilir. Her günü aynı zanneden bizim zihnimizin bir yanılsamasıdır.

"Bu hayata gelirken aldığım nefesi, o nefesin bana kattıklarını, bedenimi ve hayatın içinde beslendiğim her şeyi, her sunulanı aldığım, kabul ettiğim, farkında olmadığım ve hayrıma olan her ne var ise kucaklıyorum. Bana bu yaşamı armağan eden Yaradan'ın sevgisini kalbimde hissederek, sevdiğimi ve sevildiğimi kabul ediyorum."

Niyet Etmek

"Niyet, kadim bilgeliklerin en kıymetli mirasıdır."

Niyet etmenin manası; bir şeyi yapmayı hayal etmek ve dile getirmektir. Aslında maksadımızı söylememiz ve hayalimizin nereden başlayıp nerede son bulduğudur. O niyet gerçek olduğunda ne olacağını beyan ederiz.

Ev almak değildir niyet, o evde yaşayacağımız halin çağrısıdır. İşte o zaman o ev huzur verir, öderken de, yerleştirirken ve yaşarken de.

Önce hayalimizde kendimize gösterir, içinde dolaşır, tüm detaylarını görürüz dileğimizin. Yemekse yapmaya niyet ettiğimiz, tadının izi vardır dilimizde, onu ararız pişirirken, kaşığın ucuyla dener, tam istediğimiz gibi değilse eksiğini bulup tamamlarız.

İşte tam da istediğim gibi dememizin ilk şartıdır niyet etmek, dolayısıyla şükretmek.

Bazen karşımızdakinin tam olarak ne yapmaya çalıştığını anlayamadığımızda sorarız "Niyetin nedir?" diye. "Nereye varmak istiyorsun?" demek isteriz.

Biz nerede olduğumuzu, hangi ruh halinde, kiminle olduğumuzu, nasıl hissettiğimizi, nelere sahip olduğumuzu bilmeden niyet edemeyiz.

Başlangıç noktası gerekir bir yerden bir yere varmak için.

Bu nedenle önce kendimize dürüst olmalıyız.

Nereden nereye diye rotamızı çizerken hatırlamalıyız ki varış noktamız ile başladığımız yer arasındaki mesafe niyetimizin gücüyle alınır.

Yani biz güvenilir ve emin olursak varacağımız yerden, hiç sormaz sorgulamayız "Ne zaman?" diye, şüphe duymaz sormayız "Olur mu?" diye.

Bir niyet ile devam edelim:

⋄

Bu satırları okuyanların anlayışı kolaylaşsın,
Kalpleri ferahlasın,
Bedenleri şifa bulsun,
Niyetleri kabul olsun.

⋄

> **Niyetin gerçekleşme gücü,**
> **niyet edenin kalp ateşiyle ilerler.**

Devam edebiliriz...

Niyeti nasıl ederiz?

Hayatı nasıl yaşadığını sorar mısın kendine, bilmiyorum ama ben sorarım.

Neleri zorlaştırıp, neleri kolaylaştırdığımı, nelerden keyif alıp, nelerin benim keyfimi kaçırdığımı sorar ve bir bakarım içime, derinlerde olup bitene.

Nasıl hissettiğimi izlerim, her zaman keyif aldığım bir yerden, bir yemekten o anda o eski keyfi almayabilirim.

İnsanın bir günü bir gününü tutmaz, bırak bir günü bazen olur ki saati saatini tutmaz. Hal böyle olunca anbean izlerim önce kendimi. Bir işi yaparken önüme zorluk çıktıysa ve o zorluk beni yoruyorsa, kolaylaşmasını dilerim, olmuyorsa vazgeçerim, vardır bir hayır diyerek.

Bunları anlatıyorum çünkü: Niyet etmeden önce şimdide yaşaman gerektiğini hatırlatmak istiyorum.

Bulunduğun halden, yerden, durumdan başka bir yere varmak istiyorsan ya da başlamak ve bitirmek, hiçbiri değil de memnunsan ve bunu dile getirmek istiyorsan da tam orada olmalısın. Bu nedenle şimdide yaşamak pek kıymetlidir.

Zaten insanın içine vesvese veren, sıkıntılarla yüreği daraltan ya geçmişte ya da gelecekte dolaşmaya çalışmasıdır ki her ikisi de canlılığı alır. Geçmiş adı üstünde geçmiş gitmiştir, ölüdür, mezarlıklarda iş yapmaya benzer, hakkını vererek yaşadıysak her anımızda geçmişi bırakırız ama bırakamadıklarımız varsa işte o zaman gerileriz. Gelecek ise henüz olmamıştır, inşa edilmemiş bir eve taşınmak gibi anlamsızdır. Ama daha önemlisi meydan okumaktır hayata ve pişmanlıkların çelmesiyle şikâyet çukuruna düşüveririz. Şikâyet çukurundan ise şükür merdiveni ile çıkılır. Var olana şükretmedikçe vedalaşamayız ve o merdivene ulaşamayız. Vedalaşamazsak ilerleyemeyiz, öylece dururuz, geçmişin enerjisiyle beslenir ve hiçbir şey değişmiyor, her şey aynı diye şikâyete başlarız. Yaşam durmayı kabul etmez, ilerlemiyorsak gerileriz. Geriliyorsak, gerginizdir. Ölmüş olandan beslenmek enerjimizi alır, hayattan da beslenemeyiz. Geçmiş kapılarımız açık kalmışsa geleceğimizi dönüştüremeyiz.

Geçmişte yaşayanların en sık kullandıkları kelimeler:
Keşke
Hep
Aynen
Aynı
Ne/nasıl olacağını bilirim

Geçmişin hatıralarıyla yaşamak ölmüş olanla birliktelik, değişmeyecek olanı değiştirme inadımız bizi katı, yeniyi kabul edemeyen, esneyemeyen birisi yapar ve en önemlisi şimdide yaşamaktan alıkoyar.

Diri olmak en kıymetlisidir. Dirilik canlılıktır, canlı olan büyür gelişir, ölü olan çürür kokuşur.

Dirilik hali sadece şu an ne yapıyorsak gerçekten hakkını vererek yaşamamızla mümkündür.

Geçmişi düşünerek, anlatarak, hatırlayarak yaşamamızın en önemli sebebi pişmanlık, öfke, kin gibi duyguların içinde hapsolup kalmış olmamızdır.

Burada geçmişte yaşamak ile anlatmak istediğim, aynı hatıralardan bahsetmek, geçmiş deneyimlerine göre hareket etmek, anılara dalıp gitmektir.

Yaptıklarımızdan pişmanlık duyduğumuz, kendimizi ya da başkalarını affedemediğimiz halin içinde esir olmuşsak eğer işte o zaman katılaşır, mevcut durumu değiştirmek istemeyiz ve en önemlisi olana sürekli itiraz eder, şikâyet ederiz. Daha da kötüsü ise değiştirmek istiyorum der, aynı yerde sayar dururuz.

Ne istediğimizi, ne ifade ettiğimizi fark etmeden konuşup yarattıklarımızın farkında olmadığımız için başımıza gelenlerden başkalarını sorumlu tutar, söylendikçe söyleniriz.

Hem bir şeyin değişmesinden korkar hem de değişsin isteriz. Biz dileğimizi daha tamamlamadan iptal eder, yeni bir şey istemekten vazgeçeriz:

"Şöyle güzel bir tatil yapsak ne güzel olur."

"Aman canım biz kim tatil kim, biz böyle gelmiş böyle gider" diyerek, isterim ama verileceğine dair umudum yok, bunun için gerekli şartlar, maddi kaynaklar veya sağlığım yok bahanesine sığınır vazgeçebiliriz. Hatta bazen bu kadarıyla da yetinmez bulunduğumuz halden şikâyet eder, yaşadıklarımızı hak etmediğimizi ve bu hayatın içinde bize sıranın gelmeyeceğini düşünür, keyfimizi kaçırırız.

İnsanın dostu da düşmanı da kendisidir.

Geçmişte yaşamamızın tek nedeni öfke, kin, pişmanlık gibi duygular olmayabilir. Tam tersi özlem duyuyor olabiliriz. Unutamıyor ve elimizden bir şey gelmediğini düşündüğümüzden hep eskileri hatırlayarak kendimizi avutuyor olabiliriz.

Zannetme sonuç değişti. Geçmişi değiştirmek istemiyoruz ama hayat aynı kalsın istiyoruz. Bu daha da tehlikeli, biz bir gelecek istemiyoruz anlamına gelir. Aslında yine isteyememe halinin başka bir versiyonunu yaşamaktayızdır. Ne verilirse verilsin, o unutmadığım tadı bana veremez. O zaman istememin bir anlamı yok, ne ben eski benim ne de hayat eski hayat der, yine defteri boş kapatır, bir şey dilemeyiz.

Başlatma enerjisi taşımayanlar üstelik bir işi tamamlamakta da sorun yaşarlar. En başta anlatmıştım hatırlarsan. Niyet, bir halde başlayıp başka bir halde tamamlamak ve tamamlanmaktır diye.

Gideceği yeri bilmeyen yola çıkamaz, yola çıkmayan varacağı yeri bilemez.

Bu durumda olanların en çok kullandığı sözler:

— Hep
Hep böyle olsun
Dursun
Kalsın

Ama

Yok

Bu geçmiş yapıştı yakamıza gitmiyor sanki, sence de öyle değil mi?

Geçmişten özgürleşmenin en iyi yolu da yine niyet etmektir. Bu konuyu arınma niyetlerinden bahsederken örnekler vererek anlatıyorum.

Olanın bize anlattığını, verdiği dersi, getirdiği hali fark etmemiz bile bizi geçmişin bağlarından özgürleştirir.

Peki, geçmişten kurtulduk diyelim, şimdide yaşamaya başlayabilir miyiz?

Elbette başlarız. Çok şükür şimdiki zamana geldik diyebiliriz ancak önce gelecekte yaşayıp yaşamadığımıza bir bakalım.

Gelecek bize güven veriyor, hayatın akışından memnun, herhangi bir endişe, korku hali yaşamıyorsak ve en önemlisi sevdiklerimizin de bizimle en iyiyi yaşaması için her şeyin doğru gidip gitmediğini kontrol etmiyorsak, her şey yolunda, biz gelecekte de yaşamıyoruz ve çok şükür şimdiki zamana geldik diyebiliriz.

Ancak planlama yaparken kontrolcü isek, en ufacık bir değişiklik bizi endişelendirebiliyorsa, hayallerimizden bahsederek bir gün bizim de sıramızın geleceği haliyle, sorumluluklarımızdan kaçıyorsak o zaman biz gelecekte yaşıyoruz diyebiliriz.

Gelecekte yaşayanların en çok kullandığı kelimeler:

Haydi

Acele et

Geç kaldım

Çabuk

Sonra

Ne zaman?

Gelecekte yaşayanların birçoğu geçmişte unutamadıkları bir anı geleceğe taşımak isterler ya da kendilerinin en iyiyi hak ettikleri düşüncesi içinde yaşadıkları hayatın onların hayatı olmadığını düşünürler. Bununla birlikte kendilerine koydukları hedefler yaşadıkları gerçek dünyadan o kadar kopuktur ki birden her şeyin değişeceği inancı ile bugünlerini görmezden gelirler ve yeterince çabalamak istemezler. Kısacası biraz tembellik etmeyi severler. Mevcut durumla ilgili sorumluluk almayı sevmedikleri için olandan yine şikâyet ederler.

Gelecekte yaşamaktan özgürleşebilmek için korku ve endişelerimizden özgürleşmemiz gerekir. Yaşarken kontrolümüzde olmadığını düşündüğümüz olaylara, insanlara ve en önemlisi bize verilecek olanın en hayırlısı olduğuna emin olarak ne kadar güvende hissedersek o kadar huzurlu hisseder ve endişelenmeyi bırakırız. Hayatı ne kadar kontrol etmeye çalışırsak o kadar kontrolden çıkar, tüm olasılıkları hesaplamamız mümkün olmadığı için eninde sonunda kabul edemediğimiz ne varsa kabul ederiz, bir farkla, hayat bizi yormuştur.

Geç kalmışlık hissi taşır doğru zamanda üzerine düşeni yapmayanlar. Bu nedenle acelesi vardır. İşin ilginci biz acele ettikçe zamanda bir yavaşlama olur, aksiliklerle ve sürprizlerle hızımız yavaşlatılır.

> **"Geleceğin projeleri şimdiki zamanda onaylanır.**
> **Ne inşa edeceğini bilmek isteyen yaşadığı**
> **anın hakkını verir."**

Söz Büyüdür

"Fikrinde ne varsa, zikrinde o olur."

Konferans, grup çalışmaları ve bireysel çalışmalarda gözlemlediğim bir davranışı seninle paylaşmak isterim.

Kişi söze başlıyor, kendisi veya bir başkası tarafından ifadesinin neleri çağırdığının farkına varıyor veya varması sağlanıyor. O anda susuyor.

- İfade edemediği için içeride engellenmişlik duygusu oluşuyor.
- Kendisini yetersiz hissedebiliyor.
- Ne diyeceğimi şaşırıyorum, ne konuşsam hatalı diyerek kendini suçlayabiliyor.
- O anda tam olarak neyi, neden ifade ettiğini anlamadan "dönüştürmek" yerine "değiştirerek", anlamış gibi yaparak, olaydan uzaklaşabiliyor.
- İfadeyi değiştirmek yeterli değil mi diye soruyorlar.

İfadeyi dönüştürmek önemli, değiştirdiğimizde yani bir anlamda benzer enerjilerde devam ettiğimizde, arkada bizi yöneten etkenleri fark edemiyoruz. Dönüşüm bir halin bambaşka bir hale dönüşmesi demektir. Kâğıt atıkları toplanır ve işlenir.

Sonucunda bir defter elde edilir. O kâğıt yine kâğıttır diye bakabiliriz. Evet, kâğıttır ama bambaşka bir haldedir ve eskiye geri dönemez. Kendini izle, dinle ve fark et. Senin potansiyelinde neler var? içinde tuttuğun ve bastırdığın açığa çıkma olasılığı olan duyguların, isteklerin neler? Fark etmek senin karar vermenin yolunu açar.

- Gün içinde üf-öf-of diyorsan, içeride açığa çıkamamış ve ilk fırsatta fışkırırcasına çıkacak bir öfke var. Kime, neye olduğu fark etmez, önemli olan öfkeyi bastırıyorsundur.
- Olmasını istemediklerinden bahsediyorsan, korku ve endişelerin var.
- Ama, lakin, fakat vb. sıklıkla kullandığın kelimeler ise, itirazların ve katı prensiplerin var.
- Mecbur, gerekli kelimeleri veya onların ekleri olan meli, malı ile kendini ifade ediyorsan istikrar sağlamakta zorlanıyorsundur.
- Yüzünden, ...den dolayı gibi karşı tarafı suçlayan sözcükler çıkıyorsa ağzından kendini kurban hissedişin var.

Bu örnekleri çoğaltabilirim. Buradaki amacım ifadenin gücünü fark edebilmen. İfadenin içinde uyanabilmek için kendi merkezinde olmalı ve ağzından çıkanı duyabilmelisin. Yaşama kulak veren ve idrak eden olduğumuzda bizi yöneten kodları, kalıpları fark ederek, uyanabiliriz.

Uyanmak ile anlatmak istediğim; o ifadenin çıkışına zemin hazırlayan ruh halinin, bir atı istediği değil, istenilen yöne sevk eden üzengisi gibi yönettiğini fark etmendir.

Yoksa, "Aaa bak yanlış ifade ettim, dur bak değiştiriyorum" ile sadece kendimizi kandırırız. Dışarısı değişir ama gidişat aynı kalır.

> **"Niyetin entrümanı ifaden,
> akordu verileceğine olan güvenindir."**

Şu ana kadar anlattıklarımın sonunda "Hiç ağzımı açmayayım daha iyi!" demiş olabilirsin. Lütfen dinle ve ben de devam edeyim, daha anlatacaklarım var.

İfadenin gücünden bahsetmek istiyorum. Buraya kadar anlattıklarımı kapsasa da daha geniş bir anlam içeriyor. İfade sadece ağzımızdan çıkanlar değildir, aslında ruh halimizi, içimizde hissettiklerimizi yansıtma biçimimizdir. Bazen söylediklerimiz ile yüzümüz aynı etkiyi vermez. Gülen ağzımıza gözlerimiz eşlik etmeyebilir veya sakinim derken sinirli olabiliriz. Yani yüreğimiz, zihnimiz, bedenimiz aynı anda aynı dili kullanmayabilir. Bu üçünün birlikteliği oldukça kıymetlidir. Kalpten gelen, zihnin onayından geçerek dilden aktığında, işte o zaman tüm niyetlerimiz gerçeğe dönüşüverir.

Kalbimizin sesine kulak veriyorsak zaten istediğimiz olur ve huzur içinde yaşarız. Bunlar benim başıma niye geliyor diye mızmızlanmayız. Zihnimizin hesapları arasında bir planlama içinde isek sonunda bir hesap öderiz. Aslında zihin her olasılığı hesaplayarak bir şeyin nasıl olamayacağının peşinden gider. İkna olmak ister ve ispatla yatışabilir.

Diyelim ki bir ev sahibi olmak istiyorsun ve hayal kuruyorsun, kalbin bir anda huzurla doluyor. Nasıl olsun diye düşünüyorsun, bahçeli, yeşillikler içinde ya da bir gökdelenin en üst katında dolaşıp harika bir hissediş yaşarken bir anda zihin devreye giriyor. Ve başlıyor konuşmaya:

"O eve nasıl sahip olacaksın?" Ödemesi, yeri, büyüklüğü, çocuğun okulu, kredi, eşim istemez ki gibi olamayacağına dair seçeneklerle seni ikna ederek çekip alıyor o halin içinden.

Sonra bir bir sıralıyor aslında nasıl bir eve sahip olman gerektiğini.

"Ödemesi kolay olmalı, bütçem ancak şu semtlere yeter, oradaki evlerin fiyatları ortada, kredi alsam nasıl ödenir?" gibi soru ve sorunları ardı ardına sıralayarak ikna ediyor. Çoğumuz bir konuda istekte bulunup olması için tam dilekte bulunacakken, vazgeçiyoruz. Sonra da unutup, söylenip duruyoruz, olmadı diye. Oysa çoğu zaman ifadelerimizle kendimize ve çevremize de anlatıyoruz bu halimizi:

"Çok istedim ama olmadı."
"İstiyorum ama olmuyor."
"Bana vermez ki."
"Aslında istiyorum ama bilemiyorum ki olur mu acaba?"
"Az olsun benim olsun."
"Hiç olmamasındansa böylesi daha iyi."
"İsterim ama olmaz ki."

Hatırladın mı buna benzer cümlelerini? Yani ben isteyemiyorum diyoruz. İsterim ama olmaz ki diyerek aslında "Benim olacağına inancım yok, çünkü şartlarım belli" diyoruz. Bu, tam anlamıyla bir inanç kalıbıdır, bizim kâinata ve onu yaratana olan inançsızlığımızı gösterir.

Benim bugüne kadar bir dileğim için kapımı çalan "Bu dileği dilemeye yetkiniz yok" ya da "Bunu dilemek için bütçeniz yok" demedi kimse.

Bir dilek dileme fonu, aidatı da duymadım. Buna rağmen birçoğumuz niyet ederken şartlarımızı ortaya koyarak yola çıkarız.

"Benim durumum ortada bundan da olmayayım, beterini yaşamayayım yeter" diyenlerimiz de var.

İfadelerde yaratıma çelme takan kelimelerin avına çıkalım:

- Yeter
- Çok
- En
- Bilmiyorum
- İsterim ama
- Yok
- Nasıl olacak ki?
- Keşke
- Şimdiki aklım olsa

Bir alıştırma yapalım, bir defterin olsun ve kendini dinlerken fark ettiğin hoşuna gitmeyen ifadeleri oraya not et. Bu sayede kalıp haline gelmiş olan inançlarını fark edebilir, en çok tekrarladığın kelimelerle neleri hayatına çağırdığını görebilirsin. Bu inanç kalıpları istediklerine ulaşmana engel olan duvarlardır.

Sen ne istediğini biliyorsan ve verileceğinden de eminsen zaten o niyetin olur.

İfade sadece cümlelerini değil hayata yaklaşım tarzını da anlatır. Yorumların, kendine ve başkalarına bakışını, seçimlerini, kendine yakın hissettiklerini de kapsar. Benzer benzeri çeker demiştik hatırlarsan, eğer içeride acı çekmek isteyen, haksızlığa uğrayacağına dair bir kalıbın ve inancın varsa, o zaman seni o duygunun içine daha yoğun olarak çekecek şarkı sözleri, film, kitap, olayların içinde olacak o kalıplara uygun giyinip, konuşup kendini haklı çıkartacaksın demektir.

Zihin inandığını ispatlamak ister.

İfadelerle hayatına çağırdıklarını izleyeceğin alanlar hakkında ipuçların:

- Başkaları ile ilgili konuşmaların
- Üçüncü şahıslar hakkında yaptığın yorumlar
- Seyrettiğin herhangi bir olay
- Haber veya durum için yaptığın yorumlar
- Kendi kendine kaldığında içeriden veya dışarıdan söylenmelerin
- Nakaratlarını tekrarladığın şarkılar
- Söz ile olmasa da beden diliyle ifade ettiklerin, mimiklerin

> **"Tekrar, tekrar yaratır.**
> **Neyi tekrar ettiğine dikkatini ver!"**

Ağzımızdan dökülen her söz, yoldan geçerken duyduğumuz, yan masamızda oturanların sohbetinde geçen her kelime, şarkılarla tekrarladığımız her ifade çok önemlidir. Ancak bunların arasından bazıları diğerlerinden çok daha güçlüdür.

Daha dilden dökülürken gücünü hissettiren ifadeler vardır. Bazen hızlandıran, bazen yavaşlatan, bazen sıfırlayan. Onları inceleyelim.

Hayırlısı neyse o olsun!

Birçok kez bir niyeti yaptıktan veya bir dilekte bulunduktan sonra güzel bir ifadede bulunuruz.

"Hayırlısı ise olsun veya olur."

Çok yerinde kullandığımız bu ifadede aslında en iyisi neyse o olsun, benim için iyi ise olsun demek isteriz. İyi de yaparız. Fakat bunu söyledikten sonra o isteğimizin olmaması veya bizim istediğimiz gibi olmaması halinde yürekten bir kabul içinde olmayı hatırlamalıyız.

Olsun!

"OL" bilinen en güçlü yaratım ifadesidir. Yaratıma katılmaktır. Bu ifade dile geldiğinde gerçekleşme hızı şaşırtıcıdır. Bir şeyi istediğimizde olsun dediğimiz andan itibaren her ne istersek o olur. Kulağımızın da işittiği ifadelerde kullanalım.

Zengin bir kocam olsun! Olur. Ancak o zengin kocanın o kişiye hissettirecekleri ve o zengin kocayla buluşana kadar yaşayacakları onun bu hayatın içindeki deneyimleri olacaktır, hatırlamakta fayda var. Kocanın zenginliği ile zenginliğin içinde yaşamak aynı manayı içermez.

Emir Kipleri

Emir kipleri yine hızlı ve güçlü yaratım enerjisi taşırlar. Net ve sade olan bu ifadeleri kullanırken negatif etki yapabileceklerden uzak olmakta fayda var. Herhangi bir sinir, öfke anında ağzından dökülenlere dikkatini vermeni tavsiye ederim. Belki fark ederek negatifi yaratmaktan kendini koruyabilirsin. Sonuçta içinde olduğun sana da bulaşacaktır:

Beni koru!
Bana güç ver!
Merhamet et!
Beni affet!
Zenginlik ver!

Korku Titreşimleri

Korktuğum başıma geldi diye boşuna mektup yazmamış atalarımız geçmişten bugüne...

Korku ile söylenen, endişe titreşimi taşıyan tüm ifadeler, hayaller, dilekler, niyetler hızla olur.

Korkarım ki ... olacak.
Endişem ... olmasından.
Biliyorum en kötüsü olacak.
Yetişmeyecek diye korkuyorum.
İster misin bir de ... olsun?

Me-Ma Olumsuzluk Ekleri

Olumsuzluk ekleri hükümsüzdür. Bu tip olumsuzluk eki kullanımlarının en önemli nedeni korku ve endişe halinin dile gelmesidir:

Yapmayayım
Olmasın
Görmesin
Bitmesin
Düşmesin

Soru Sormak

"Nasıl öderim ben bu borcu?" Kendini borcu nasıl ödeyeceğinin cevabı içinde bulabilirsin.

"Ya ödeyemezsek ne yaparım?" Ne yapacağını göstermek üzere bir sistem harekete geçer.

"Kim girecek bizim eve?" Ne kadar olasılık varsa gelebilir.

"Nasıl olacak ki?" Bu soru eki dikkatli kullanılmalıdır. Ucu açık bırakılmış sorular cevapları ile yorabilir.

"Onsuz ne yaparım?" Bu sorunun cevabında neler yapacağını öğrenmen için yaşam cevapları ile gelir.

Tehlikeli kalıplardan biri olan sorular en hızlı yaratma enerjisine sahiptir. "Emrindeyiz" diyen bir sisteme sorduğumuz sorulara dikkat etmekte fayda var.

Aslında iki tip soru sorarız, birisi anlayamadığımız için bir diğeri de yargılamak için.

Anlayamadığımız her şeyin anlaşılması için olayları hayatımıza çekeriz. Nasıl ödeyeceğimizi bilemediğimiz bir borcu öderken halden hale girebiliriz.

Bir diğer soru kalıbı yargılayan bir bakış açısıyla sorulan sorulardır. "İnsan önce verdiği sözü tutacak, ben anlamıyorum ki bu nasıl bir ahlak anlayışıdır?" ya da "Başına bu gelecekleri nasıl tahmin edemedin?" Bu soruların cevabını benzer durumları yaşayarak bulabiliriz. Aslında bu durumu çok güzel anlatan bir atasözü var: "Gülme komşuna, gelir başına."

Zaman Belirtme

Bir an önce olsun.

Hemen olsun.

Tam dediğim tarihte olsun.

Zaman belirtilen niyetlerimizin o tarihte olması için şartlar bizi yorucu anlamda zorlayabilir. Tam tersi de olabilir, o tarihte olamayacağı kesin olan bir dileğimiz tamamen iptal olabilir.

Keskin ve Yıkıcı İfadeler

Daha söylenirken yaydığımız isyan, itiraz ve biraz da kibir içeren ifadelerimizin hayatımıza çekebileceklerini tahmin dahi edemeyebiliriz. Biraz dikkatini vererek okursan ne demek istediğimi daha net anlarsın:

Ne olursa olsun.
Her ne olursa razıyım.
Ver verebildiğini.
Bu olsun da başka bir şey istemem.
Yeter ki olsun, sonrasında ne olacağı umurumda değil!

Meydan Okumalar

Asla
Kesinlikle
Mutlaka
Her şekilde
Her ne olursa
En kötüsü

Bunlar en tehlikeli kelimelerdir.

Şarkı Sözleri

En masum gibi gözükenler şarkı sözleridir. Aslında neleri hayatımıza çektiğimizin en net okunabilir mesajları şarkı sözlerinde gizlidir. Ne duyuruyoruz kulağımıza ve neden o şarkı sözü dilimize dolanır? Ne güzel bir ifade öyle değil mi *dolanır*?

Dolanırsa; ya takılıp düşebiliriz ya da kulak verip uyanabiliriz.

Öylesine İfade Edilenler

Hiç başına geldi mi bilmiyorum. Yani öylesine söyledim o anda oldu gibi olaylar. "Şimdi şöyle fıstıklı bir baklava olsa ne güzel yenirdi." Kapı çalar elinde baklava ile gelen kişiye ilk söylediğimiz: "Bilsem başka bir şey dilerdim." Oysa kâinat bize bir sistemi öğretiyor. Hiç beklentisiz ve hiç hesapsızca dilediğinde olma hızına sen bile şaşırırsın diyor. Orada bizi şaşırtan baklavanın gelmesi değil o kadar kısa sürede gelmesidir. Bu hali hayatın tamamına taşımamız gerektiğini hatırlatırcasına kendi kulağımıza duyururuz. "Hesapsızca istemeyi öğrensem dilediklerim verilir, bilseydim başka şeyleri de böyle isterdim."

Şakalar

Şakalarla ifade ettiklerimiz hızla gerçekleşenler listesinde yer alır. Kâinat kayıtları öylesine tutulmaz. Ağızdan çıkarken hesabı yapılamayan şaka üslubunda ifadeler "OL!" emrinin işlerliğini güçlendirir.

Mutluluk yaratan şakaların olsun.

Dedikodu

Başkası hakkında konuşma ihtiyacımız aslında bir yargılama halinin sonucudur. Bizim bir yargımız vardır. Kendimizi bilen olarak görürüz. Bu iyidir, bu kötüdür, bu davranış onaylanır, diğeri onaylanmaz. Dünya bizim baktığımız yönden sadece bir açıyla görülüyor. Kalan 7 milyar başka açılarla bakmaya devam ediyor. Yargıladığımız ile yargılanırız.

"Ben asla yapmam, ben olsam böyle yapmazdım gibi kalıplarla başkalarını yargılarken kulağına bir atasözünü fısılda: Büyük lokma ye, büyük konuşma!"

Şikâyet-Eleştiri

Sanırım son yılların en gözde davranış biçimi, eleştiri ve dolayısıyla şikâyet etmektir diyebilirim. Bu kurgu üzerine yapılmış TV programları dahi var. Şikâyet etmekle bahsettiğim aslında mevcut durumu anlamak, nereden geldiği ve nereye doğru ilerlediğimizi kavramak yerine sürekli sadece şikâyet edip, eleştirme halinde olmak.

Şikâyet etmek itiraz etmektir. İtiraz etmeye hakkımız yok mu? Var ama bir defa ve fark ettikten sonra bu hali dönüştürmüyorsak artık o bizi besler hale gelir ve bu durumda şikâyet edeceğimiz ne varsa hayatımıza koşa koşa gelir.

Örneğin; şehrin kalabalıklaştığından, eskisi kadar ucuz olmadığından, havasının, suyunun kirlendiğinden şikâyetçiyiz, yani aslında orada mutlu değiliz. Bu durumu değiştirmeyeceğimize dair çok net kanıtlara da sahibiz, işimiz, çocuğun okulu, alışkanlıklarımız vesaire. Ama içimizden çıkıp gitmek de gelmiyor. Ya o şehri olduğu gibi kabul edip hayatı bu şehirde seçtiğime göre burası benim en çok ihtiyaç duyduğum yer deyip kabulde olacağız veya o şehri terk etmek için bir plan ve o planın gerçekleşmesi için niyette bulunacağız. Çünkü belki de o şehrin bizi boğmasının ardındaki sebep hasta olmak üzere olmamız olabilir ve bir nedenle oradan uzaklaşmamız bizim hayrımızadır. Burada esnek olamazsak katılaşırız ve şikâyetimiz biraz daha artar, çünkü bedenimizin ve iç huzurumuzun da bizden şikâyeti vardır.

Şimdi bir rica. Lütfen birkaç gün dışarıyı ve kendini dinle. Ne kadar çok şikâyet, eleştiri ve yargı cümlesi kurulduğunu ve hatta kurduğunu fark et:

- Şuna bak, şu haline bak!
- Ne korna çalıyorsun!
- Kendini beğenmiş!
- Bıktım bu şehrin trafiğinden!
- Yine mi iş ya!
- Ne bağırıyorsun?
- Beni anlamıyorsun!
- Çok biliyorsun!

> "Yargılarımızla yargılanır ve şikâyet ettiklerimizle sınanırız."

Halet Dili

İnsanın içinde bulunduğu hal ve yaydığı titreşim kendine çektiklerini belirler. Bir buluşmanın, kesişmenin prensipleri bu halde saklıdır. Benzer benzeri çeker yasasının işleyişini burada daha iyi anlayabiliriz.

Yaydığımız bu titreşim değişmeden, var olan durumu değiştirmemiz pek kolay olmaz.

Nasıl değişecek diye bir soru sorabiliriz. Fakat bundan önce bu halin yani mevcut durumumuzun izdüşümünü oluşturan etkenlere bir bakalım:

- Yaşadığımız deneyimler
- Ailenin yaşadığı deneyimler
- İçinde bulunduğumuz çevrede olup bitenler

Yukarıda bahsi geçen maddelerde, biz ve çevremizin yaşadığı olayların sonucunda ortaya çıkan etkiler, bizim hayatımıza çekeceklerimizi belirler.

Deneyimler, şahitlik edilenler, sürekli tekrar edilen anlatımlar bizim için birer inanç kalıbını oluştururlar.

Eylemimize yön verecek olan, bilfiil yaşadıklarımız ve sözüne güvendiklerimizin aktardıkları olacaktır.

Örneğin, annesi babası tarafından aldatılmış ve bu hikâyeyi annesinin ağzından dinlemiş bir kız çocuğu için ikili ilişkilerde aldatılacağına dair bir önyargı oluşabilir. Kendi hayatında karşı cins tarafından aldatılmasa da bir konu, kişi veya karar ile ilgili tercih edilmeyen olmayı seçecektir. Bahsi geçen halin bir defa gerçekleşmesi demek o kız çocuğu için bir inanç kalıbı oluşturur ve sonrasında bu olaylar tekrar eder hale gelir.

Bize ilk güven hissini veren, bedeninde var olduğumuz, yaşama tutunmamız için bizi besleyen annemizdir. Bu nedenle içinde bulunduğu durumu değiştirmeyi bir türlü başaramayanların, geçmişte başına gelenleri unutamayanların, hayatın ona yeterince fırsat vermediğini düşünenlerin annelerine veya annelerinin yaşadıklarına karşı anlayamadıkları hatta belki de farkında dahi olmadıkları öfkeleri vardır.

Bir başka önemli etken de dayatılan kalıplardır:

- Benzetildiğimiz veya bir davranışımızın benzetildiği aile bireyleri ile aramızda bir bağ oluşur. Onun yaşadıkları bize yol gösterici olup, hayatımızla onun hayatı arasında benzerlikleri bulmaya çalışabilir veya kararlarımızı alırken farkında dahi olmadan onu izleyebiliriz.

"Aynı dayına benziyorsun. Sen de onun gibi olacaksın."

Burada dayının başına gelen her ne ise kişi tarafından alıp kabul edilen bir kadere dönüşebilir. Kişi dışarıdan itiraz etse dahi bunu söyleyen anne veya babası ise alıp kabul etme olasılığı oldukça yüksektir. Benzetilen kişinin özellikleri olumlu da olabilir olumsuz da, önemli olan kendi kimliğinin yok sayılmasıdır. Kişi üzerinde oluşan bir başka baskı ise kendi olduğunda kabul göremeyeceği inancıdır:

- Onun kadar başarılı/sen de onun gibi ol, senin kendini onaylamanın bir önemi yok, bizim seni onaylamamız için senin şunları yapman gerekir.

- Onun kadar başarısız/ne yaparsan yap baştan senin önüne engeli koyduk, sen de o kişi gibi olacaksın.

Çoğunlukla karar alamayan insanların geçmiş deneyimlerinden öğrendikleri ve ona verilmiş kodlar, onun kendi hayat planını bağımsızca çizmesine engel teşkil eder. Oysa hayatta bizi mutlu ve huzurlu kılan en önemli unsur, kendimiz olabilmemizdir. Yani tekâmül etmemizdir. İnsanın kendine özgü olması onu güçlü kılar.

"Benim dediğim gibi olsun düşüncesi insanı harekete geçmekten alıkoyar. Alıkoyulan eylemin ateşi öfkeyi yaratır."

Mış Gibi Yapma Hali

Sonuca gidemeyen olayların nedenlerinden birisi "mış" gibi yapmaktır.

Kişi sanki o istediğini gerçekten istiyormuş gibi yaparken girdiği hal ile kendi içesiyle olan bağını zayıflatır. Bu halin sonucu ise olaylar gelişirken sanki onun istediği yönde ilerliyor algısı yaratmasıdır. Adeta bir bulutun içindeymişçesine sonuca yaklaşıyor hissi ile zaman boşa akar durur. Kişi isteğinde ısrarcıdır.

Bazen danışanlarım bana soruyorlar:

"İnanın o kadar çok istiyorum, tam bu sefer oldu diyorum, yine bir aksilik ve sonuç hüsran. Neden böyle oluyor?"

Bu soruyu soran kişinin niyetini, isteğini sanki karşısında niyet perisi varmış gibi dillendirmesini istediğimde onun söylediklerini not edip tekrar ediyorum ve kendisi de duyduklarına inanamıyor.

Çünkü, niyetinin içinde hiçbir zaman kendisi ile ilgili bir hal bulunmuyor.

Çoğunlukla kendi ifadelerimizi dikkatlice dinlemiyoruz. Birisi konuşurken aldığım notları tekrar ettiğimde itiraz edenler olabiliyor. Tam öyle söylemek istemedim, acaba öyle mi söyledim diyerek, benim ifadelerimden şüpheye düşenler dahi olabiliyor. Bu nedenle son zamanlarda ses kaydı yapıyorum. Ama nafile, bazen dinlediğine dahi inanamayanlar oluyor. Bu yöntemi sen de kendine uygula. O çok istiyorum ama olmuyor dediğin her ne ise, sanki kâinat sana bir elçi göndermiş de ona ifade ediyormuşsun gibi ses kaydı yap. Sonra dinle. Bakalım gerçekten kalpten gelen ifade edilebiliyor mu? Yoksa zihninin kalıpları yönetimi ele alıyor ve sen farkında değil misin?

Çoğumuzun niyeti kendi içsesini duymak hatta onun dediğini yapmak. Biliyoruz ki içerisi doğruyu anlatır. Oysa içinde bulunduğumuz dünyada çoğunlukla dışarıyı duyar, görür ve hissederiz. Hal böyle olunca gerçek bazı zamanlarda karışabilir. Hangisi kalpten hangisi zihinden gelendir, bilmek isteriz. İşte bu nedenle çoğu öğreti insanın gün içinde en azından on dakika kendisiyle baş başa kalmasını öğütlüyor. Bu sayede içimizi dinlememiz, sadeleşmemiz ve ilahi olanla bağlantı kurmamız kolaylaşır.

Gün içinde yaşadığımız anın içinde olamayışımız, hayatın bizimle konuşmasını kaçırmamıza neden olur. An içinde yaşamak orada olmak demektir. Ne oluyorsa dinliyor, izliyor ve belki de fark ediyoruzdur. Gayretimiz, çabamız, bedenimizde, nefesimizde hayatın bizimle olan iletişimindedir. Yanımızdan geçenler, kuşun ötüşü, belki itici bir etken gibi görünse de korna sesleri, karşıdan karşıya geçerken göz göze geldiğimiz bir kişiyle selamlaşmamız ile biz oradayızdır. Bu halde değilsek, geçmiş veya gelecek zamanlardan birinde isek hayat yanı başımızdan akar, gider.

Kendimize gelmemiz, hayatın bize verilen bir hediye olduğunu, en büyük servetin nefesimiz, en önemli aracımızın bedenimiz ve en önemli yakıtımızın zaman olduğunu anlamamız için çarklar harekete geçer. Bu saydıklarımdan birisinde bir aksama yaşadığımızda hemen dikkatimizi kendimize yöneltiriz. Nefes alamadığımız birkaç saniyede şükre gelir, kendimiz için faydalı cümleler edebiliriz.

Nedir bizi merkezimizden uzaklaştıran?

Onaylanma isteğimiz, dışarıyı fazla önemsememiz, kendimizi ifade etmeyi erteleyerek, başkalarının ifade ettikleriyle hayatımıza yön vermemiz diyebiliriz. Bu durumda alttan alan, kendini ve hayat amacını erteleyen oluruz. Bunun sonucunda elbette kendi ağzımızdan çıkanı duyamayız. Hem nasıl duyalım ki! Başkalarını dinlemekten kıstığımız kalbin sesi zaten oldukça tizdir, sessizlik ve dinginlik ister duyabilmek için, bir de yükselen zihnin ve onun yaptığı hesapların sesi girince devreye, içten geleni duymaz oluveririz.

Belki şu anın içinde uyanıp kavuşuruz hayatın bize sunduklarıyla ve mutlu olur, neşe içinde yaşarız.

Bu kitapta anlattığım en önemli konu; niyet senin bir şeyi elde etmenden çok hayatında bir dönüşüm yaratabilmen için kendi iradenle aldığın kararlarla bir dönemi, yaşayışı bitirip yeni bir dönem başlatabilmendir. Bunun için ne dediğinin, neyi yaşama potansiyeli taşıdığının ve bugüne kadar yaşadıklarından neler öğrendiğinin farkında olman çok önemli. Seni olumsuz bir hale taşıdığını düşündüğün ve içinden çıkamadığın olayların tekrar eden döngüsünden çıkabilmen için kendine, olan bitene ve ifade ettiklerine, talep ettiklerine ve çevrenle olan ilişkilerine odaklanmalısın. Hatırlarsan bugün yaşadıklarını dün, bir gelecek planı olarak hayal etmiştin. Elbette istemediklerini de sen çağırdın. Bunu isteyerek yapmadın. Yukarıda örneklediğim isteklerin oldu. Eğer sen, yaşadıklarımın sorumlusu değilim dersen, o zaman hayatını değiştiremezsin; dışarıda suçlayacağın yeni aktörler ve konular gelir ve döngü devam eder. Dönüştürmen için elindeki malzemeyle işin bitmiş, görevini tamamlamış bir plan olmalı. Birtakım hesaplar yaparak hayata yön vermeye çalıştığında hesaplanamayan sonuçlarla buluşabilirsin. Para isterken ona sahip olursun ancak o senin kendin olman için karar almana blokaj koymana neden olabilir. Paran var diye mutlu olmazsın. Mutlu olmak için para harcarsın ama sonuç değişmez. Bu kitapta anlatacaklarımı dikkatle okumanın ötesinde uygulamalarla kendinle buluşma yolculuğunda sana ışık tutmak niyetindeyim. Sen, seninle buluştuğunda sen seni bilirsin, neyle, nereye ve hangi halin içinde olacağına irade edersin. İrade insanın tekâmül yolculuğunda dümenidir. Kararlar koordinatlarıdır. Kararları uygulamak irade ile mümkündür. Kararlarını senin aldığını fark ettiğinde yetkilendirilmiş olduğun bu dünya yolculuğunun anlamı derinleşir. Kabul ettikçe bırakmak, bıraktıkça yenilenmek, yenilendikçe yaşamın cömertliğiyle buluşmak kolaylaşır.

Şimdi gel birlikte mutluluk, para ve aşk konuları ile ilgili yaptığım atölye çalışmalarından, yaşadığım farkındalıklardan ve yaptığım araştırmalarla hazırladığım bölümlere geçelim.

Mutluluk

Senin mutluluk için bir formülün var mı? Lütfen yüksek sesle ifade et ve sonra devam edelim:

... beni mutlu eder.
... olursa mutlu olurum.
... gelişi beni çok mutlu etti.

Önce mutluluk kelimesinin kökenine ve sözlük anlamına bir bakalım.

Birçok farklı tez olsa da "umut" kelimesinden türediğine dair ortak bir yaklaşım vardır.

Umut, Farsça umid (beklenti) kelimesinden dilimize girmiştir.

Mutluluk; bütün özlemlere eksiksiz ve sürekli ulaşmaktan duyulan kıvanç hali, saadet, ongunluk diyor sözlük.

Özlem duyulana, dilediğine kavuşmak, istenilen ile buluşmak diyebiliriz.

Mutluluk istediğimizle buluşmak ise o zaman bizim ne istediğimizi bilmemiz mutluluğumuzun da anahtarıdır.

Ne istediğini bilen, ona verilenin neşesini, sevincini yaşar. Kişi net değilse o zaman ne verilirse verilsin, sonuçta gerçekleşenden şikâyet etme isteği duyar.

Mutlu diye tanımlanan insanların olanın kabulünde, elindekilerin kıymetini bilen ve dışarının değil, içerinin yani kendinin ihtiyaçlarını karşılayanlar olduğunu görürüz. Başkalarını mutlu etmek çabası nafiledir. Çünkü kişi ancak kendini mutlu edebilir. Birisinin beklentilerinin, bu hayattan tam olarak ne istediğinin bir başkası tarafından bilinmesi mümkün değildir. Bu nedenle dış dünyanın onayı için hareket edenler mutlu olmakta zorlanırlar.

Mutsuz insanlar ne istediğini, neden istediğini, neye ihtiyacı olduğunu tam olarak bilemeyenlerdir.

İhtiyaç bazen anlaşılmak, bazen üretmek, bazen kendini ifade edebilmek gibi soyut kavramlar olabileceği gibi barınmak, iş sahibi olmak, tatile çıkmak gibi daha somut kavramlar da olabilir. Şimdi bu bölümün başında ifade ettiklerini bir hatırla, neydi seni mutlu eden? Gerçekten emin misin, ne istediğini önce kendine net bir şekilde ifade edebiliyor musun?

Ne istediğini bilen, verdiğini de aldığını da fark eder. Fark ettikçe karanlıklar aydınlanır ve korkular yerini eminliğe bırakır.

"Hayatımın herhangi bir alanında ifadelerimle kendime çektiğim, yokluk veya var olandan şikâyet ile şu anıma ve geleceğime zarar veren, verecek olanlarla bağımı kesiyor ve özgürleşiyorum. Yaradan'a, hayata, olana, içinde bulunduğum hale ve kendime güveniyorum. Değişim ve dönüşüm yaşayacağım alanlarda sevginin ışığı yolumu aydınlatsın, bırakacaklarım için eylemime gayret, kalbime eminlik verilsin..."

Niyetimizin enstrümanı ifademiz, akordu verileceğinden eminliğimizdir.

Emin Olmak

Emin olmanın iki hali vardır. İman ve kibir. Kibir ile bunu istemediğime ya da istediğime eminim. İman yani teslimiyet ile gerçekleşenin en hayırlısı olduğuna eminim.

Peki bunu nasıl ayırabiliriz?

Katılığa varmış prensiplerimizle mi hareket ediyor ve yeniden aynı olayları mı çekiyoruz, yoksa hayatımızı harika bir hale getirmenin eşiğinde miyiz?

İstediğimizin olmamasından dolayı gerginsek, istediğimiz gibi olmayacağına dair bir endişemiz varsa veya zamanla ilgili bir telaş hissediyorsak o zaman eskinin yani geçmişin bize öğrettiklerinin ışığında benzer olayları çekmek isteği içindeyizdir.

İstediğimiz olmadığında, olaylar bizim istediğimiz gibi gelişmediğinde de bunun bir değişimin başlangıcı olduğunu hissederek kabul halinde isek, işte o an dönüşüm başlamış demektir.

Diyelim bir ürünü pazarlıyorsun ve seninle devam edeceğinden emin olduğun bir müşterin var. Hatta en iyi müşterin. Birden seni bırakabileceğini öğreniyorsun. Bu durumda yaşadığın hal sana hayatına değişimi çekme potansiyelini anlatır. Neler yaşayabilirsin ve bu yaşanan ne anlatır gel beraberce bakalım:

• **Panik;** elimdekiler alınıyor. Bunca emek boşa gidiyor, gidecek. Her şeyimi kaybedebilirim.

Değişimden korkuyorum, kurduğum, bildiğim sistem kontrolümden çıkıyor.

• **Öfke;** bunca emek, çaba boşa gidecek. Görür gününü, bırakamaz öyle kolay değil.

Değişimden korkuyorum.

• **Endişe;** kaybettiğim ciro, kariyer, bu alanı neyle dolduracağım, geleceği kontrol edemiyorum, kontrolü kaybedersem ne yaparım?

Kontrol edemezsem sahip olduklarımı kaybederim.

• **Kabul;** bu kadar emek verdiğim ve kendimi güvende hissettiren bu müşterimin beni bırakması beni üzdü. Ancak bu işimle ilgili bir yenilenmeye aracılık yapacaktır. Şu anda fark edemesem de eminim bu olayın sonuçları benim için hayırlı olacaktır. Yeni müşteriler bulup bu kaybı karşılayabilirim. *Güvendeyim, yenilenme bana iyi gelecek. Geleceğim için hareket etmeye hazırım.*

Yukarıda ele aldığımız örneğe benzer durumlar karşısında birçoğumuzun vereceği tepki, elimizden kayıp gidene, alınana veyahut alıştığımızın değişimine olan direncimiz olur. Biz gidene odaklanırken gelenin farkına dahi varamayız. Belki yeni bir durum için yardım dahi dilemeyi unuturuz. Bu gidenin yerine iyi bir müşteri gelsin diyebiliriz. Oysa biz çoğunlukla gitmesin diyerek yaşamla savaşmaya hazır olabiliriz. O noktada dönüşümü başlatacak müşterinin gitmesini kabul ederek. Dirence aktarılacak enerjiyi yeni bir müşteri veya müşteriler için kullanmak önümüzü açar. Bu olay bir son ise bunun bir de başlangıcı olmalı. Müşterinin gitmesini talep ettiğimiz bir durum vardı. O anı hatırlayamayabiliriz. Belki tek müşteri üzerinde oluşturduğumuz riskten korktuk, belki bu müşteri ileride ödeme sorunu oluşturacaktı.

Sahi, evren biz ne istersek veriyordu. Ne istemiş olabiliriz? İşte tam burada huzur kalbe yolculuğuna başlar ve tam bu noktada kontrolün bizi kısıtlayan ve ele geçirerek değişime direnç göstermemize sebep olan etkilerinden kurtuluruz. Kontrol etme isteği olanlar, aslında yeniyi istiyormuş gibi hevesle hareket ederler ancak sonuç istedikleri gibi olmayacak zannı ile bildiklerine geri dönmek daha güvenli gelir.

Çoğunlukla bu durumun bedende etkileri, safrakesesi, mide ve bağdoku sorunları olur. Kontrol etme isteğine sebep olan ise benim isteğim, benim tasarladığım gibi olmazsa yeterince iyi olmaz algısıdır. Hayat bizim penceremizden baktığımızdan çok daha zengin ve farklı açılarla dolu. Her açıya vâkıf olamayacağımıza göre elimizden gelen güzelliklere odaklanmaktır.

Emin olmak, aslında sevildiğini, korunduğunu ve hak ettiğini kabul etmektir.

Sevmek, sevilmek, aşk ve mutluluk kavramlarını tam olarak ait oldukları alanda değerlendirmediğimizde yaptığımız niyetler, beklenti içinde kalmamıza ya da istediğimizin verildiğini fark edememize neden olabilir.

Birçok etkinlikte, niyet yapan ve hayatına yeniden yön vermek isteyen kişilerle bir araya geliyoruz. Kimi zaman harika sonuçları paylaşıyorlar, kimi zaman ise niyetlerinin bir türlü gerçekleşmediğini ifade ediyorlar. Gözlemlerime göre çoğunlukla o anda ifade ettikleri ile aslında olmasını istedikleri arasında önemli farklar oluyor.

Diyelim kişi bir ilişkisi olsun istiyor, öncelikle öncesinde yaşadığı ilişkileri reddedercesine o ilişki ya da ilişkilerde yaşadığı hayal kırıklıklarını tamir edecek, geçmişi temize çekecek bir hayalini dile getiriyor. En iyisi olsun kavramı bizi mükemmeliyetçi yapar. Mükemmeliyetçilik, kusur bulmaya yöneltir.

Özellikle aşk isteyenleri daha bir dikkatli dinliyorum. Çoğu kişi aşkla ilgili yaptığı niyetin istediği gibi gerçekleşmediğini ifade ediyor. Aynı kişiler niyetini ifade ederken karşısındaki kişinin maddi gücü, dış görünüşü ile başlayıp sonrasında onun davranışlarının nasıl olması gerektiğini uzun uzun anlatıyor.

Anneme şöyle davransın, arkadaşlarıma böyle yaklaşsın, benim ihtiyaçlarımı ben söylemeden fark etsin. İşi, kariyeri beni gururlandırsın, giyimi kuşamıyla kendisine baksın. Gözü benden başkasını görmesin. Beni sevsin, mutlu olalım vb...

Soruyorum sana "aşk" bunun neresinde?

İlişki geçmişinde öfke var, kendini değersiz, güvensiz hissetme var. Kendisi dışında kim var kim yoksa mutlu etme isteği var. Aşk yok, sevgi yok, mutluluk yok, huzur yok. Etrafını besleyecek ve dolayısıyla etrafın gıpta edeceği birisi var. Kendisi için değil de çevresini mutlu etmek için birine ihtiyacı var gibi niyet edenler, ilişki deneyimi yaşayıp, aşkı kapı dışında bırakıyorlar.

Aşk, beklenti ile beraber olamaz. Özgürce gelir, dönüştürür, aşılmaz denilenleri aşmaya yardım eder, çabalatır, istek verir, insanı sevdiğinin aracılığı ile kendiyle buluşturur.

Sanırım, sevildiğimiz ve sevdiğimiz bir ilişkinin içinde olmak ile aşk kavramlarını birbirine karıştırıyoruz. Aşkı çağıranlar belki de onunla buluşuyordur, kim bilir.

Sahi senin aşk tanımın nedir?

Aşk

Aşk kelimesi, Arapça sarmaşık, sarıp sarmalayan manasına gelen "ışk" kelimesinden türemiştir.

Bu tıpkı ölümsüz eserlere konu olan aşklarda olduğu gibi kendisini feda eden, sevgilinin yoluna adayan hali anlatır bir tanımlamaya benziyor. Yani bir teslim olan ve bir de teslim alan ama kavrayan, kucaklayan vardır.

Aşk, seven ile sevilen arasında kurulan derin bağdır. Bu bağ sayesinde kişi kendi varlığını yeniden tanımlar ve konumlandırır. Belki de bu nedenle ruhsal yolculuğunu "aşk" olarak tanımlar sufiler, Budistler ya da diğer yola girmiş olanlar.

Bu derin sevgiden beslenenler, hayatın akışını olduğu gibi kabul eder, iyi-kötü diyerek ayırma halini bırakarak aşkın hissettirdikleri ile huzur bulurlar. Her ne oluyorsa içinde aşk vardır. Yani seven, sarıp sarmalıyordur.

Oysa günümüzde aşk kelimesi ile ilişki, tutku, arzu gibi kavramlar birbirine karıştırılabiliyor. İkili ilişkiler içindeki arayışı beğenilmek, kabul görmek, beraber güzel zaman geçirmek hatta belki evlenip bir yuva kurmak olanlar, aşk istiyorum diyor.

Oysa aşkta şekil, arzu, tutku hatta beklenti dahi yoktur. Aşk, ateşi ile karşısındakini bir halde yok eder ve başka bir hale taşır. Âşığın tek besini derin sevgiyle kurduğu bağdır. Bu bazen bir kişi, bazen hayatın kendisi, bazen teslimiyetidir.

Aşk çağrısı yaparken hatırlayalım. Aşkın ateşi geçmişin odunlarını yakarak başlar, küllerinden yepyeni bir hal ile doğar, aşka düşen ve bu halin içinde herhangi bir şart barınamaz.

Peki aşk dilemeyeyim mi diye bir soru gelmiş olabilir aklına. Elbette aşk dileyelim. Aşk sevginin en yoğun hali, güçlendiren, derinleştiren ve bize kendimizi anlatan bir olgudur.

Ancak ilişki isteği, beğenilme, onaylanma hatta sevilme ihtiyacı ile aşkın farkını fark edelim.

Romeo ve Juliet, Leyla ile Mecnun, Aslı ile Kerem kavuşmak için verdikleri gayretle bize aşkın insanı, yapamam dediklerini yapar, mümkün değil dediklerini mümkün kılar bir hale taşıdığını anlatmak üzere kaleme alınmış eserlerin kahramanlarıdır. Biz gerçek aşkı hayatımıza çektiğimizde bir halden başka bir hale taşınmayı ve bu yolda belki sahip olduklarımızı geride bırakmayı kabul ederiz.

Aşk kalbine dokunduğunda kapılar kendiliğinden açılır...

Kendiliğinden olan kıymetlidir

En sevdiğim ifadelerden biri kendiliğindendir. Sanki akışı, hayatın ritmini ve benim o ritimle beraber olduğumu anlatır. Ben bir şey yapmadım, kendiliğinden oldu dediğim anda huzur kaplar içimi ve sanki yaşam ile kucaklaşmışızdır. Bu eminliği hayatımın her alanına taşıma gayretinde olsam da bazen benim istediğim gibi olsun diyen kibirli halim yönetimi ele geçirebiliyor. O anlarda endişe içinde olduğumu fark ediyorum. İçim içime sığmaz oluyor, ya o anda planladığım gibi olmazsa ne yaparım diyorum. Çoğunlukla da planladığımdan daha iyi oluyor. Yaşadığım endişe de benim yanıma kâr kalıyor. Kendiliğinden olması için gerekli şartlar nelerdir?

- İçsesimizi dinlemek.
- Olanın bize mesajını okuyabilmek.
- O anda olmayan her ne ise olmaması ile değişen yeni durumu kabul edebilmek.
- Yaradan'a ve sisteme güvenmek.
- Bir tersliğin bizim bakış açımızdan kaynaklandığını anlamak. Bir hususta terslik olduğunu düşündüğümüz anda hatırlamamız gereken, kâinatın bize farklı bir açıdan anlatım yaptığıdır.
- Aşırılıklardan uzak olmak.
- Ben bilirim, benim dediğim gibi olacak diyerek diretmeyi bırakmak.

Kendiliğinden olanın zıddı: "Yapıyorum ki yapasın." Bir eylem gerçekleştiriyorum ama bunu yapma sebebim beklentilerim.

2. BÖLÜM
KENDİNİ TANI

Kendini Bilmek

Dönüşümü başlatmak için önce kendi alanımızı belirlemeliyiz. Bizim dış dünya ile olan alanımızın sınırının başladığı yerdir egomuz. Ego alanımız ne kadar sağlam ve belirgin ise biz o kadar kararlıyız. "Hangi konuda?" diyebilirsin. Evet ve hayırlarımızı net bir şekilde ifade etmek derim. Kim kalacak, kim gidecek? Ben kimim, neredeyim, nereye kadar karşımdakini dinleyeceğim? Ego, kötü bir şey değil miydi? Hani egosuz olmak iyiydi, egosundan kurtulmuş olan geçerliydi?

Hayır, ego değil kontrolsüz, sınırları olmayan veya sınırları uçsuz bucaksız genişlemiş bir ego tehlikelidir, bilinmeyenin içinde kaybolmana sebep olan, sınırlarını çizemediğin bir hayat senin savrulmana ve en önemlisi kendini kurban hissetmene sebep olur. Sınırları genişlemiş bir ego ise senin iflah olmaz bir kontrolcüye dönüşmene sebep olabilir. Bunun dengesi nedir?

Ego, kim olduğunu, nelere istek duyup neleri ittiğini, kimleri veya neleri önemsediğini fark edebilmektir. Diğer adı "nefis veya şeytan" olan ego, yönetimi başka ellerde olduğunda biz, bizden gideriz.

Nereye mi?

Başkalarını mutlu etmeye. Olmayacak bir duaya âmin diyerek, ne var ne yoksa bize dair, adanır, şuursuzca verir ve onaylanmayı bekleriz. "ONAYLANMA" isteğimiz, kör olmuş benliğimizi uyandıramaz, kime ve ne amaçla hizmet ettiğimizi bilmeden, yapışır kalırız karşımıza çıkanlara, hep bizimle olmasını istediklerimize sunarız kaynaklarımızı, sonra da en çok onlardan şikâyet ederiz, kuytularda, uykularda ve anılarda.

Kıymetimiz bilinmemiş, kendimiz için bir seçim yapamamış, mecbur bırakılmış veya mecburiyetten bırakamamışlığın esaretinde kabul ederiz, yerimizde dönüp durmayı. Gıptayla bakarken gözlerinin içi gülen yüzlere ve kalbinin sesiyle hareket edenlere.

Aklına takılan sorular olabilir, "ben" diyemediğim için mi hayatımı değiştiremiyorum?

EVET.

Kendini görmekten vazgeçip, gerçekliğini, varlığını diğerleri üzerinden tanımladığın için sonuca gidemiyorsun. Bundan da önemlisi hiçbir şeyin değişmeyeceğine olan inancın istemekten, niyet etmekten alıkoyuyor seni ve yeniden aynısını yaşamaktansa aynı kalsın diyorsun belki de kim bilir.

Kendin için değil moda olduğu için, güzel görünmek için, iyi bir evliliğe sahip olmak için, itibarı olan bir iş olduğu için içini susturuyor, başkaları için yaşamaya devam ettiriyorsun bitiremediğin her ne varsa.

Bu ego veya nefis ile olan bağı nasıl sağlıklı hale getiririz? Bizi ilgilendiren en can alıcı nokta budur. Sen, senin ne olduğunu, ne olmadığını, yolunu, hedefini bildiğinde hayat amacınla buluşursun. Dışarısını dinlediğinde, kalbinden akanı susturduğunda savrulursun.

"Nefsini bilen, kendini bilir." "Kendini bilen, Rabb'ini bilir."

"Peki nefis öldüresiye dövülecek, eziyet edilecek olan değil miydi? Ne oldu da yaşadıkların nefsini tanımamandan, egonu ezmekten oldu diyorsun?" diye düşünebilirsin.

Gel birlikte önce şu ego-nefis neymiş ona bir bakalım.

Çocuklara ilk öğrettiğimiz davranışlardan biri, kendi bedenini, aitliğini ve çevresiyle olan ilişkisinde kuracağı dengeyi oluşturma becerisidir.

Alır karşımıza, elimizle kendimizi göstererek "BEN" deriz, sonra onu işaret ederiz ve "SEN" deriz.

"M" eki izler bu eğitimin devamında "BENİM" demeyi öğretiriz, neye sahip olduğu ve neye olmadığını anlatırız. Senin bedenin, senin yemeğin, senin arkadaşın, senin baban vb.

Bu aidiyet duygusunu yarattıktan sonra kendi alanı oluşan çocuğa, "Tamam bu oyuncak senin, şimdi buna sahip çıkarak arkadaşlarınla, kardeşinle paylaş" deriz. Hatta bazen onun elindeki bir yiyeceği bizimle paylaşmasını isteriz. İtiraz ederse de bunun öneminden bahsederiz.

Bundan sonraki aşama, başkasının alanına girmeden, kendi alanını koruyarak topluma dahil olmasıdır. Okulda, sokakta kendini ifade etmeli ve ifade edileni dinlemelidir. Kimlik olgusu oluşurken, bizim ve diğerlerinin ne istediğini önemser. Zaten biz de bunu isteriz.

"Arkadaşına böyle davranma."
"Dedenin elini öp."
"Böyle yaparsan, parka gitmeyi unut."
"Bak arkadaşın ne güzel oturuyor uslu, sen ise yaramazsın."
"Yemeğini yersen, bahçeye çıkmana izin veririm."

Mesajı Okuyalım

Senin kim olacağına
Neleri yaparsan, nelere sahip olacağına
Öyle kafana göre hareket edip edemeyeceğine
BİZ karar vereceğiz.

Ama hani benim oyuncağım, benim bedenim, benim yemeğimdi?

Kafası karıştı.

Sahip olmak istediği her şey için bir kural, bir şart, bir çaba var.

Kendisi gibi olunca, olmuyor.

Tüm bunlar çocukluk döneminde sahip olunan kodların kaynağını oluşturuyor.

Ben duygusu o kadar zayıf ki "İRADE" gelişemiyor.

İrade, kararlarımızın ve cesaretimizin ateşini yakacak olan kıvılcımın çıkış merkezidir.

Ben duygusu sağlıklı geliştiğinde, kendimizi, isteklerimizi, zaaflarımızı, diğerleri ile olan bağımızı kuruyoruz. BEN'lik kavramı gelişmeyince kolayca BEN'cil olabilir insan.

Ego, bizim güven alanımızdır.

Kendimizi gerçekleştirmek için inşa edeceğimiz hayatın temelini oluşturur.

Ben duygusu oluşurken engellerle karşılaşmış insanları ya egoist olarak tanımlıyoruz ya da onlar kendilerini kurban olarak görüyorlar.

Burada üç tavır ortaya çıkıyor:

1- Kişi nerede hayır diyeceğini bilemediği için, seçimsiz kalıyor veya yanlış seçimler yapıyor. Bu da güvenli alanı kaybetme korkusuna neden oluyor.

2- Kişi kendini onaylatabilmek için karşısındaki her ne isterse istesin onun isteğini gerçekleştirmek üzere harekete geçiyor. Ancak yaptıkları kendi istediklerini kapsamadığı için kullanıldığı, kurban edildiğini düşünüyor. Bu kişilerin öfkeli tavırları, depresif ruh halleri veya ilişki bağımlılığı olabiliyor.

3- Şartlı bir refleks oluşuyor. Kişi istediklerini yaptırabilmek için karşısındaki ne isterse yapıyor. Çıkış amacı kendi isteklerini gerçekleştirmek olduğu için "bencil" olarak tanımlanacak tavırlar içinde kendi çıkarları doğrultusunda hareket ediyor. Aldıkları karşısında mutlu olmak bir yana yeterince alamadığı algısı ile zarara uğratıldığını düşünebiliyor.

Yukarıda örneklediğim davranışların çıkış noktası, başkalarını idare ederek, kendini ertelemektir.

Birçoğumuzun hayatında bambaşka bir hale geçmemizin altında bu güvenli alanı koruma güdüsü yatıyor.

Etki-tepki yasasından öğrendiğimiz, istediklerini yaparsam istediklerimi alırım yanılgısı bizi olduğumuz yerde bırakıyor.

İlişkide olduğumuz ama nasıl davranacağımızı bilmediklerimizi "öteki" olarak tanımlıyoruz.

Öteki kimdir biliyor musun, çıkarlarımızın çatıştığıdır. Güvenli bulduğumuzun ötesindekidir. Yani bildiğimizin, bize öğretilenin, deneyimlerimizin dışında kalandır.

O tanımadığımız alanın parçasıdır.

Bildiğinin, alıştığının, inandığının dışında olan her ne var ise o korkutucudur. Ve insanlar bu şekilde yönetilebilir.

ÖTEKİ belirliyorsa algını sen artık yönetiliyorsun demektir. Bir ideoloji uğruna seni istenilen yöne devşirmek kolaylaşır. Bu illa siyasi veya dini bir ideoloji olmak zorunda değil. Senin inancının, bildiğinin, deneyimlediğinin dışındaki seni korkutur ve kendini tehdit altında hissettirir. Bildiklerin elinden alınabilir. Bu hali yaşadığımız anda ilk yaptığımız sahip olduğumuz her ne varsa yaşam adına korumaya almamızdır. Bitemeyen ilişkiler, tekrar eden olaylar ve sonucunun kötü olacağını bile bile yapılan seçimler bu nedenle oluşur.

Nereden gelmiştik bu konuya hatırlayalım. EGO alanımızı tanımlıyorduk.

Nefsini bilenlerden olmak bizi özgürleştirir ve "BEN"cil olmaktan ancak böyle korunuruz.

Çünkü ego bizim kim olduğumuzu tanımlarken kendi zayıflıklarımızı, zaaflarımızı, arzularımızı, isteklerimizi de anlatır bize. Nereye kadar devam etmeliyiz, sınırlarımız nedir, nerede öteki ile temas halindeyiz, onunla olan bağımız sayesinde öğreniriz.

O alanı kuramadıysak belirsizliğin yarattığı güvensizlikle korunma, kısacası zaaflarımızın kucağına düştük mü, işte o zaman ötekini harcamak, verilen emanetleri bizim zannetmek, kimse bakmıyorken, kimsenin haberi yokken hak görmek halinde yaşarız.

İnsanı çıkarları, ben duygusu yönettiğinde, yere, duruma ve kişiye göre yön aldığında, yönlerini şaşırabilir.

Kendini bilmek, bırakacaklarını, hayatına davet edeceklerini belirlemektir. Dışarıyı değil, dışarıyla olan ilişkisini değiştirdiğinde kendi yolculuğunu başlatacağını bilmektir.

Kendini Tanıma Tablosu

Sana yine bir tablo ile senden bahsedeceğim. Bu bölümde de yine en iyi dostunun, seni en iyi tanıyanın sen olduğunu hatırlatıyorum. Sana, sen yetersin. Tek ki kendine dön, kendini bil... O zaman nereye gideceğini bulur, kayboluşunu bitirirsin...

Kendimizi tanımak için gösterdiğimiz gayretin yanında kendimizden emin olamamamız bizi şüphenin kucağına atar. Şüphenin en önemli etkisi karar mekanizmamızı durdurmasıdır. Bu nedenle emin olmak için çevremizden onaya ihtiyaç duyarız. Bundan mıdır bilinmez ama sıklıkla gelecekten haber alma isteği duyanlarımız oldukça fazladır. Oysa gelecek içinde bulunduğumuz anda şekillenir. Yani biz herhangi birine ne yapmamız veya yapmamamız gerektiği ile ilgili bir soru sorup, onun yönlendirmesi ile hareket ettiğimizde geleceğimizi o kişinin ellerine teslim etmiş oluruz. Birçok defa yaşadıklarımızın sorumlusu olarak başkalarını görmemizin altında bu eylememiz yatar. *Kendi kararlarını veren hayatına irade eder.* Kararlarının sonuçlarını bir deneyim olarak değerlendiren geçmişiyle barışıktır. Keşkeler içinde kıvrananlar ise kararsızlık alanına tekrar tekrar geri dönerler. Burası araftır, belirsizlik limanı, yanlışı seçmeyeyim; o zaman hiçbir şey seçmeyeyim. Başkasına seçtireyim. Olmazsa onun yüzünden olur. Olursa da onun sayesinde olur. Bu dışarıya ve dışa tapınma ihtiyacı yaratır. İnsan, o yüce olan, o olmazsa olmaz hiçbir dileğim olmaz algısı ile biat kültürünün bir parçası oluverir. Bu duruma düşen için neye inanırsa inansın samimiyetin ötesinde bir takas oluşur:

Ben senin dediğini yapacağım-ödeyeceğim-vereceğim.
Sen de benim istediklerimi vereceksin-ihtiyaçlarımı belirleyeceksin.

Bunun sakıncası ne olabilir? Sence irade nerede? Kullanılmak istiyor kişi burada.

Kullanılmak demek, kendini bir planın içine hapsetmek demektir.

Akıl; seçme hakkı, şansı, kendin olma yolculuğunda kalbin destekçisidir.

Yaptığın ibadet, verdiğin sadaka, yaptığın dua, niyetin içinde kendince bir yol bulup kolaya kaçmaya, yaptığımın sonucunda sonuca gideyim planlarına, hesaplarına dikkat et. Bu hal defalarca uyardığım "mış" gibi yapma halidir. Hesap yapan zihin, kontrol ederek yaşama yön vermeye çalışır. Yaşamı kandıramazsın. Yaşama katılabilirsin.

Değerli olan kendi potansiyelini açığa çıkarmandır. Seninle ilgili ne varsa senin kararlarınla ortaya çıkar. Gitmek veya kalmak, almak veya vermek hep seninle ilgilidir. Şartları değiştirecek olan, o şartlara olan yaklaşımındır. İçinde bulunduğun hali devam ettirmek bir karardır. Bitirmek de yine bir karar. Birinde devam edersin, birinde sonlandırırsın. Yaşamına yön vermek için tavsiye alacağın yer kalbindir. O sana şahdamarından yakın olandır. O kalp ki seni yaşama bağlar, sen onunla olan bağlantını açık tut. O sana hep doğru yolu gösterir. Yaşam sana destek olur. Bedeninin her bir hücresi senin haberin olmadan kendi kendine işliyor, ölüyor, doğuyor, senin haberin olmadan kalbin tüm hücrelerini besliyor.

Nasıl emin olacağım diye bir şüphe düşerse içine, hatırla ki yediğin her lokmada nasıl eminsin midenden ve hormonlarından, hiç aklına gelmiyor değil mi, elma yiyorum midem şimdi şunu yap, pankreasım devreye gir demek. Yiyorsun ve bedenin hallediyor. Hesapsızca, kalbinden gelen de öyle akışta halleder sen neye niyet ediyorsan.

Sen bir karar alırken şüpheye düşer, sonrasında pişmanlık duyarsan, karar mekanizmanı çalıştırmaz isen bedende neler olur gel beraber bakalım.

Örnek verecek olursak; hayatımızı devam ettirmemiz için gerekli enerji kaynaklarının hücrenin içine girişini sağlayan insülin hormonunu salgılayan pankreasımız biz keşke dedikçe hastalanır. Keşkelerimiz bize geçmişte yaptıklarımızı onaylamadığımızı hatırlatır. Biz geçmişimizi, birilerini, kararlarımızı suçlayıp pişmanlık duydukça tadımız kaçar ve daha çok tatlı yeme ihtiyacı duyarız. Tatlı yedikçe pankreasımız daha çok çalışır ve insülin stoklarımız azalır. Bu tesir burada bitmez, vücudumuzda oluşan asit böbreklerimize zarar verir. Yıllar içinde böbrek taşı, iltihabı veya kısa süreli böbrek sorunları yaşayabiliriz. Belki bu olanların hiç farkına varmayız, zaman içinde bedenimizde bel altında yağlanma ile bu halin yarattığı sonuçları gözlemleyebiliriz. Karar mekanizmasının en etkili olduğu organımız olan böbrekler, faydalıyı faydasızdan ayırır ve kanımızı temizler. Böbrekler düzgün çalışırsa sistem kendini kolayca temizler. Bizim bu kararsızlık enerjimizle yarattığımız dengesizlik ancak hayatımızın dümenine geçişimizle sonlanır ve dengeye geliriz. Bu durumdan çıkışımızın tek bir anahtarı var: Kendimizi bilmemiz.

Basit bir tablo önereceğim. Herhangi bir karar alırken, bir iş değişikliğinde, hayatında sıkıntılı bir dönemden geçerken bu tabloyu kullanabilirsin.

Öncelikle şunu hatırlayalım: Bizim güçlü ve zayıf yanlarımız vardır. Geliştirmemiz gereken özelliklerimizden uzaklaştıkça ya da kaçtıkça hayatımızda sorunlar artar. Bu tıpkı sadece sağ tarafını çalıştıran bir vücut geliştirmecinin vücudunun alacağı şekle benzer. Bir dengesizlik oluşur. Hayatımızda sorun olarak tanımladığımız olaylar, kızdığımız figürler, tekrarlayan kazaların sebebi bu dengenin yitiminden kaynaklanır. Biz zayıf tarafımızı görmezden gelip kaçtıkça önümüze çıkan tüm seçenekler bu taraflarımızı geliştirmemize yardıma gelirler.

Yapacağımız en akıllıca davranış kendimizi tanıyıp, olduğumuz halimizle kucaklayıp, gelişimimizi kendi iradeınızle gerçekleştirmemizdir. Bir grup çalışmasında mesleki olarak mutlu olmadığını söyleyen bir kişiye bu tabloyu uyguladık. En doğru işte çalıştığını bulduk. İnsan kaynakları uzmanıydı, güçlü yönleriyle insanlara destek oluyordu. Sorun olarak gördükleri ise zayıf yönlerini geliştirmesi için onu zorlayan faktörlerdi. Üstlerine güvenmiyordu ve onlara karşı kendisini ifade edemiyordu. Ayrıca yeni bir fikirle gelmelerinden ve ona yeni projeler teklif etmelerinden rahatsızdı. Tabloyu seninle de paylaşıyorum. Buradan çıkan sonuçta anladık ki aslında yaşadıkları sadece görmezden geldiği, geliştirmek istemediği yönlerini zorla eğitime alan hayatın armağanlarıydı.

Ayşe Hanım'ın bu çalışma sonunda fark ettiği en önemli konu çalıştığı her işyerinde üstleriyle sorunları olmasıydı. Aslında otorite figürleri ile çatışıyordu. İşyerleri, konumu veya tecrübesi değişse de mıknatıs gibi sorunlu yöneticilerle buluşmuştu.

Güçlü Yönler	Zayıf Yönler	Yaşanan Sorunlar
İnsanlarla iletişimim	Kendimi ifade edemem	Üstlerim beni dinlemiyor
Güvenilir birisiyim	Güvenmem	Müdürüme güvenmiyorum
Sorun çözücüyüm	Yeniliklere açık değilim	Benim fikirlerime değer vermiyor
Kolay pes etmem	Dediğim olsun isterim	Ne söylesem beni tersliyor

Birçoğumuz güçlü yanlarımıza övgü ile gevşer, zayıf yanların açık edilmesi ile gerilebiliriz. Oysaki dünyaya geldiğimizde yürümek bizim için imkânsızken gayretle, destekle yürüdük ve şimdi bu bizim için basit bir eylem. Dönüp baktığımızda sıkıntılı olarak tanımlayacağımız birçok olay yaşamış olabiliriz. Bunları düşünmek, hatırlamak veya bahsetmek bize kendimizi kötü hissettiriyorsa, bilmeliyiz ki kabul etmediğimiz bu olay tekrar edecektir. Bundan özgürleşebilmenin yolu el sıkışıp alışverişi tamamlamaktır. Yaşadığımız olayların sonucunda elde ettiğimiz deneyimlerin bize kattıklarını anladığımızda öfke, kin, kızgınlık, intikam alma, nefret gibi negatif duygulardan arınabiliriz. Başlangıç ve son arasında yaşadıklarımızın bize kattıkları ve hayatımızın rotasında yaptığımız değişimler, etkileşimler bizi bulunduğumuz noktaya taşıdı. Biz yaşadıklarımızı kabul edemediğimizde geldiğimiz hali onaylamayız. Bunun sonucunda da hayatımızda yenilik yapamaz, gitmek istediğimiz yöne doğru hareket edemeyiz. Hatta belki yönümüzü de bilemeyiz.

Bazen çalışmalarda şöyle diyorlar: "Hayat amacımı bilmiyorum, ne yapmam, ne istemem gerektiğini bilmiyorum."
Çünkü aslında kendimizi bilmiyoruz. Başkalarını, hayatı, olayları o kadar iyi bildiğimizi zannediyoruz ki yeni bir şey istemiyoruz.

Bazen kulak verip dinleyince nasıl da isimlendirerek olumsuzlukları hayatlara çekmek için fark etmeden gayret gösterdiklerini görüyorum:

Bütün ... beni bulur.
Ne zaman ... yapsam ... olur.
Bu ... bana taktı, benimle uğraşıyor.
Zaten ben ... mahkûmum.
Bu yaşadığım ilk değil, daha kaç kez yaşarım kim bilir.
Yine aynı şey oldu.
Hep benim başıma geliyor.

Tanıdık geldiyse inanç kalıplarını gözden geçir. Olacağına inandıkların veya olmayacağından emin olduklarını liste. İşini kolaylaştırmak için bir iki örnek verebilirim:

... olmaz. Biliyorum, çünkü çok iyi tanıyorum.
Ben mi alacağım? Kesin bir şey çıkar.
Çok isterim ama izin vermez/vermezler. Eminim, kaç kere denedim.

Kendini bir dinle, ne kadar "biliyorum" diyorsun bir fark et. Neyi bilebiliyoruz? Uzmanlar hava durumunu uydudan izliyor, istatistiklere bakıyor, tüm şartları inceliyor ve sonunda "hava tahmini" yapıyorlar ki buna da üzerine basa basa "tahmin" diyorlar. Tahmin edebiliriz, olasılıkları değerlendirebiliriz. Ancak tam olarak bilmemiz söz konusu değildir.

Şimdi sana bir ödev, kendini dinle ve aşağıda listelediğim ifadeleri kullanma sıklığına bir bak. Bu liste ne kadar kabarıksa senin esneme, yeniyi alma ve kabul etme olasılığın o kadar azdır. Bu da demek oluyor ki senin hayatın yeniliklere kapalı. Değişim istemiyorsun, eğer bir değişim olacaksa zorla ve baskı ile olur:

Kesinlikle
Mutlaka
Mecburen
Kesin

Zorla ve baskıyla ne demek?

Kazalar, iflaslar, terk edilmeler, aldatılmalar, dolandırılmalar, kayıplar vb...

Kendimizi bilmemiz için önce kendimizi dinlememiz, samimi olmamız, istek ve arzularımızı fark etmemiz önemlidir.

Bir başkasına iyi gelen bize gelmeyebilir. Bir başkasının deneyimleri bizimkilere benzemeyebilir. Biz kendimizi dışarıdan içeriye doğru değil, içeriden dışarıya doğru biçimlendirmeli ve kararlarımızı bu yolda almalıyız. O zaman kabulde olur, kendi hayat amacımızla buluşuruz.

El âlem ne der?
Elimdekileri koruyamam!
Onca yaşadıklarımdan sonra nasıl bırakayım?
Kaybedersem yaşayamam!

Bu gibi ifadeleri zikrettiğimiz bir ruh halindeysek, bilelim ki kendimizden uzak başkalarına yakınız.

Huzur içinde yaşamanın ilk şartı kabulde olmaktır. Biz kabul ettikçe koşulsuz sevginin içinde oluruz. Koşulsuz sevgide önce kendimizi, sonra yaşadıklarımızı, çevremizdekileri sever, onaylar ve kabul ederiz. Koşulsuz sevgide o kişinin yaptıklarını onaylamak zorunda değiliz. Aslan ceylanı parçalıyor diye aslanı sevmekten vazgeçmiyoruz. Aslanın ceylanı yemesini onaylamıyor olabiliriz. Ancak bu aslandan nefret ettiğimiz anlamına gelmiyor. Aslanın bir davranışını kabul etmiyoruz ve bu davranışı sevmiyor olabiliriz. Hayatımıza, kendimize ve çevremize bu gözle baktığımızda daha rahat kabule geçebiliriz. Sen, seni üzeni onaylamayacaksın. Sen seni üzenin sana yaptığı davranışın senin bir deneyimin olduğunu onaylayacaksın. O seni üzen kimse onu sevmeye devam edeceksin. Sevgi bir duygu değildir. Sevgi hep var olandır. Kabule geçtikçe farkına vardığımızdır. O nedenle yaşanan ve bizi üzen bir anının kahramanına olan sevgimiz bitmez. Onun davranışlarını, tavırlarını, yaklaşımlarını onaylamak zorunda da değilsin. Onunla olan bağını kesebilirsin. Onunla geçmişte yaşadığın güzel anları kötülemek, ona karşı kin duymak seni karmaşaya sürükler. Buralarda samimi ol. Geçmişte onun bana olan davranışlarından bazılarını onaylıyorum, bazılarını ise onaylamama rağmen doğru zamanda ona bunu ifade etmedim ve beni üzmesine izin verdim. Burada kendi seçimlerini kabul edersen bu deneyimin demi olan kendine öncelik vermek yerine karşındakine göre hareket ettiğinde, üzüldüğünü ve mutsuz olduğunu fark edersin. İşte orası rüyadan uyandığın andır. Bu kararı veren bendim, o gün durumu idare etmek, risk almamak veya kaybetmemek için sustum, kabul ettim. Bugün ise bu deneyim sayesinde doğru kararlar verebiliyorum. Bu deneyime şükürler olsun.

Kabul enerjisi kalp çakramızı aktifleştirir. Kalp çakrası açıldığında ise cennetin kapısı açılır. Huzurda, huzurlu ve sevgiyle yaşarız.

Kendi Kendinin Terapisti Ol

*Senin en iyi dostun sensin, kulak ver,
değer ver, taktir et.*

Var olan durumu tespit edemedikçe o halden çıkmamız söz konusu değil. Birçoğumuzun en sevdiği durum birinin bize, bizi anlatmasıdır.

Bu bölümde beraberce olanı izleyelim ve içeride sakladığın, seni yöneten ve adeta ilerlememin önünde duran kalıpları bulalım.

Hayatımı Yöneten Kalıplar

İyi desinler...

Başkalarının onayına muhtaç bırakan bu inanç bizi çevresel faktörlerin yönetmesine neden olur. Özgürce kendimizi ifade etmemizin önündeki önemli kalıplardan biridir. Yeni bir karar almadan önce etkilenecek kişi ve durumu gözden geçirip çoğu zaman bu yeniliği yapmaktan vazgeçmemizin altında "iyi" olarak tanımlanma isteği yatar. Bu halden özgürleşmenin önemli prensiplerinden biri "kendi kararlarını alabilme" iradesini kullanmaktır. Sonuca odaklanarak aldığı kararları uygulamaya koyduğunda, karşında duran, sana itiraz eden, yargılayan veya engellemeye çalışanlara aldırmadan ilerleyebilir. Hayatında büyük değişimler yaşayan, bulunduğu durumu kendi lehine güzelleştiren birçok kişinin tavırlarında gözlemlediğimiz kararlılığın arkasında ne istediğinden emin olma hali vardır.

Başkaları için yaşamayı seçenler, mutlu olmak için bekleme halinde kalarak kendi planlarından uzaklaşırlar.

Hemen olsun...

Birçok sohbet ya da çalışmada ilk duyduğum kelimelerden biridir: "Hemen dönüşsün, hemen olsun." O zaman sorarım bunu söyleyen kişiye "Neyi yavaşlatıyor veya erteliyorsun?" diye. Hemen olması için içimizde telaş ateşi yandığında, kendi kendimize bir soralım, beklentide olduğumuz alan neresi? Yukarıda bahsettiğim dışarının onayını alma isteği bizi beklemeye alır. İşte o bekleme halinden çıkmak için de "hemen" kalıbı bizi sarar. Zamanı hoyratça kullanmamızın sonucu, olaylara karşı tahammülsüzlüğümüz olur. İşin ilginci istediğimiz bir şey istediğimiz bir zamanda olmuyor diye hiç olmayacak hissine kapılarak, çoğu zaman ondan vazgeçeriz.

Belki bu satırları okuduktan sonra kısa sürede olmayacağı için vazgeçmek üzere olduğun niyetlerine bir göz atmak istersin.

Çok...

Çok vurgusu yaptığımız alanlarda yokluk bilincinin gizlendiğini fark edebiliriz. Ne kadar sık kullanıyorsak, o kadar yokluk bilincine sahibiz diyebiliriz. Yokluk bilinci ile o alanı doldurma isteğimizi anlayalım. Örneğin "Seni çok seviyorum" diyor isek aslında sevgi ile aramızda kurduğumuz bağda bir sorun olduğunu kendimize hatırlatıyoruzdur. Yani sevmek ve sevilmek istesek de bunu yeterince hissedemiyoruzdur.

Çok sıfatını isteğimizin gücünü belirtmek üzere kullanırız. "O arabayı çok istiyorum" gibi, kendimizi ikna etme çabamız vardır. Oysa bir şey çoğaldıkça tesiri azalır.

Yokluk bilincine sahip insanlar kendilerini güvende hissedebilmek için o alanda birikim yaparlar. Bu kişi bazen hiç ihtiyaç olmamasına rağmen gıda stoklamakla yapabileceği gibi bazen daha fazla ev almak veya altın gibi değerli olan birtakım materyalleri biriktirmekle kendini güvende hissetme isteğini bastırabilir. Hangi alanda aşırılık ve çokluk varsa o alanda yokluk kodu vardır.

Sen neyi biriktiriyorsun? Ne kadar çok olursa olsun ikna olamadığın nedir?

Hep böyle olsun...

Bir durumun değişmesinden korkuyormuşçasına aynı kalsın manasıyla kullanılan bu ifade asıl korkulanın değişim olduğunu anlatıyor. Kontrol etme isteği güçlü kişilerin oldukça sık kullandığı bir ifadedir. Arkasında ise; benim dediğim şekilde ve istediğim zamanda olsun kalıbı vardır. Bu kalıbın önemli nedenlerinden biri eskiyle olan bağdır. Bu nedenle de tekrar eden olaylar ve karşılaşmalar vuku bulur.

"Hep" ifadesinin sıklıkla tekrar edilmesinin bir başka nedeni de, olayların seyrinin iyileşmeyeceğine olan inançtır.

Hep benim başıma gelir... Hep böyle olur...

Yok...

Sana da olur mu? Bir teklif karşısında "Yok ben almayayım..." gibi bir ifade kullanır mısın? Yok kelimesi bize bir yok oluşu, yokluk hissettiğimiz hali veyahut yok etme potansiyelimizi anlatır. Bu yokluk algısının illa ki maddi dünyaya dair bir karşılığı olmak zorunda değildir. Belki de zamanı yok etme gayretimiz vardır. Kim bilir belki de maddeye dair isteklerimizin çokluğu nedeniyle manevi yanımızdan aldığımız tadımız azalıyordur.

Lazım...

Lazım ile birlikte gerekli ve zorunluyu da ekleyerek devam edelim. Mecburiyet gibi görünen ancak bizi adeta esir alan en güçlü kalıplara sıra geldi. Çoğu zaman insanın bedenine ve yaşamına eziyet edercesine davranmasına sebep olan kalıplar, zihnin öğrendikleri sonucunda oluşturduğu sınırlarıdır.

Evi temizlemem lazım diyerek hasta iken kendi bedeninin konforundan önce evin temizliğini ön planda tutan kişinin bu davranışının altında ona öğretilenler ve seyrettiklerine olan inancı yatar. Zihnimizin doğru olarak kabul ettiği ve bizi yapmadığımızda huzursuz eden birçok davranışın altında seyrederek veya dinleyerek öğrendiklerimiz vardır.

Lazım, gerekli, zorundayım kalıplarının ardında bize ait olduğunu zannettiğimiz ancak nedenini tam olarak bilemediğimiz inançlarımız yer alır.

Kendini hangi alanda neyi yapmak zorunda hissediyorsun?

İstediklerinin olması için ne lazım veya ne gerekli?

Belki de olmasını istediğin ile arandaki engeller gereklilik kalıplarındır, ne dersin?

Daha...

Daha, bundan yani verilenden, olandan, mevcuttan iyisi, güzeli, fazlası diye sayabileceğimiz bir alan yaratıyor. Daha kelimesi ile olan birlikteliğimizin altında kendimizi yetersiz hissedişimiz var. Elbette kullandığımız alanda yeniliğe ve gelişime ihtiyaç duyduğumuzu da çağrıştırıyor. Yeteneklerimizi ve hayal gücümüzü harekete geçirmemizin vaktinin geldiğini de hatırlayalım "daha" ifadesini duyduğumuzda.

En...

En, ifadesi adeta bir gerginlik tınısı yayıyor. En güzeli, en iyisi, en konforlusu bir anlamda maksimum ile buluşma isteğinin habercisi. Oysa altında kendini layık görmeme hali yatıyor. O anda iyisini yapan, sevilen, yeteneklerini dorukta kullanan olduğuna ikna olamayan bir taraf var. Zorlarsam olur, talep eden olursam verilir. Kontrol etme isteğini de fark etmiş olmalısın. Kontrol edersem ve ancak ben müdahale edersem olur. Bu kalıp bizim var olanın dışına çıkışımızın engelidir ve tekrar eden olayların davetiyesi niteliğini taşır.

En kalıbını takibe al. En, senin için hangi alanlarda daha ön planda, belki kendi yaptığının en iyi olduğunu ya da en haklı olduğunuzu düşünüyorsun. Katılık ve esneyememek seni bir hali bırakmaktan alıkoyuyor olabilir. Yeni bir hale geçebilmek için sert olaylar ve kazalar çekebilme potansiyeli yaratabilecek kalıplardan olan en kalıbını hayatında doğru noktalara yerleştirebilirsin.

En hayırlısı gibi...

Her...

Her ile ifade edilen yeniden, bildiğim gibi, tamamı aynı...

Her defasında; yinelenen, tekrarlanan olaylar... Burada geçmişin değişmeyeceğine hatta geleceğin de aynı olacağına dair inancı görürüz. Tıpkı "hep" ifadesinde olduğu üzere bildiğim gibi olur kalıbı vardır.

Her şey; bilinen, bilinmeyen ne varsa içine alan, farkında olmadıklarımızı da ekleyerek etkiyi genişletiyor.

Her şeye rağmen; yaşananların sonuçlarına olan itirazı örtercesine, kabul ediyormuş gibi yapma hali mevcuttur. Buradaki her şeye rağmen adeta bir meydan okuma etkisi yaratabilir. Her ne ise olan, daha da kötüsü olsa, yine de kabul edilecekmiş tesiri yaratabilir.

"Her şeye rağmen güzel bir gün olsun." Bu ifadeyi incelediğimizde ne kadar güçlü bir meydan okuma olduğunu fark edebiliriz.

Keşke...

Keşke ifadesi pişmanlığın habercisidir. Kararlarımızın sonuçları tam istediğimiz gibi olmadığında kabul etmemiz zorlaşabilir. Bunun neticesinde ise öyle değil de böyle olsaydı, onu değil de bunu seçseydim gibi aslında müdahale edemeyeceğimiz bir alana yerleşiriz. Yaşadıklarımızı birer deneyim gibi göremediğimizde itiraz etmeye başlarız. Keşke ifadesi sıklıkla dilimizde ise yeni kararlar almak yerine eskinin yasını tutuyoruz demektir. Bununla beraber kendimizi suçladığımız veya kurban edildiğimizi düşünüp başkalarını suçladığımız için hayattan tat alamayız. Yeniyi başlatamamamızın altında pişmanlık hali yatar. Bu halden özgürleşmemiz için, yaşadıklarımızın verdiği mesajı alıp, olanın bize deneyim kattığını ve kaybettiklerimize odaklanmayı bırakıp kazandıklarımızı fark etmemiz yeterlidir.

İsterim...

Bir niyet veya dileğimizi ifade ederken isterim diye bitiriyorsak, aslında istemeye devam edeceğimizi anlayabiliriz. Yani olmasından çok ona karşı duyduğumuz istek kalsın isteriz.

İsterim, ısrar edilen, bitirilemeyen veya zorluk çağıran bir kalıptır. Henüz tam olarak karar veremediğimizde kullanırız ve çoğunlukla da tamamlanmayan niyetlerimizin gizli engeli burada yatar.

Pişirdiğim yemeğin harika olmasını *istiyorum.*/Pişirdiğim yemek harika olsun.

Âşık olmak *istiyorum.*/Âşık olayım.

Öneriler

• Bir davranışımızı veya durumu dönüştürmek bizim elimizde. Ancak kâinatta boşluk yoktur. Bir davranışımızı bırakmak istediğimizde onun yerine ne koyduğumuzu beyan edersek enerjiye yön vermiş oluruz.

___ Öfkeyi bırakıyor yerine sakinliği koyuyorum.

___ Korkudan özgürleşiyor ve yerine güveni koyuyorum.

• Yukarıdaki örneklerde olduğu gibi sıklıkla kullandığımız ve bırakmak istediğimiz ifadelerin yerine yenisini koyarak, hem zihnimizi rahatlatıp hem de enerjiyi dönüştürebiliriz.

___ Lazım – Olsa ne iyi olur

___ Her – Çoğunlukla, genellikle

___ Hep – Genellikle, bugüne kadar, şu ana kadar

___ Keşke – Vardır bir hayrı, o gün en hayırlısı buydu.

İtiraf Özgürleştirir

Yüzleşmek

Biz bizi iyi biliriz, sanabiliriz. Oysa biz en iyi bizden gizleriz aradıklarımızı. Bu saklambaç seven oyuncunun adına şuurdışı deniliyor. İstiyor gibi göstersek de kendimize çoğu zaman istiyor gibi yapıyor, yarım bırakıyor ve bildiklerimizle devam etmek istiyoruz.

Önceki bölümlerde anlattığım, almak ve vermek ile ilgili konularda netleştiğinden emin ol.

Ne aldık biz bu hayattan ve karşılığında ne verdik?

Yani kariyer istedik ve çok çalışmak zorunda kaldık diye şikâyet ediyorsak, yazık ederiz hem kendimize hem bize verilene.

Hayatımız boyunca evlenmek istedik ve sonunda evlendiysek ve başka bir şey söylemediysek yani tek isteğimiz evlilik yapmak idiyse evlilik halinden şikâyet etmeye hakkımız yoktur. Bu yeni bir niyet yapmayalım anlamına gelmiyor aksine ifade ederken ne söylediğimizin farkına varmamız gerektiğini anlatıyor.

Bir konuda cezalandırıldığımızı düşünüyorsak eğer ceza veren bizizdir, dileğimizden, yaptığımızdan memnun değilizdir ve sanki istediğimiz bu değilmiş de bize zorla verilmiş gibi yaparak haklıyım zannıyla kendimizi kandırırız.

Yani biz evlenmek istemiştik evet ama böyle bir evlilik istememiştik, öyle değil mi?

Bize bu cezayı layık görene küsüp "Niye dileyeceğim ki zaten istediklerim bana verilmiyor" inkârı ile döner dururuz bildiklerimizin içinde, hatta zamanı harcar sonra da geçti benden artık bu yaştan sonra olsa ne olur bile diyebiliriz.

Gerçeklerle yüzleşelim, biz ne dilediysek o verildi.

Tüm kutsal kitaplar, öğretiler aynı konuda tek bir cümlede birleşiyor.

Dileyene dilediği verilir.

Peki ama mutsuz olmayı dilemiş olabilir miyiz?

Mutsuz olmayı dilemeyiz, ancak kalbin katılmadığı bir dilek, verilse de tatminsizlik yaratır.

Tatminsizlik hali ise bize mutsuzluk gibi gelebilir.

Bazen danışanlarımdan duyuyorum. Çok mutsuzum. Aslında tatminsizim demek istiyor. Yani tatmin olamıyorum. Onca sahip olduğum şey beni mutlu etmiyor. Etmez, edemez. Biz ev diledik, evin kapısını, odasını, semtini, eşyasını, ödemesini, prim yapmasını ama bir şeyi atladık. Biz mutlu olmayı dilemedik. Listemizin dışında sunulana dönüp bakmadık bile, bizi isteklerimiz yönlendirdi. Huzur değildi aradığımız, sahip olacağımız evin ödemesiyle uğraşırken kendimizi üzmeyi bile göze alarak istedik. Kendimizi erteleyerek, bize verilen hayatı harcama pahasına isteme halinde takıldık kaldık. Ne için?

Bir tek şey bizi mutlu eder. Sevdiğimiz eylemin, halin ve ifadenin içinde oluşumuz. Ve biz çoğu zaman kendimizi sevmediğimiz durumlara mecbur kılarak, mutlu olmayı umuyoruz. Hem susuyoruz hem de susturuyoruz kendimizi. Daha fazlasına sahip olmak, daha güçlü olmak ve bize dayatılan neyse onun peşinde koşmak için harcıyoruz zamanımızı.

Hakkını vererek yaşamakla buluruz huzuru ve kalbimizin neşesi dilediğimizi yaptığımızda yerine gelir.

Geçmişin pişmanlıklarını
Geleceğin hesaplarını bırakıyorum.
Özgürlüğe adım atıyor ve kendim olmayı
kabul ediyorum.

Kabul Et,
İtiraf Et, Özgürleş

İçeri almadığımız bir misafiri uğurlayamayız. Yani kabul etmediğimiz bir durumu dönüştüremeyiz. Bu nedenle itiraz ettiğimiz her ne ise onunla ilgili değişimler yaşarız ancak dönüşüm gerçekleşmez. Bu şu demektir, ayrıldığımız kişiler değişir ancak ayrılıkla olan bağımız değişmez. Ya da işyerlerimiz değişir ancak yaşadıklarımız veya sonucunda hissettiğimiz aynı kalır.

Ne yapmalı?

Şimdi bir kâğıt kalem al ve not et:

✓ Hazmedemediğin
✓ Sindiremediğin
✓ Halihazırda öfkeli olduğun
✓ Görmek, hatırlamak ve duymak istemediklerin
✓ Kendini haklı karşındakini haksız gördüklerin

Muhteşem bir liste, hayat kazalarımız, kırgınlıklarımız, anılarımız, aslında peşimizi bırakmayan geçmişimiz tam orada duruyor. Bu konuları tekrardan bir incele, yaşadıklarının ulaşmak istediklerinin önündeki engel olduğunu fark edeceksin.

> "Beklenti halinde olmak, yeniyi ve Teklif edileni kabul etmeyi zorlaştırır."

Korku ve Endişelerle Vedalaşalım

Korkun, endişen ve inancınla yönetilirsin.

Korku ve endişe farklı mıdır? Korku bilinmez olan, bizi teslim alan, itiraz edemediğimiz, karşısında diz çöktüğümüz ve neticesinde yardım aldığımız, belki de kendimizi almak zorunda bıraktığımız bir duygudur. Bilinmez karşısında yaşadıklarımızın sonudur. Karanlık ilk korku kaynağımızdır. İlginç olan ise çocukken korkulan o karanlığa büyümek için vücudun ihtiyacı olmasıdır. Biz büyümekten, olduğumuz hali, sahip olduklarımızı kaybetmekten ve en önemlisi ummadığımız bir gelişme yaşamaktan korkarız. Korkunun karşısında duramadığı duygu cesarettir. Korku hareketsiz bırakır, bu nedenle negatif bir unsurdur. Eylemi başlattığında korkunun üzerindeki etkisi kaybolur. Beden büyüme hormonunu karanlıkta salgılar. Bizi ilerleten geliştiren sistemi açığa çıkartır. Büyümemiz durduktan sonra da yine karanlığa olan ihtiyacımız devam eder. Karanlıkta salgılanan melatonin vücudun kendisini onarmasına, hücrelerimizin yenilenmesine yardım eder. Yenilik için karanlığa ihtiyacımız var. Korkularımız bizi, cesaretimizi toplayıp harekete geçmemiz için destekliyorsa, karşılaştığımız bilinmezlikler, ani gelişmeler bize esnek olma, sorun çözme ve kendimizi ilerletmemiz için ihtiyacımız olan enerjiyi sağlar. Korku bizi ele geçirirse hareketsiz bırakır ve istemediğimize odaklanamamıza neden olarak negatif yaratımlar yapmamıza sebep olur.

Endişe daha görünür olanla ilgilidir. Mevcudun, sahip olduklarımızın değişmesine olan direncimizdir. Aynı zamanda yaşarken veya sonrasında kayıplar meydana getiren olayların tekrar edeceği duygusu endişeyi oluşturur. Endişede kontrol etme isteği çok yoğundur.

Bizim bir beklentimiz vardır, kontrol ettiğimizi zannettiklerimizin değişmesinden ve bizim istediğimiz gibi olmamasından dolayı gerginlik yaşarız ve sonucunda da telaşa düşeriz.

Endişede zihin vardır, plan, hesap, direnç vardır. Bunlar perde arkasında olanlardır elbette. Perdenin önünde kendimize hissettirdiğimiz ise zeminimizi kaybettiğimiz veya kaybedebileceğimiz, alıştığımız bildiğimiz her şeyin veya bir şeyin değişmek üzere olduğu, sahip olmak için emek verdiğimiz mal mülk veya kişileri kaybetmemize neden olabilecek olayların yaklaşıyor olması veya tekrar edecek olmasıdır.

Endişe hali bize kontrolün bizden gittiğini hissettirir, bu hal aslında bize hatırlatmaktadır ki aşırı kontrol duygusu ile her şey kontrolden çıkmak üzeredir.

Endişenin yarattığı gerginlik ise içten içe hiçbir şeyi kontrol edemeyeceğimizi bilmemize rağmen kabul edemememizdir. Bu nedenle endişe, mide ağrılarına, kalp çarpıntılarına neden olur.

Endişeler neler olabilir?

Kaybetmekten
Sevdiklerimizin başına istemediğimiz bir şey gelmesinden
Aniden hayat standartlarımızın değişmesinden
İşsiz kalmaktan

Yalnız kalmaktan
Hasta olmaktan
Fakirleşmekten

Saymakla bitmez ama neticesinde değişmesinden korkarız, neyin? Bildiğimizin. Oysa bildiğimiz sadece o ana kadar öğrenebildiklerimiz ve deneyimlerimizle sınırlıdır.
Endişe hali varsa güven eksiktir, bu nedenle karar vermekte zorlanırız.

Bedende neler olur?

Dişlerle ilgili sorunlar, göbek bölgesinde yağlanma, mide, karaciğer, safrakesesi, dalak ve pankreas ile ilgili sorunlar olabilir.

Emin olamadığımız için gerginlik kontrol etme isteğimizi artırır, bu duygumuz mide asidini etkiler, endişeli isek yüzümüz sarıya yakın bir renk alır.

Gelelim endişenin kardeşi korkuya. Korku endişeden farklıdır. İtiraz edecek halde değilizdir ancak en önemlisi çoğunlukla endişe halinde olduğu gibi farkında da değilizdir. Yani açığa çıkmış bir korkumuz olabilir, sudan, karanlıktan korkuyor olabiliriz, yine de bu yüzleşme bizi özgürleştirmez. Korku derine ittiğimiz bir haldir. Yani derinden korkabiliriz, hatta belki "Küçükken boğulma tehlikesi geçirmişim" tespiti ile nedenini de az çok biliyor olabiliriz, ancak bu o korkuyla yüzleşmek istediğimiz manasına gelmez.

Korku oluştuğunda böbreküstübezleri aktive olur, adrenalin salgılanır. Kan akışı hızlanır, kaslara hızla enerji aktarılır, hızlı nefes almaya başlarız. Bunun nedeni vücudun bize kaç ya da kal ve savaş kodu vermesidir. Korktuğumuz konuyla ilgili yüzleşmelerimizde böyle hissederiz. Kalıp çözebiliriz veya kaçabiliriz. Çoğunlukla yüzleşmek, bilmek, görmek istemeyiz, dillendirmek bile hoşumuza gitmez. Kapatır, örteriz üstünü ve biz böyle yaptıkça inşa ettiğimiz hayatımızın temellerinde yatanları bilmeden ilerlemeye çalışırız. Ta ki korkularımızdan dolayı binamız yani hayatımız sarsıntıya uğrayana kadar, iki yol vardır önümüzde, ya yüzleşip aydınlığa kavuşturacağız ya da o binanın yıkılacağı endişesi ile her an sarsılacağız.

Korku su sistemimizde aksamalara neden olur ve bu nedenle faydalıyı faydasızdan ayırmamız zorlaşır. Karar vermekte, zorlanırız. Aynı zamanda su sistemi yaratıcılığın ve yaşam enerjisinin kaynağı olan böbreklerimizin zayıflamasına neden olur.

Korku bizi teslim aldı mı hayatımıza yön veren o olur.

Korku enerjisi karanlıktır demiştim. Korkunun rengi karanlıktır, siyahtır. Korkumuz arttığında, kendimizi güvende hissedemediğimiz zamanlarda hepimiz önce siyaha elimizi uzatırız. Her ne kadar kaçsak da yaratımın en güçlü halidir ve bu nedenle korkulan başa gelir.

Neden korkuya kapılır insan? Endişede kontrol bizde olsun istiyorduk ya, korkuda güvenimizi yitirmişizdir, kontrol edemeyeceğimizi biliriz ve bu hal bizi teslim alır.

Nasıl özgürleşiriz?

Yine bir tablo yapabiliriz. Bir kâğıt al ve dikine dörde böl. Dürüstçe yaz korkularını ve kaçmayı bırak, aydınlat. Korku kendimizi sınırlandırmak için yaptığımız seçimlerdir.

Korkum	Korkum yüzünden	Yapmak istediğim için ihtiyacım olan	Korkum aslında bana ne öğretti?
Yalnızlık	Başkalarına muhtacım, hayata güvenmiyorum.	Tek başıma kalabilmek. Kendime ve insanlara güvenmek. Özgür iletişim. Sağlığıma özen göstermek. Yardım almayı kabul etmek.	İnsan ilişkilerini yönetebilmeyi öğretti. Ayrıca beni tek başına kalmaktan korudu. Sosyalleşmemi sağladı.
Köpekten korkuyorum.	Köpeklere aklaşamıyorum. Güvensizim.	Âciz hissetmekten özgürleşmek için bir köpeğe dokunmak. Bu konuda köpek seven birinden destek alabilirim.	Sınırlarımı tanımama yardım etti. Cesaretimi doğru yerlerde kullanmama yardım etti.
Fakirlik korkusu	Kaynaklarımı yetersiz bulurum. Güvensizim.	Kaynak yaratmak için harekete geçmek. Daha zengin hissetmek.	Savurganlıktan korundum. Kaynaklarımı doğru kullanmamı sağladı.

Bu gibi birçok korku ile durdurulduk. Bu belki kendimize zarar vermekten korudu bizi. Bugün yüzleşmekten korktuğun her ne ise sana bir mesajı olabilir veya sen o halin içinde yerleşip kalmış olabilirsin. Duyguları sahiplenmeyi bırak. Kiracısı ol. İşi biten duygunla vedalaş. Korku hayatta kalmak için seni diri tutan bir duygu, harekete geçmeni mecbur bırakabilir. Mecburen hareket etmeyi bırak, korkun da gitsin. Sen hayata güven, iyi ile olmaya niyet et, yeniliğe cesaret et, esaretten kurtulursun.

Korkularını içeride saklayanların "Az olsun, küçük olsun, yeter ki güvenli olsun" kalıpları bulunur. Sıklıkla güvenle ilgili sorunları oluşur. Zor güvenirler, yeniliği sevmez, aynı ile devam etmek isterler.

Sen de bu listeyle korkularını kâğıda dökerek bu korkuların gitmesine izin ver.

"Bitişler huzur versin,
özgürleştirsin
Cesaretimi beslesin
yeniye duyduğum heyecan
Hayat sarsın, kucaklasın
Başlangıçlar sevgiyle tamamlansın..."

Hayatı, hayatımın gidişini, korkarak, kaygıya kapılarak, kendimi güvensiz hissederek, ne olacağını bilemememin endişesi ile ilerlemekten ürkmüş ve kendimi durdurmuş olabilirim. Bu halleri bilerek ya da bilmeyerek, hangi alanlarda yaptıysam bu halden özgürleşiyorum. Şu anda eyleme geçiyorum. Önümü görmem, güvende hissetmem, bırakabilmem, coşkuyla ilerleyebilmem için destek verilsin.

Sadeleşme ve Arınma Çalışması

Günümüz dünyasının pek sevmediği bir kelimedir sadelik. Oysa tınısı dahi, insanın yorgunluğunu alır. Hayatımızın neresinde kendimizi yoğun, kalabalık, ağırlaşmış hissediyorsak o alanda sadeleşme çalışmasına ihtiyacımız var demektir.

Vazgeçemem dediklerinin bir listesini yap. Bu bir eşya, bir insan ya da yaşayış biçimin olabilir. Senin hayat standardı yahut sevgi bağı olarak gördüklerin aslında göremediğin esaret bağların olabilir.

Evlere sığamayanların, bırakamam dediği eşyaları analiz ettiğimizde karşımıza enkaz gibi yükler çıkıyor. Verilemeyen giysiler, hatırası olan objeler, kitaplar, aksesuvarlar, fotoğraflar, gelen hediyeler ve say say bitmez daha niceleri var. Her ay bir tane objeyi sakladığını farz edelim. Sadece bir tane obje 20 yıl sonunda 240 adet atılamayan ve depolanan ev stoklarında yerini alacak. Keza giysiler de aynı şekilde, o kadar para verdim dediğin ayakkabıyı en son ne zaman kullandın, aksesuvarlar, kemerler ve kıyıp da başkasına verilemeyen daha niceleri... Ancak bir deprem ya da afette çekmecelerden çıkan, yatak, yorgan, çarşafları henüz listemize eklemedik bile...

Nedir Seni Biriktirmeye Sevk Eden?

Bu dünyadan giderken, buraya ait hiçbir şeyi götüremeyeceğimizi bilerek bu biriktirme dürtüsü aslında bırakmaktan korkan tarafımıza işaret ediyor. Bu gizli bir kıtlık bilincidir. Savunma mekanizması olarak tasarruftan, tutumluluktan bahsetmeyelim. Öyle olsa kullanılabilir bir ayakkabımız varken, diğerlerini çeşitli bahanelerle satın almazdık. Bütün o dolapları bir gün lazım olabilir düşüncesi ile tıka basa doldurmazdık. Evi acil olarak terk etmemiz gerekse, biraz su, taşınabilir yiyecek ve bir iki giysi dışında başka bir şey gelmez aklımıza, belki de bir de pahada değerli olanları alır ve çıkarız.

Ev ve genel olarak mekân aslında bizim içdünyamızın birer yansımasıdır. Kendimizi güvende hissettiğimiz evimiz, evi ortaklaşa paylaşıyorsak odamız bizim ruhsal âlemimizden haber verir.

Evine konuk ol!

Evet doğru okudun evine konuk ol! İlk kez o evden içeri girer gibi her şeyi keşfederek, fark et, başkalarının evlerine gittiğimizde yaptığımız gibi incele. İnsan sürekli yaptığı işlerde, bulunduğu mekânlarda bir tür körlük yaşar. Sen işyerini veya evini ilk defa ziyaret ediyormuş gibi incelemeye al ve bak neler keşfedeceksin. Seçtiğin objeleri, renkleri, eşyaların duruş biçimini, hatıralarını incele. *Sırlar Bohçası* kitabımda anlattığım gibi sembollerini oku, renkleri nasıl kullanmışsın dikkatini ver.

Kırmızı nerede? Banyoda kırmızıyı, renkli hareketli objeleri kullanmış isen; fazla para harcıyor olabilirsin. Parayı istemediğin veya kontrol edemediğin bir alanda kullanıyor olabilirsin.

Beyaz nerede? Yatak odanı bembeyaz mı yaptın ya da yatak çarşafların mavi, beyaz gibi soğutucu renklerden mi seçilmiş ise yanlış seçimlerin var. Yatak odası yumuşak ve ısıtıcı renklerle seni kucaklamalı. Bir ilişkin var ise beslemeli. Belki aynanın karşısında uyuyorsun ve sabahları yorgun kalkıyorsun. Ayna seni bütün gece yatar halde yansıttı, bu enerjiyi büyüttü.

Salonun nasıl? Dağınık mı? Orası senin sosyal hayatının sembolü. O sembolün karşısına bir geç bak, seçtiğin koltuklar, masa ve aksesuvarlar seni mi yansıtıyor yoksa misafire hava mı atıyorsun? Sen rahat edesin diye seçtiğin koltukta rahatça kahveni içiyor musun? Fazla mı rahatsın, misafirden rahatsız mı oluyorsun?

Evin girişi enerjiyi içeri aldığın alandır. Girişin rahat mı? Derli toplu mu? Dağınık ise evin içinde yani senin dünyanın içinde dağınıklık var demektir. Evin, işin, aşk hayatın, iç huzurun ve birçok konuda ritim tutturamıyor olabilirsin. Evin girişi, koridor gibi enerji alanlarında akış sağlanmalı ki hayatın da akışla devam etsin.

Mutfak senin üretim merkezin. İster kadın ol ister erkek. Orada bir hareket var mı? Bu mutfak, bu ev, evin içinde yaşayanlar birbirlerini besliyor mu? Tat alıyorlar mı? Yoksa dışarıdan sunulana razı mı oluyorlar?

Gelelim işyerine. Masanın üstü nasıl? Çekmeceler, dolaplar, raflar...

Ev veya işyeri sadeleşmeye başlamadan önce:

• Bir gün sadece seyret, tespit et. Hatta not et.

• Ertesi gün veya ilk fırsatta evin girişini ve odalarını ayrı ayrı resimle, çekmecelerini dolaplarını...

• Tam olarak karar verdikten sonra verilecekleri ayır, düzenlemelerini yap.

- Asıl iş şimdi başlıyor. Kalanları gözden geçir. Fotoğrafını çek. Yolda, işte, okulda fırsat buldukça, asla vermem, o bana lazım, bir gün gerekir, bir daha alamam, aynısını bulamam dediklerini vermeye, bırakmaya, vedalaşmaya başladığında sadeliği başlatmış olacaksın.
- Duyguda bırakmak için gerçekçi ol, bir objeyle başla.
- Kırık dökük eşyalar, akan musluklar negatif enerji üretir. Tamir et, paylaş veya at.

Dikkat; dursun sonra bakarız, ... veririm, ... lazım olur oyalanmalarına izin verirsen başladığın yere geri dönersin.

Sadeleşme Çalışmasının Mesajını OKU

- Neleri atmadığına, nelerden vazgeçemediğine dikkatini ver. Yılını hatırlayabilirsin. O kişiyle bağlantını fark edebilirsin. Hediye, ikramiye, değerli gibi kandırmacalardan uzak ol.
- İlk dolunay, Ay tutulması gibi göksel enerjilerden arınma sırasında destek alabilirsin.
- Çıkanları ihtiyaç sahiplerine verebilir, belediyelere gönderebilir, ikinci el satılabilecek olanları Nahıl (Kadın Emeğini Değerlendirme Vakfı'na) gönderebilirsin. Onlar ikinci el dükkânlarında satıp gelirleriyle emekleriyle üretim yapan kadınlara hammadde temini yapıyorlar. (www.nahil.com.tr)
- Altın, pırlanta, gümüş gibi değerli olduğu için sakladığın eşyaları değerleri karşılığında senin seçimlerinle değiştirebilirsin.

*Hayat öncesi ve sonrası, arkası ve önü
demenin ötesinde, sadece ilerlemekle,
akışta birlikte olduğum, huzur
bulduğum, korunduğum, tat aldığım,
Yaradan ile buluştuğum bir duraktır.
Bu durak beni taşıdığı yere kadar
korusun, kollasın, sevgi ile sarsın,
sarmalasın ve akış başlasın.*

Geçmişin ağırlığından özgürleş

Bugüne kadar ne kadar çok yöntem, teknik dinledin. Belki bu kitabı da böyle algıladın. Kendi kendine düşünebilirsin, madem istediğim her şeyi kendime çekme gücüm ve yetkim var niye bunca prosedür?

Evet, niye?

Bir çocuk kadar rahatlıkla istemediğimiz, olması için değil olmaması için nedenleri sıralayan bir zihnimiz ve o zihni susturacak bir yolu şu ana kadar bulamadığımız için olabilir mi?

Birçok bu kitaptan sonra hayatına çektiklerini, yaşadıkları dönüşümleri paylaşacaklar. Hatta ilk iki baskısından sonra bir çığ gibi büyüdü bu paylaşımlar. Ama her kitabı alan ve okuyan bunu yaşadı mı dersen, cevabım hayır olur. Çünkü onlar istemedi. Hatta kitabın baskısı tükenince ikinci elde arayanlar, sahaflarda bakanlar oldu. Uygulamaları yaparak hayatında fark yaratanları dinledikten sonra kitabını hediye edenler bana ulaşıp itirafta bulundu. Ben hediye ettim, mümkünse yeniden satın almak istiyorum. Onu bu kitabın peşinden koşturan kitaptaki bilgiler değildi. Birisinin uygulayıp sonuç almış olmasıydı. Evini alan, işini değiştiren, başka ülkelere, şehirlere yerleşen, evlenen, boşanan ve daha birçok niyet gerçek oldu. Ama bilgi değildi bunları yapan. Bilgiyi hayatına alıp uygulayanlardı. Bilmek nicedir eyleme ilham vermiyorsa, bilmek ile karar vermek farklıdır. Bilirsin ve hareket etmeye karar verirsin. Bilgi senin rehberin olur. Bilirsin, bildiğine karar verirsin. Bilgi zihin raflarında yerini alır, senin yaşamın aynı minvalde devam eder.

"Başlatmak için bitirmek gerekir."

Niyetin gerçekleşme gücü, niyet edenin kalp ateşiyle ilerleyecek.

Yenilenmek ve dönüşmek istiyorsan, eski evinden taşınman gibi önce çıkmaya karar vereceksin. Sonra ne istediğine karar vereceksin, onu bulacaksın ve eskiden çıkacaksın. Bu taşınma sırasında yeni eve götürmek istemediklerimizi bıraktığımız gibi eski kalıplarımını, yargılarını, öfkelerini bırakacaksın. Niyetin ile arandaki en önemli engel mevcut kalıplarındır.

Affetmek, kendini bir nebze de olsa haklı görmek, taraf olmaktır. Ben haklıyım deriz içeriden. Ben haklıyım ama onu affedeceğim. Büyüklük bende kalsın. Tepeden bakma ve en kötüsü kendini kurban görme hali. İşte o noktada affediyormuş gibi yapan tarafımız o öfkesini, kırgınlığını içine gömer. Sonra ara ki bulasın. Kendi tarafı da olsa tuttuğu, taraf olan bertaraf olur.

Affetmek, kibrin en ince halidir. Kibir, kendini beğenmişlikten öte kendini haklı görmektir. Bu halin içine girdiğimizde katılaşırız. Bu durumdan çıkamazsak haklı iken haksız duruma düştüğümüz halleri kendimize çekeriz. En çok gururla beslenir kibrimiz. Gurur kabule geçmemizin önüne koyduğumuz en güçlü muhafızlardandır. Gurur haklılığımızın ispatı için geçmişin kapılarını açık tutar. Geçmişin kapılarını kapatmayan an içinde yaşayamaz ve geleceğini istediği gibi yaratamaz. Bu nedenle güvensiz, endişeli ve korku dolu bir halin içine girer, küskün, kızgın ve alıngan oluverir.

Çaresizlik dümeniyle sığınacak liman aramayı bırakıp, teslimiyet rüzgârıyla şişirelim yelkenlerimizi ve isteğimiz yere götürelim hayat gemimizi.

İlerlemek; yenilenmek, tazelenmektir. Ben kendi kendime yeterim diyen yetersizlikle sınanır.

Bu nedenle en önemli niyetler arınma, bırakma ve helalleşme ile ilgili olanlardır. Biz bıraktıkça hafifler ve kolayca ilerleriz hayatın içinde.

Geçmişte yara aldığım yanlarım
Kalbimde taşıdığım kırgınlıklarım
Bilincime yerleşen katılıklarım
Şifa bulsun ışığın gücüyle arınsın.

Karar Vermek

> "Karar vermek yola çıkmaktır,
> yola çıkmak hedefe varmaktır."

"En kötü karar dahi kararsızlıktan iyidir" diye boşuna söylememişler.

Karar vermek irade göstermekle alakalıdır. İrade eden hükmeder hayatına, kaderine ve yetki kullanan sıfatıyla Yaradan'ın bir parçası olmayı kabul eder.

Oysa karar verme yetkisini kullanmadığında kendine hükmettirir.

Karşı taraftan bekler onun adına yapılması gerekeni, söylemesini ve elbette karşı tarafın kararını uygular. Hal böyle olunca, olaya ve olana BU BENDEN DEĞİL deme hakkı bulur kendinde. Bu kararın sonuçlarına kolayca itiraz eder.

"Ama ben ne bileyim böyle olacağını?"
"Ben mi istedim böyle olmasını?"
"Değiştirmeyi ben de isterim ama..."
Bunun gibi ifadeler ardı ardına geliverir.

Eli kolu bağlıdır, bağlayan da yetkisini verdiği ve iradesinden vazgeçerek sözünü dinlediğidir.

Bu bir anlamda sihirdir, iki tarafın da kabulü ile imzalanan bir anlaşma belki de.

Ne zaman bozulur?

Taraflardan biri uyandığında yani aslında ne yaptığının farkına vardığında diyebiliriz.

Burada iradesini devre dışı bırakan kadar irade eden de hüküm altındadır. Nedenine gelince insanın kaderi kendi seçimleriyle yaratılır, bu seçme hakkını kullandıktan sonra olandan sorumludur ve elbette istediğin anda değişim yapabilir. Direksiyondadır, farkındadır ve gittiği yolu bilmektedir. Bir hedefi, amacı vardır. Oysa direksiyonda değil de yan koltukta oturuyorsa sadece gittiği yolu bilir ve sonucu ancak yolculuk bitince görebilir.

Şunlar aklına gelebilir; ve diyebilirsin ki başına birçok olumsuz olay gelenler, kazalar yaşayanlar, küçücük çocukların irade etme hakkı mı var diye.

Örnekle devam edelim:

Küçük bir çocuk babası tarafından terk edilmiştir. Babası, babalık görevlerini yapmadığı için annesi ona hem annelik hem de babalık yapmıştır. Bu çocuk büyüdüğü ortamda yaşadıklarıyla yoğrulur ve bir karar verir. Erkek ise baba olunca nasıl bir baba olacağına, kız çocuksa evleneceği adamın nasıl olacağına. Bu yaşadıklarını dönüştürerek bambaşka bir hayat yaşamaya da karar verebilir, tam tersi aynı kaderi seçip olayların tekrarını hayatına çekebilir. Bu dönüşümle ilgili tek bir anahtar vardır elinde, kendisi olmak veya annesi gibi olmak. Annesini model alır ve onun hayattaki kararlarını uygularsa iradesini devre dışı bırakır. Kendisine farklı bir hayat kurmak için ona verilen imkânları boşa harcamış olur. Burada anne eğer çocuğa hayati kararlar alırken müdahale ediyor ve kendi yaşamını çocuğu için boşa harcanmış hissediyorsa, muhtemelen çocuğuna pasif dominantlık yapacaktır. Yani çocuğun önceliği anne olacaktır. Anne ise bu yaşadığı hayatın çocuğu yüzünden zorlaştığını, sorumsuz babasının bakmadığı çocuğuna bakmak zorunda kalmanın hayatı ertelettiğini hissedecek ve dolayısıyla hissettirecektir.

Nedir peki olması gereken?

Anne seçimlerin kendine ait olduğunu kabul ederek, yaşadıklarının ona kattıkları ve hayatla olan alışverişini net bir şekilde ifade ettiğinde, her kararını alırken "MECBUREN" kalıbından özgürleşir ve iradesini kullanır, dolayısıyla özgürleşir.

Çocuk ise, "BENİM YÜZÜMDEN-BABAM YÜZÜNDEN" kalıbından özgürleşerek yaşadığım hayatın bana kattıkları şudur deyip kendi kararlarını alırken annesinin emeğinin veya babasının yaptıklarının gölgesinden çıkabilir. Bu sayede geçmişin ona hükmetmesinden özgürleşirse, kendine yeni bir kader yaratır.

Karar vermek aslında gücün doğru kullanımıdır. Gücünü harcayacağı noktayı seçen yol alır. Bunun tersinde ise güçlük yaratılır.

Dünyanın en çok kazanan ve en güçlü insanları hızla karar verebilenlerdir.

Bu aslında faydalı ile faydasızı ayırt edebilme ve daha da önemlisi yaşamın akışından güç alabilme özelliğidir.

Şimdi gözlerini bir an kapat.

Hayatını etkileyebilecek herhangi bir kararı, dış etkenlerin seni çaresiz bırakması ile mi?

Yoksa dışarıya sorarak mı?

Hiçbiri değil de, kendi başına mı aldın?

Kararsızlık ARAFTA KALMAK gibidir. Ne yöne gideceğini bilemeyince yaptığı seçime ya mecbur bırakır insan kendini ya da birinin yol göstermesini bekler.

Yola çıkar ama nereye gittiğini bilemez.

Son bir örnek verelim:

Bir kadın ve erkek evlidirler. Ayrılmaları gerekmektedir. İlişkinin vadesi dolmuş, herkes alacağını almış, vereceğini vermiştir. Zaten en başta ilişkiye başlarken biteceği zaman seçilmiştir. Her iki taraf da kendi seçimleri, kararları doğrultusunda yaşayacaklarını yaşamışlardır. Birlikte vermeleri gereken ayrılık kararı taraflardan biri tarafından verilemiyorsa, yani kişi görmezden gelerek yaşadığını inkâr ediyorsa, sonuçta ya mutsuz bir evlilik devam edecek ya da diğer taraf ayrılmanın sorumluluğunu alarak, ayrılmak istemeyen eşi mecbur bırakacak veya ikna edecektir. Bu durumda ikna edilen her zaman ikna edeni suçlayacaktır. Yani beni mecbur bıraktı, aldattı, ilgisizdi, canımı yaktı vb... Diğer eş de hükmettiği için aldığı sorumluluk nedeniyle ya bu suçlamalarla muhatap olacak, ayrıldığı eşten bir şekilde kopamayacak, benzer bir eşi hayatına çekecek ya da bir sonraki ilişkide benzerini yaşayacaktır. Ayrılık kararını dışarıdan bir nedenle vermek zorunda kalan eş içeride ayrılık kararını verdiğini kabul etmediği için ilişkilerinde mutsuz olabilir, suçlayacağı eşleri hayatına çekebilir veya her ilişkisi ayrılıkla sonuçlanabilir. Ta ki ayrılık kararını aldığını ve bu kararın en iyi seçim olduğunu fark ederek, bu halden uyanıncaya kadar.

Kararla ilgili organlarımız dişler, kemikler ve böbreklerdir. Ancak bundan önce mide rahatsızlanır. Genellikle bir konuda karar vermekte zorlandığımızda bu organlarla ilgili rahatsızlıklar veya müdahaleler yaşayabiliriz.

Kararlarımızın alındığı merkez göbek bölgemizde bulunan 3. çakramızdır.

Göbek bölgesinde sorun yaşayanlar, bu bölgeden herhangi bir organla ilgili sorunu olanlar, ameliyat geçiren, göbek bölgesinde yağlanma sorunu olanlar veya yağ aldıranlar kendi kararlarını almakta zorlanır fakat dışarıya müdahale etmeyi severler. Bu nedenle de hükümleri altına aldıkları, kararlarını yönettikleri kişiler bulunur. Kendilerini değiştiremedikleri, kendi yollarını tam olarak belirleyemedikleri için kader planlarına ortak etmek istedikleri kişilere taviz veriyor gibi gözükürler ancak tavizi kendileri alırlar.

— Bu dünyadan aldığımı ve verdiğimi kabul ederek, tüm alışverişlerimle helalleşerek, kırgınlıklarımı bırakarak, bitirerek, feraha ererek, sakince ve sevgiyle kabulde olanla barışarak, olanla kavuşarak hayatın içerisinde ilerliyorum sevgiyle.

Seyretmek seni karar almakta zorlandığın zamanlarda destekler.

Seyretmek, uzaktan, yakından, içeriden veya dışarıdan olsun insanın en değerli özelliğidir, öğrenme kapısıdır. Bu kapıdan geçişin kuralı susmaktır. Sustuğunda başlar seyir. Çoğu zaman karar almak seyirden çıkarıverir seni, o anlarda karar almayı bırak, hafifle. Mecburiyetleri, acabaları ya ne derseleri, yapmazsam olmazları, ben olmazsamları bohçala koy bir kıyıya. Karar almak eylemin en büyük yakıtıdır...

Karar almak seni sarstığında sen yine seyre geç bu âlemi. Eylem ile eylemsizliği dost eylemekle huzur bulursun. Sustuğun, bazen sözün bazen eylemin olsun. Karar senin nefis ile olan yakınlığının ya da uzaklığının izdüşümüdür. Kıymetlisi nefsin sana itaat etmesidir. O itaat ederse kararlar eminlik verir. O itaat ettirirse pişmanlık çıkar gelir. Acele ile pişmanlık gizliden dosttur. Nefsin de taraftarıdırlar. Bu nedenle "Acele işe şeytan karışır" der atalar. Seyreylediğin bu âlem ile muhabbetin bu minvalde sürer gider...

— Güzele güzel bakmak güzellikleri hayatımıza çeker.

> "Karar vermek, yola çıkmaktır,
> yola çıkmak hedefe ulaşmaktır.
> Bu yüzden hedefleri olan insanlar
> kolaylıkla karar verir. Verdikleri kararların
> uygulanması için çabaları imrendirir.
> İrademizin gücü içimizdeki pusulada saklı.
> Kendi kararlarımıza irade edeceğimiz
> bir ömrümüz olsun."

Seyrettiğin Hayatına Davet Ettiğin

En güçlü çekim yasası işleyişine şahitlik etmek istiyorsak, kalpten seveceğimiz, seyrederken tam da orada, o halde ve o tatla buluşmak isteyeceğimiz güzelliklere bakalım ve onlarla olalım.

Sahip olmaya değil, deneyime, kazanıma, hayatın tatlarına yöneldiğimizde niyetlerimizle kolaylıkla buluşuruz.

Güzele bakmak sevaptır sözünün aslı şudur: "Güzele güzel bakmak sevaptır." Güzelliklere bakmak güzellikleri hayatımıza getirir. Bu prensibi eminim hayatında birden fazla kez deneyimlemişsindir. Bir yer görürüz orada olmak isteriz. Bir yemek görürüz tadına bakmak isteriz, mutlu bir çift görürüz biz de mutlu olmak isteriz. Bu halin içinde kıskançlık, yetersizlik, öfke, kibir gibi bize gelecek olan güzellikleri uzağa iten enerjiler yoktur. Bir çocuk saflığıyla isteriz. Uzanıp tadına bakmak, öyle olmak, öyle görünmek orada olmaktır niyetimiz ve ilk anda engelleri sıralayacak zihnimiz de uzaklardadır. Seyrettiğimizi, dinlediğimizi, kokladığımızı fark ederiz. Bu, adeta bir buluşmadır. Bakarız ve çekeriz kendimize, hayatımıza doğru.

Yemek yapan birisini görüp onun ne kadar da mutlu olduğunu seyrederken öyle olmak isteriz. Bir bakarız bir masa hazırlarken aynı hali yaşıyoruz.

Neyin içindeysek onu çoğaltırız. "Para parayı çeker" diye boşuna kulağımıza duyurmamışlar.

Bir keresinde televizyonda bir belgesel seyrederken çölde bedevilerin içtiği bir çayı uzun uzun anlatan sunucu o çayı içerken o kadar merak ettim ki tadını çok değil iki ay sonra aynı çaydan ikram edildi. Hiç ummadığım bir anda güzel bir yolculuğun içinde misafir oldum ve o çayı içerken buldum kendimi.

Arkadaşlarımdan biri, bana yaptığı muhteşem bir seyahati anlatıyordu ve o kadar güzel şeylerden bahsediyordu ki ben de o şehre gitmeyi hayal ettim. Kısa bir süre sonra aynı yere seyahatim oldu ve hayal ettiğimden bile güzeldi.

Bir başka arkadaşım akıllı telefonlar yeni çıktığında ilk kez karşılaştığı anı anlattı. Çok etkilenmişti ancak o kadar parayı bir telefona veremezdi. Kısa bir süre sonra harika bir şey oldu ve o telefon bir müşterisi tarafından kendisine hediye edildi.

Eminim senin de buna benzer hikâyelerin vardır. Peki, güzele bakmak güzellik getirirse, kötü bakmak ne getirir? Seni aşağıya çeker. Umutsuzluğa sürükler. Bu nedenle özellikle medya, sosyal medya gibi alanlarda seçici olmaya özen göster. Bir haksızlığın seyrettiğin bir olayda eyleme geçemeyeceği, hiçbir şeyin iyi gitmeyeceğine dair bir inanç geliştirirsen, o düşünce sadece orada kalmaz senin hayatına da sirayet eder. Dünyayı kurtarmak, ülkeyi kurtarmak, başkasını kurtarmak insanın kendine karşı sorumluluklarını yerine getirmemek için geliştirdiği bir mekanizmadır. Ben iyi biliyorum, dışarısı bilmiyor veya ne yapsam her şey aynı kalacak, hareket etmeme gerek yok algısı yaratır. Kendi hayatını dönüştürmeye niyetin varsa, seyretmek seni merkezinde tutacaktır. Kâinatın işleyiş prensiplerini, kendi geçiciliğini, var olduğun anın içinde ne kadar çok şeye sahip olduğunu, belirsizliğin sadece hayatı kontrol edenler için var olduğunu, hayatın sorumluluğunu alanların kararlarını uygulamaya koyduklarını fark edersin.

Yaşamın kendini yeniden doğurduğunu, ölümün ise başka bir yaşamın besinini yarattığını anlarsın.

4,4 milyar yaşında bir dünyanın parçası olarak neredeyse 7 milyon yıldır buradayız. 100 bin yıl önce bugünkü halimize benzemekteydik. Bu arada dünya var olduğundan bu yana 5-30 milyar canlı türünün yok olduğu öngörülüyor.

Sahi sen kaç yaşındasın? Bizim bu dünyayı değiştireceğim gayretimiz konuşmayı öğrendi diye bir çocuğun CEO olarak bir şirkete atanması gibi bir durum.

Bir düşün bu koca evrenin yaşını, bilmediğimiz onca galaksi, içinde var olduğumuz sistem dahi keşfedilmeyi beklerken biz neyi bilebiliriz? Bunları dışarısı için panik olduğunda hatırlaman için anlatıyorum. Biz bir gün yok olsak da dünya başının çaresine bakar. Bu demek değil ki çevrene duyarlı olmadan yaşa. Tam tersi, saygılı, duyarlı, katkı sağlayan var olduğu için şükrünü ifade edenler olarak yaşama katılmamız en kıymetli yaklaşımdır. Odakta, merkezde biz olmak kaydı ile elbette.

Dünyayı düşünmemize gerek yok. Biz kendi dünyamıza odaklanalım. Hayatı güzelliklerle beslemeye, başka canlılarla paylaştığımızın farkına vararak, geçici ikametimizin şuuru ile aydınlanma çabamıza katkı sağlayalım. Doğaya, yaşama ve yaşadıklarımıza saygılı olduğumuzda kendimizi iyi hissederiz. İyiye yönelir, güzellikleri fark ederiz.

Karanlıkla olan karanlıkta kalır.

Çekim yasasının prensibini anladık. Her enerji bulaşıcıdır. Bir kere biz olanı kendimize çektiğimiz için neyin içindeysek ona gel diyoruz. Kötü söz, kötü niyet, kötü eylemin sonucu da bizim için kötü olur. Kötü niyet de iyi niyet gibi sahibiyle buluşur.

Şunu diyebilirsin, ben dünyayı gezmek istiyorum ve sürekli de bununla ilgili programları seyrediyorum ama bir yere gittiğim yok. Seyrederken hangi ruh hali içindesin lütfen buna bak. Yani orada olmayı mı istiyorsun yoksa televizyonda olanı seyretmeyi mi? Uzak mısın yakın mı yaşamak istediğine?...

Orada olmayı istiyor ve sonrasında da oraya gidecek, vakit, para, sağlık gibi bazı koşulları sağlayamadığın için kendine engel koyuyorsan elbette niyetinle buluşursun. Yani engel olarak gördüklerin oraya gitmene mâni çıkartır.

⚜️

Huzurda kalbim
Olduğu gibi, olduğum gibi...
Kendim gibi yaşayarak,
Zorlamaları bırakarak
Özgürce ifade edip,
ifade edileni duyarak
Ve hakkını vererek yaşamak
Teslim olarak akışa...
Geleni ve gideni kucaklıyorum...

⚜️

Biz seyahate sahip olmak istemiyoruz. Bu seyahati deneyimlemek niyetindeyiz.

O zaman soru sormayı, muhasebe hesabı yapmayı bırakırsak yani aradan çekilirsek her şey harika bir şekilde olur. Seyrettiğinin içine girmek, o duyguyu hatırlamak, içselleştirmek, orada baktığım halin buluşmasına niyet etmek. Fark ettiysen, verdiğim örneklerde ne zaman kavramı belirttim ne de paraya veya diğer kaynaklara değindim. Çünkü benim için oraya gitmekten çok o çayın tadına bakmak hissi baskındı. O çayın tadına bakmanın yanında harika bir seyahat hediye edildi. Zaman konusuna gelince ne peşine düştüm ne de sorguladım. Zaten seyretme anında böyle bir beklentim de yoktu. Orada oldum ve sonrasında hayatımı yaşamaya devam ettim. Diğer seyahatim de aynı şekilde hiçbir hesap unsuru içermiyordu. Ancak o seyahati yaparken de şükür içindeydim, verilen her şeye şükrederek harika bir yolculuk yaptım. Bu teşekkür hali beni yeni seyahatlere taşımaya devam ediyor. Ben misafirim bu âlemde, güzellikleri seyir halindeyim. Sen de hayatına güzellikleri kat, yolun açılsın.

Seyrederken ve dinlerken kendiliğimizden mutlu olacağımız olaylar, bizim olduğunda bizi mutlu edecek objelerin kolaylıkla hayatımıza aktığını görebiliriz.

Aynı şekilde kınadığımız, küçümsediğimiz, seyrederken yargılar bir şekilde yorum yaptığımız olaylarla, kişilerle, hatta kazalarla da buluşacağımızın da notunu düşelim.

Enerjimizi, neşemizi, keyfimizi yüksek tutalım.

En güzel seyir hali sevmek, gülümsemek ve hoşgörülü olmaktır.

Sevenin yaydığı enerjiye o titreşimi yayanlar koşar gelir, biz gülümsüyorsak hayat bizimle gülümser.

- *Kendini takdir et.*
- *Kendinin ve başkalarının dedikodusunu yapmayı bırak.*
- *Geçmiş başarısızlıklarından, kaybedişlerinden, terk edilişlerinden bahsetmeyi bırak. Bunların sana öğrettiklerini fark et.*
- *Tazenin, akanın, yeniliğin, güzelliğin içinde ol. Parka git, denizi seyret, çiçek yetiştir, kuş besle, hayvanlara yardım et, çocukları sev.*
- *En önemlisi gülümse.*
- *Hayallerinde iyiliğin içinde ol.*
- *Geçmiş başarılarını, sıkıntıdan çıkan o azimli hallerini hatırla. Bir defa yapmıştın çok defa yaparsın.*
- *Kendi özelliklerini önce kendine öv, taktir et. Sonra da insanlara başarılarını anlat. Nerelerden geldin, ne güzellikleri seyrettin anlat.*
- *Başarılı insanları kutla, başarıyı kutla, başarmışa yönel.*
- *Yarıda bıraktığın ne varsa, yarıda bıraktığını itiraf et, özgürleş. Böylece yeniye başlamak için isteğin oluşur.*

3. BÖLÜM
NELERE İHTİYACIN VAR?

Neyin Zengini, Neyin Fakirisin?

Varlık ve yokluk algısını derinleştirelim. Nerede varlık içinde, nerede yokluk içinde hissediyorsun? Zenginliğin ve fakirliğin hangi alanlarda?

Genellikle zengin veya zenginlik denilince akla para, mal mülk gelir. Oysa zenginlik verim ve gösteriş de demektir. Kazanç, güçlü olmak ve çeşitlilik anlamını da taşır. Zengin mineralli toprakların verimi, zengin bir doğal örtüye sahip olmak vb...

Şimdi zenginliklerini bir düşün neyin zenginisin?

Zaman
Akıl
Sağlık
Neşe
Bilgi
Görgü
Erdem
Yenilik

Beceri
Güzellik
Para
Mal

Fakr (Osmanlıca bir şeyin azalması, ihtiyaç sahibi olmak.)

Neyin fakirisin? Nelere ihtiyacın var?
Zenginlik ve fakirlik aslında bizim güçlü ve güçsüz hissettiğimiz yanlarımızı anlatır. Gücü nerede kullanıyoruz, nerede ihtiyaçlarımızı gideremiyoruz?
Herhangi birine bu hayatta istediklerin, dileklerin nedir diye sorduğumda çoğunlukla net bir ifadenin yerine daha kapsamlı ancak söyleyenin imzasını taşımayan cevaplar aldım:

- Huzur, mutluluk, sağlık, kimseye muhtaç olmadan yaşamak.

Günümüzde en sık muhtaçlığı yaşananlar listesi yapacak olsak benim duyduklarım:
Para, aşk, başarı, ün, araba, mal, mülk vb... Belki senin aklına gelenleri bu listeye ekleyebilirsin.
Ancak bence eksikliği olanlar:
Ne istediğini bilememek, neden mutlu olacağını tespit edememek, hayatın anlamını bulamamış olmak, hayatın cana can katan tatları, huzur, öz ile buluşma, huzurun yarattığı konfor, özgürce kullanılan zaman, yaratıcılığı doğru kullanma muhtaçlığı daha fazla derim.
Para bir ihtiyaç değildir, ihtiyaçları karşılamanın aracıdır.

Mülk bir ihtiyaç değildir, güç sahibi olma isteğidir, barınma bir ihtiyaçtır.

Niyet etmek genellikle bir ihtiyacın beyanı gibi algılanır. Doğruluk payı olsa da bu niyeti tam olarak tanımlamaz. Geçicilik, geçiştirme, hükmetme, sahip olma durumları niyetin içeriğinden çok istemek, arzulamak gibi duygusal veya hazsal çekim alanlarının konusudur. Niyet etmek dönüşüm enerjisini içerir. Eylem, çaba ve emekle sonuca gitmeyi hedefler. Sonuç nettir. Bu nedenle sonuca giden yolda karşılaşılan engeller bizi yolumuzdan almaz.

Niyete yönelenlerimizin çıkış noktası hayatımızda yaşadığımız sıkıntılardan kaynaklanır. "Ben neden bunları yaşıyorum?" sorusu gibi bir fark edişin ardından bu hali terk etme isteği duyarız. Bu çıkacağımız adeta bizi hasta eden durumun kaynağını fark etmemiz neye ihtiyacımız olduğunun tespitinde bize yol gösterir. İyileştirmeden çok sıkıntı yaratan etkileri ortadan kaldırma gayretimiz bulunur. Sıkıntı demişken birkaç başlıkla inceleyebiliriz.

Parasal sıkıntı içinde isen: Sorumluluk almayı sevmiyor veya gereğinden fazla sorumluluk alıyorsundur. İhtiyacın olanları değil sana dayatılanları satın alıyorsundur. Borçların varsa, geçmişte yaşıyor ve affedemediğin, öfkenin geçmediği olaylarla kendini oyalıyorsundur.

İş hayatında sıkıntı yaşıyorsan: Çalışmak, emek vermek ve ilerlemek istemiyorsundur. İstediğim işte çalışmıyorum bu nedenle işte sıkıntı yaşıyorum diyorsan daha da fena, o zaman kendine zulmediyorsun, çevrende birileri sana kötü davranarak sana bunu göstermeye çalışır. Gerçekten yapmak istediğin işi yaparak, hakkını vererek ve üretime katılmanın coşkusunu yaşayarak bu sıkıntıyı aşarsın. Yoksa geçimini sağlamak için çalıştığın işinde kendini sıkıntıya soktuğun için, o parayla geçim sıkıntısı yaşarsın.

İş ve para sıkıntısını bir arada yaşıyorsanız: Bu hayatta kendine yön çizememişsin, otorite ile sorun yaşıyorsun. Yeteneklerinin farkında olmadan, nereye varmak istediğini belirlemeden ilerlemeye çalışıyor ve bu yüzdende kendini yorgun, bitkin, isteksiz hissedersin fakat para sıkıntın yüzünden çalışmak zorunda kalırsın. Hedefin için hareket etmezsen sıkıntın bitmez.

Aşk veya ilişki: Ne istediğini bilerek mi bir ilişki yaşıyorsun? İstediğin karşındakinin seni mevcut durumuna uygun veya sana mevcut durumundan daha iyi bir yere taşımasıysa, sen kendine samimi değilsin. Demek ki beklentilerin yaşayacaklarını belirliyor. Kendini daha iyi tanımaya, kendinle mutlu olmaya ihtiyacın var. Birileri seni mutsuz ediyorsa, beklentilerini karşılamıyorsa, senin kıymetini anlamıyorsa demek ki sen kendine böyle davranıyorsun. Kendinle ilgilen. Sonra seninle ilgilenecek ve kıymetini anlayacak olan ile buluşursun. O zaten var, sadece sen, seninle buluştuktan sonra buluşacaksın.

İflas, trafik kazası, hastalık nedeniyle yaşanan sıkıntılar: Bu gibi hayat kazalarından doğan sıkıntılarını aşmak sanırım en çabuk gerçekleşendir. Mevcut durumun bir anda değişmesi ile hayatla itişme bitmiştir. Aslında o ana kadar yani bir kayıp yaşanana kadar hayat defalarca uyarmış ve doğru yönde olmadığını anlatmıştır. Ancak büyük enerji boşalması olarak tanımlanacak bu kayıplardan kaynaklı sıkıntılar en hızlı çözülenlerdir. Seni gittiğin yoldan alır ve doğru olana yöneltir. Ancak eğer kaza sonucunda yaşadıklarına öfke duyar ve sürekli kayıplarından bahseder ve hayatına yön vermezsen, sıkıntılar devam eder. Burada sıkıntıyı bitirecek olan başına gelenin değiştirdiği planının yeniliklerini uygulamaya koymaktır. Diyelim iflas ettin, iş hayatında yaptıklarının yanlışlarını anlayarak bu olayın sana anlattıkları doğrultusunda yeni ne yapabilirsin, gözden geçirip yoluna devam etmek. Bir hastalık atlattın, hastalık öncesinde yaptıklarını değiştirerek hayatına çekidüzen vermektir. Bir ilişki travması ise yaşadığın seni o olaya taşıyan yolda fark etmene rağmen ısrar ettiğini kabul edip, değişimden korktuğun için bırakamadığını görmelisin. Bu sayede yeniden benzer bir durumu yaşamaktan kendini korursun.

Para Senin İçin Ne İfade Ediyor?

Atölye çalışmalarında en çok niyet, maddi sıkıntıların giderilmesi ve daha konforlu, rahat bir hayat için gelirin veya sahip olunanların artışına dair yapılıyor. Gelir denilince ilk akla gelen de para oluyor. Biz önce "para" kelimesinin anlamına ve kelimenin kökeninin nereden geldiğine bakalım.

Para; Osmanlı'da kuruşun kırkta biridir.

Kelimenin kökeni konusunda üç kaynakla karşılarız. Farsça "pare" bir şeyin küçük parçası anlamını taşır. Farsçanın atası denilebilecek Zend dilinde "borç" anlamındadır. Yunancada, fonetik olarak da para olarak söylenir ve etrafında, ilerisinde, ötesinde, yanında ve civarında anlamına gelir.

Para aslında bir takas aracıdır. Yaşamın içinde verdiğimiz emek, gayret ve zamanın karşılığında aldıklarımızın bir kısmına aracılık eder.

Yunanca para ifadesinin "ötesinde" manasına gelmesi ne kadar ilginç öyle değil mi? Ötesi aslında geleceğe dair planlar, projeler ve hayalleri kapsar. Birçoğumuz gelecek için bugünü feda edebiliriz. Bugün yapılabilecekken ertelenenler de, geleceğe borçlandırır. Hatırlarsan bir anlamı da borç demekti.

Bir şeye sahip olmak için borçlanmak, belki de çağın enerjisi diyebiliriz. Hiç borcum yok diyenleri duyar gibiyim, sormak isterim yaşamın hakkını tam olarak verdiniz mi? Borcu sadece finansal olarak değerlendirmek bizi yanıltabilir. İnsanın bu dünyada sahip olduğu en önemli kaynak zaman ve mekândır. Ruhun ve canın içinde varlık gösterdiği alan olan mekân denildiğinde, bedeni anlayabiliriz. Neredeyse paranın ve para enerjisinin gücüyle yön alan dünyamızda, hayatı ve zamanı satın alamıyoruz. En kolay da onu harcıyoruz. Sanırım sıklıkla hayata borçlanıyoruz. Zamanı boşa harcadığımızın farkına, onun daha hızlı aktığını anlamaya başladığımız yaşlarda varıyoruz.

Parayı Nerede Kullanıyorsun?

Hayatın öncelik sıralamasına bir bakalım:

- Canlı olmak
- Bedeni beslemek/ihtiyaçlarını gidermek
- Barınmak ve kendini güvende hissetmek
- Üremek/haz almak/geleceğe aktarmak
- Sosyalleşmek

Elbette istenirse son iki seçenek birbiriyle yer değiştirebilir. Ancak doğanın akışında üremek yani hem bedensel haz hem de kodlarını geleceğe aktarmak öncelik taşır. Bu listenin maddeleri elbette uzayıp gidebilir.

İstersen öncelik sıralamasında ilk sırayı atlayalım, çünkü hayatta değilsek zaten geri kalan seçenekler hükümsüz oluyor.

Bedeni beslemek; nefes, ilk enerji kaynağımızdır. Sonraki ihtiyaçlarımız olan su, mineraller, vitaminler, proteinler ve glikoza dönüşebilen diğer besinler farklı formlarda doğa tarafından bolca sunulur. Hiçbiri paket içinde, şu restoranda veya şu semtte şartı taşımaz.

Doğada simit formunda bir yiyecek bulunmaz. Simit, kolayca ulaşılabilecek uzaklıkta, ucuz, lezzetli ve bildik olana yönelme içgüdüsü ile seçilir. Senin bedeninin simide değil, doğanın form verdiği yiyeceklere ihtiyacı vardır. Elma, armut, badem, fıstık, susam vb...

Sen en değerli varlığını beslemek için en kolay, en ekonomik/en lezzetli olana yöneldiğinde, ertelediğin veya borçlandığın bedenindir. Al sana borçlanma enerjisi. Harcadığımız zamanı yerine koyabilmek için kolayı seçeriz. Kolaylaştıran en önemli yaklaşım konfordur. Konfor ile sunulan, hızlı, istediğin gibi ve sana kendini özel hissettirenlerdir. Bunun için sadece paranın olması yeterlidir. Para için ise vermen gereken, zamanın, odaklanman ve mümkünse seçimlerindir. Senin seçim yapmana gerek yok. Sen, seçileni seçerek özgürleştiğini sanırsın.

"Özgür seçimler!" yalanı ile istenileni seçer, bu seçimleri yapamadığında da kendini eksik hissedersin. Dayatılan bilgi ile daha iyi bir hayat sahibi olabilmen için ÇOK paran olmalıdır.

Ne yapalım çalışmayalım mı, paramız olmasın mı diyebilirsin. Lütfen dediğime odaklan. Çalış, üret, hayata deneyimlerinle katıl ve değer kat. Daha iyi bir hayat için zamanını harcayarak ve sonra da zamansızlıktan dolayı sana sunulanı seçerek, seçimlerinden şikâyet edip, hayatı değersizleştirirsen, kendini değersiz hissederek yaşamak seni çok şeye muhtaçmışsın hissi ile baskılar.

Yanlış olan çok çalışmak değil, daha fazla para için çalışmaktır. O kazanılan daha fazla parayı nereye harcaman gerektiğine sosyal çevren ve haz alma güdün karar verdirir. Haz odaklı yaşamanın en önemli nedeni, gerçek bedensel doyuma ulaşamamaktır. Bedensel doyum doğru beslenme, cinsellik, üremek ve üretmektir. Hayata katkı sağlamaktır ve sonucunda geleceğe aktarılan deneyimler oluşur.

Para bir gereklilik mi değil mi senin onunla neleri takas ettiğinle ilgilidir. Emeğin sonucunda kazancın varsa, sen değer yaratmışsındır. Bu değerin karşılığında yaptığın takasla bereketin de artacaktır. Aldığın ve verdiğinin dengesi huzuru yaratır.

Parayı Nelerle Takas Ediyorsun?

Gittikçe dışarının onayına odaklanarak varlık göstermeyi destekleyen bir sistemin içinde yaşıyoruz. Adeta sahip olduklarını sergile ve zamanını, sana verilen kaynakları ne için harcadığını ifade et diyor. Bu kısırdöngü içinde bedeninin, evinin, arabalarının, mücevherlerinin, güzelliğinin yani dışarıda birisi olmadan pek de bir önemi olmayanların önemli hale gelmesi var.

Bedeninin nasıl göründüğü, arabanın modeli, ayakkabılarının, çantan, tatil yaptığın belde, hatta eğitimin seni sen yapan öğeler olarak sunuluyor.

Çoğunlukla dışarının onayı için, sahip olduğumuzu zannettiğimiz, sahip olma gayretinde olduklarımız, nasıl göründüğümüz, nerede oturduğumuz gibi konular için ömrü boşa harcayabiliyoruz.

Mutlu olmak, istediklerini yapmak için yeterince parası olmadığını düşünen birçok insanla tanıştım, onlarla sohbet ettim ve sordum:

Nedir bu hayatta sizi mutlu olmaktan alıkoyan?

Yapmak istediklerim için yeterince param yok cevabını alınca yeniden sordum, peki nedir senin istediğin?

-Yurtdışında tatil yapmak istiyorum. Aldığım para ile ancak evi geçindiriyorum, zaten bir sürü borç var. Nasıl gideyim, ben de hayal etmeyi bile bıraktım artık, biz kim yurtdışına çıkmak kim?

Cevabımı vermeden önce buna benzer örnekleri, ev almak, ebeveyn olmak, kendi işini kurmak, doğada yaşamak ve aklına gelebilecek birçok konu ile ilgili duyduğumu belirtmek isterim. Belki şu anda sen de paranın, yapmak istediğin bir konuda engel teşkil ettiğini düşünerek bu satırları okuyorsun.

Yapmak istediğin her ne ise ve bunu ifade ederken ilk sıraya koyduğun " maliyet, ödeme, tutar, para" gibi ifadelerse para seni bloke ediyor demektir.

Yukarıdaki örneğe açıklık getirerek devam edelim.

İfadenin arkasında yatan asıl mesaj: "Ben yetersizim, kazançlarım isteklerimi karşılamıyor."

Kişi şöyle deseydi: "Bir gün ben de Paris'te Eiffel Kulesi'ne çıkacağım." "Amerika'ya dil eğitimine gideceğim" vb...

Yeterince para kazanamadığı için yurtdışına gidemeyeceğine kendini inandırmış olan kişi örneğinde hayal edilen bir çıkış planı yok, fark etmişsindir. Daha çok şikâyetçi bir yaklaşım ve ben kim, yurtdışında tatil yapmak kim imajı var. Arkasında yatan asıl neden ise para ile yapılan takas.

Kendisini para kazanma konusunda yetersiz hissetmesinin asıl nedeni, yeteneklerini ve hayatın ona sunduklarını hedef koyarak ve odaklanarak gerçekleştirmek yerine en kolay yoldan para kazanmak için çalışmayı tercih ettiği belli oluyordu.

Hedefin Var mı?

Varmak istediği yere, duruma, hale karar vererek niyet etmek ve bunu gerçekleştirmek üzere emek vermek, gayret göstermek.

Hedefe ulaşmak için öncelikle içinde bulunulan ve bırakılmak istenen durumun inkârını bırakmak önemlidir:

- Para bana geldiği gibi gidiyor.
- Sanki cebimde delik var.

- Çalışmaya gelmişiz bu dünyaya, bize rahat yok.
- Çocukları büyüteyim başka bir şey istemem.
- Allah beni kimseye muhtaç etmesin yeter.
- Kapımıza kimse gelmesin yeter.
- Borçlar bitsin öyle yaparım.
- Evin taksiti, çocuğun okulu, düğün, boşanma vb. bitsin.

Burada şartlı önerme var. Kendine koyduğu engelleri ifade ediyor. Bu ifadenin arkasında ben ne istediğimden emin değilim, para için çalışıyorum, para için bu evliliği devam ettiriyorum, para için geleceğimi yok ediyorum düşüncesi var. Para için yapmasının asıl sebebi konfor alanından çıkmak istememesi. Düzen bozulmasın, rahatım kaçmasın derken huzursuz ve keyifsiz bir yaşam yaratılıyor. Buna benzer ifadeleri çevremizde sıklıkla duyarız. Bu ifadelerin yeniyi, ferahı, iyiyi çağırmadığını fark etmişsindir. Bunun yerine âcizliği, az ile yetinmeyi ve biraz da kibri hissediyoruz. En önemlisi ise gayret ve çaba göstermekten çok, aynı kalsın, en azından bildiğim daha güvenli tesiri var.

Bu durumun altında yatan sebeplerin bir kısmını birlikte inceleyelim:

- Çabalamak yerine kolayı seçmek.
- Bildiğini güvenli bulmak.
- Bulunduğu halden daha iyi bir duruma geçtiğinde çevresini istediği gibi kontrol edememek.
- Hayatının sorumluluğunu almamak.
- Daha iyisi verildiğinde ne yapacağını bilememek.

Mevcut durumu değiştirmek istememek kadar hızla ve hırsla değişimi çağırmak da sıkıntı yaratabilir.

İfadelerinle ne çağırıyorsun fark et!

- Daha çok kazanayım.
- Daha fazla param olsun.
- Daha rahat yaşayayım.
- Daha büyük işim olsun.
- Daha zengin olayım.

Bu sıraladığım ifadelerle de elbette niyetin gerçeğe dönüşür. Ancak sen ne kadar kazanırsan kazan yetersiz gelir, zamanının önemli kısmını para ve onu hayatında çoğaltmak için kullanırsın. Muhtemelen çevrenle olan iletişimin de bu çarkın içinde değişir ve senin gibi insanlar hayatında çoğalır. Sen para için emek verip kendini uzağa koydukça endişelenir, kaybetmeye karşı tahammülsüz olursun ve sonunda para kaybetmesen de para yüzünden sağlığını, dostlarını, zamanını, huzurunu ya da mutlu hissetme halini kaybedebilirsin.

Burada seni yetersizliğe sevk edecek durumu yaratan para değil, senin parayla olan ilişkindir. Sen olanın yetersiz olduğuna karar verip "daha çok" istedin. Bu nedenle ne kadar olursa olsun, zemindeki yeterince sahip değilim duygusu bir kara delik gibi seni huzursuz eder. Bu da yetersizlik hissi yaratarak kendini güvende hissetmene engel olur.

Bak dünyada çok parası olmasına ve o paranın sunabileceği her şeye sahip olmasına rağmen kendini ve sahip olduklarını teşhir eden o kadar çok insan var ki, kendilerini ikna edemedikleri için "daha büyük-daha çok-en fazla-en güzel" kavramlarının kıskacında yaşıyorlar. Oysa maddi zenginliği gerçek anlamda yaratmış olanlar, daha gözden uzakta ve sade hayatlara sahipler.

Yetersizlik hissi birçok kişiyi mükemmeliyetçi yapar. Onların bu kusursuzluk arzusu iş hayatına yansıdığında harika işler çıkarmalarına aracılık etse de tatminsizlik hissi mutlu olmalarının önünde koca bir duvar oluşturabilir. Hal böyle olunca da bu insanların hayatlarının diğer alanlarında da mutlu olmaları zorlaşır. Para ile kurduğu bağ yetersizlik olan bir kişinin yaşadıklarından memnun olması, elindekilerin kıymetini bilmesi, kısacası mutlu olması biraz zordur. Kişi daha çok kavramıyla boğuşmak zorunda kalabilir.

Önce bir ev istiyordur. Sahip olur olmaz, o evin kusurlarını görür ve değiştirmek için uğraşır.

Arabası olsun ister. Bir süre sonra ya o araba yetersiz gelir ya da arabasının modelini beğenmez olur.

Seyahat etmek ister. Gezer, gezer ama gitmediği yerdedir gözü ve nereye gitse kıymeti olmaz. Gördüğü yerlerde yaşadığı güzelliklerden değil, görmediği yerlerdeki güzelliklerden bahseder.

Daha iyisi, daha güzeli neticesinde dahası peşinde koşanlar, zamanını, emeğini ve bedenini daha değerli gördükleri ile takas eder.

Yetersizlik hissi yaşayanın gözünde kıymetli olan nedir? Zenginlik, mevki, güç, servet, maddi itibar vb...

Kıymeti daha az olan veya görmezden gelinebilen, ertelenebilenler ne olabilir diye bakarsak; bedeni, sağlığı, ilişkileri, hissettikleri, hayatın ona mesajları, hatta belki yetenekleri ve belki burada aklımıza gelmeyen daha niceleri.

İnsanın çok parası olursa, hatta zengin olursa bir şeyleri vermek zorunda mıdır? Bütün zenginler böyle midir?

Hayır. Burada anlattığım daha fazlası için yola çıkan neye sahip olursa olsun kıymetini bilmediği gibi asıl kıymetli olanları vermenin hayatın tadını gün geçtikçe kaçıracağıdır. Kişinin para isteği o kadar yoğundur ki durmadan para da kaybedebilir. Daha fazla para kazanmak için izleyeceği yolda başkalarının haklarını ödememeye veya hedefine ulaşmak için ahlakdışı yollar izlemeye mecbur olduğunu düşünebilir. Hatta bunu hak görebilir.

Paraya önem vermediğini söyleyen nice insan tanıdım, para kazanmaya başladığında ilk harcadığı o güne kadar izlediği yol oldu.

Para ne iyidir ne de kötü, bizim ona olan yaklaşımımız ve kendimizi onunla ilişkilendirirken yaşadıklarımızdır sonucu etkileyen.

Para ile bağının ne durumda olduğunu kontrol etmek için ufak bir test yapalım belki yol gösterici olur. Aşağıdaki listelediğim maddelerin çoğunluğuna evet diyorsan para ile kurduğun ilişki seni yönetiyor olabilir.

- Ay sonunu nasıl getireceğini düşünür müsün?
- Geçmişte yaşadığın herhangi bir maddi kayıptan bahseder misin?
- Yapmak istemene rağmen istediğin kadar paran olmadığı için yapamadıkların var mı? (Çalışmayı bırakmak, emekli olmayı hayal etmek de dahil.)
- Bir şey satın almadan önce peşin ödemek yerine taksit seçeneğine yönelir misin?
- Ödemelerini kredi kartıyla yapmayı mı tercih edersin?
- Başka bir iş yapmak istemene rağmen, taksitler, ödemeler veya maddi durumunu korumak için mevcut işini devam ettiriyor musun?
- Bir şeyi satın almadan önce sana maliyetini, fiyatını veya ödeyeceğin tutarı hesaplayarak mı hareket edersin?
- Yapmayı çok istemene rağmen ertelediklerinin para ile bir ilişkisi var mı?
- İstediğin gibi bir hayatı yaşayamadığını düşünür müsün?

Değerlendirme sana ait.

Parayla Olan İlişkinin Temeli

Parayla kurduğun ilişki aslında bir tür illüzyondan ibaret. Bir önceki bölümde okuduklarınla, kendine koyduğun engelin para ile kurduğun bağdan kaynaklandığını fark ettin. İster çok parası olsun ister parasal sıkıntıları olsun paraya odaklanmış insanların ortak enerjisi huzursuzluk ve endişedir. Olan, onların istediği hızda ve hacimde olmuyordur. Para ile ilgili şuuraltında oluşan ve seni güden enerjilerin kaynağını kısaca özetleyelim.

• **Büyüdüğün aile ve yakın çevrede para ile ilgili duyduğun ifadeler, yaşanan parasal kayıplar veya tam tersi parasal gücün giderek artması.**

Duyduğumuz kalıplar:

- Para elinin kiridir.
- Paranın önünde eğilme.
- Parana sahip çık.
- Çok para adamı bozar.
- Paran varsa her şeyi yaptırırsın.
- Zenginlik bizim aile geleneğimiz.
- Paranı koru, kimseye para konusunda güvenme vb...
- Paran varsa güçlüsün.

Paranı kaybedersen itibarını kaybedersin algısı bize geçmişte parası olup bunu kaybeden bir insanla verilir. Oysa o kişi parayla edindiği intibaı kaybetmiştir, itibarını değil. Saygınlık sahip olunanlarla edinilecek bir durum değildir. Saygı göstermek ile biat etmek arasında önemli bir fark bulunur. Birinde kişinin meziyetleri, yaşama kattıkları ile oluşan bir alan vardır. Bu alana gelen bu zenginliği yaratana karşı itina eder. Buradaki zenginlik yaşanmışlık ve bilgi içerir. Biat kültüründe ise kişinin sahip oldukları üzerinden elde ettiği gücün karşısında insanların ondan beklentileri doğrultusunda alttan almaları bulunur. Saygınlık mevki, parasal güç içermez. Para, mevki ve güç odaklı olan her durum kaybolabilir. Gücün asıl kaynağı iradedir.

• **Sen annenin karnında iken aile içinde, yakın çevrede, ülkede ve dünyada olup bitenlerin annene etkileri.**

Sen anne karnındayken ailenin yaşadığı maddi kayıplar, ülkenin veya dünyanın içinden geçtiği kriz veya savaşların sana ve kadersel seçimlerine etkisi olur. Baban sen doğmadan önce işsiz kalmış olabilir, işleri iyi giderken ülkede kriz çıkmış olabilir. Bu olaylar senin ilerleyen zamanda para ile kurduğun ilişkiyi etkiler. Bizler tıpkı bir elektrikli aletin yaydığı titreşim gibi bir frekansla kendimize benzerleri hayatımıza çekeriz. Bu nedenle ailesel olayların benzerlerini yaşama potansiyeli taşırız. Özellikle de çocuğu bir yatırım aracı gibi gören ailelerde, onun maddi kazançları önemsenir. Çocuk sahibi olmak kavramı eğer ebeveyn için maddi bir varlığı göstermek gibi bir durum oluşturuyorsa, çocuk büyürken her türlü yatırım yapılır. Tıpkı bir ev taksiti öder gibi ihtiyaçlarının karşılanmasının bir beklentisi vardır. İyi bir okula gitmelidir. İyi bir eğitim almalıdır. Çocukla ilgili kararlar alınırken ona sorulmaz, yetenekleri, potansiyeli göz önünde tutulmaz. Anne ve babanın hayata bakış açısı, gelecekten beklentileri üzerinde bir gelecek planı inşa edilir. Çocuk anne ve babasından bağımsız görülmez. Beklenen onların başlattığını devam ettirmesi veyahut yarım bıraktığını tamamlamasıdır. Anne ve baba kendi deneyimlerini yeniden yaşamasın diye tavsiyede bulunurken farkında olmadan aynısını yaratması için kişiye bir yol gösterir. "Bak yıllarca el yanında mı çalışacaksın?" ya da "Ticaret adamı rezil de eder vezir de, sen kendini garantiye al" tavsiyelerinin altında verilmek istenen mesaj; benim deneyimlerimden yola çıkarak benim dediklerimi yap. Benim gösterdiğim yoldan git. Kendin olma benim devamım ol. Ölümlü insanın üreme gayretinin altında yatan; geleceğe kendinden bir şeyler bırakma isteği çocuğunun üzerinde hüküm kurmasına aracılık eder.

• **Büyürken çoğunlukla senden istenilen maddi yaklaşımlar.**

- Kendi paranı kazan.
- Paralı meslek seç.
- Maddi olarak bize denk bir eş seç.
- Kocan-karın zengin veya maddi olarak güçlü olsun.
- Başkasının yanında köle olacağına kendi hayatının efendisi ol.
- Başkalarının haklarını yeme, kul hakkı alma.
- Sana verdiğimiz emekleri (yatırımları) boşa çıkartma.

• **Kendi kazancını elde edene kadar çevrende izlediklerin.**

- Paranın değer kaybetmesi
- Yabancı bir paranın daha değerli olması
- Herhangi bir ekonomik kriz
- Yokluğa düşen bir yakınımız ve yaşadıkları
- Ailenin yaşadığı maddi olaylar

- Maddi olarak ilk engellenişin (Bunu alamayız, şimdi paramız yok, bunu almamızı istiyorsan ... yaparsın, bunu alıyorum ama kırarsan bir daha bir şey almam vb...)

- **Annenin maddi konulara yaklaşımı ve sana aktardıkları.**

- Annenin kendini bir konuda kurban görmesi.
- Annenin kendisini çalışmak zorunda hissetmesi ve bunu hissettirmesi.
- Seninle olan bağında sana yaptıklarının karşılığında senden beklentileri.
- Annenin dışarıda veya evde çalışmasında üretime katılma potansiyeli. (Evdekileri değerlendiren, yemek yapan, ailesini besleyen veya tam tersi her şeyi para ile çözmeye çalışan, çözümsüz kalmasının sebebini maddi gücüne bağlayan bir anne.)

- **Maddi konularda yetersiz hissetmek.**

- Ailenin sunduğu imkânlar her zaman alt limiti oluşturur ve bu senin standardındır. "Gördüğünden geri kalmak" deyimi ile anlatılmak istenen tam budur.
- Büyüdüğün çevrede maddi imkânları senden iyi olan insanların çoğunlukta olması.
- Ailenin maddi bir iflas yaşaması.
- Ailede baba veya annenin erken kaybı, yaşama karşı güvensizlik oluşturur. (Bu dünyada benim ... yok!)
- Anne veya babanın çok çalışmak zorunda olması. Bu ister işlerin yoğunluğu veya zenginlik nedeniyle isterse de paranın yokluğu veya çalışılan işin ağır şartları nedeniyle olsun.
- Aile yakınlarından birinin maddi durumunun çok iyi veya çok kötü olması.

Bu bölümde seni güdüleyen duyguların kaynağını inceledik. Hayatın içinde deneyimlediklerin, sana aktarılan deneyimler ve seyrettiklerinle bir inanç kalıbı oluşturursun. Bu bölümde maddi kaynakların odağına konulan para konusunu incelemiş olsak da aşk, ilişkiler, başarı, kendini ifade etmek, ölüm ve sonrası, bilim ve daha nice konuya yaklaşımının zeminini inançların oluşturur. Çevrenin sana dayattıkları veya seyrettiklerinin tam tersini yapma eğilimimin merkezinde dahi aynı inanç kalıpları yer alır. Kararlarını, sana öğretilenleri onaylayarak ya da reddederek alırsın. Kararların bu inanç kalıplarından özgürleştirdikçe kendine yaklaşır, özgünleşir ve huzur bulursun. Bunun için de hayata, yaşadıklarına, duyduklarına, seçimlerine ve hedeflerine kendine ne kadar ifade ettiğine odaklanman sana yol gösterebilir.

Kendi olmuş insanlar gerçekten zamanın kısıtlayıcı etkisinden özgürleşip, sonsuzla buluşmuşlar ve çağlar boyu anılır olmuşlardır. Bir önyargıyı aşmak bu nedenle kişinin kendi dönüşüm kapısını aralayan gücü yaratır. Bir konuda "Asla, imkânsız, mümkün değil" diyorsan oraya odaklan. Çağımızın en yoğun engellenmişlik duygusu para ve onun getirdiği güce odaklandırılarak yaratılıyor. Ve çoğunluk enerjisini para ve onunla elde edebilecekleri peşinde harcıyor. Sonuç ise tatminsiz insanlar, boşa harcanan doğal kaynaklar oluyor. Bunu lehimize çevirmek için kaynaklarımızı nerelere kullandığımızı fark edelim. Aklını hayatı anlamak için kullanan, sorunlara çözüm üreten, gelecek nesilleri aydınlatmak için emek veren insanların etrafına toplanmak, onlarla olmak hepimize huzur verir. Bu insanlar öldüklerinde yok olup gitmezler, bıraktıkları ile anılırlar. Bu ister bir çeşme olsun, ister bir ağaç, bir matematik problemine bulunan çözüm veya haberleşmeyi kolaylaştıran bir buluş. Onlara teşekkür etmeye, yaptıklarıyla hayatımızı kolaylaştırmaya devam ederiz. Kıymet veririz. Değerli görürüz. Kendisinin zenginliğini, sahip olduğu arabaları, verdiği davetleri, giydiği kıyafetleri, şıklığını unutamadığımız tarihsel karakter yoktur veya yok denecek kadar azdır. Oysa başkaları için iş imkânları yaratanları, doğayı koruyanları, bir deney için ömrünü verenleri, bize bilgi aktaranları, kimin yaptığını bilmesek de kullandığımızda hayatımızı kolaylaştıran her ne varsa ünlü-ünsüz sevgimizi göndeririz. Hayata değer katan, kıymetli insanlardır.

Bu bölüme kadar üzerinde durduğumuz yetersizlik hissinin doğurduğu sonuç kendini değersiz hissetmektir.

Değersiz hissedişimiz, çalıştığımız işte, ilişkilerimizde, yaptıklarımızın karşılığında istediğimizi alamadığımız algısı ile bizi tedirgin hatta mutsuz edebilir. Genellikle bu nedenle bulunduğumuz halden, kişilerden ve yaşadıklarımızdan şikâyet ederiz. Şikâyet enerjisi bir ateş gibidir, eyleme geçme isteğimizi yakar. Yarattığı öfke dumanı gerçekleri görmemize engel olur ve biz öfkelendikçe kendimize doğru bize haksızlık edecek insanları ve olayları çekeriz. Yeterince sevilmiyoruzdur, yeterince gezemiyoruzdur, yeterince anlaşılamıyoruzdur. Ne yaparsak yapalım biz veriyor karşımızdaki de alıyordur. Bizden hep gittiği algısının yarattığı boşluk hissi bizim hayatımıza bir yeniliği, teklif edileni, farklı bir bakış açısını alamamamıza neden olur ki bunun sonucunda gittikçe katılaşır ve kibre düşeriz. Kibrimiz, olanı, olacak olanı, olmayanı bilmeyi öğretir. Bu hal ile kendi yokluğumuzu yaratırız. O yokluk alanı hiçbir zaman dolmaz, ben bilirim muhafızı kapıyı sıkıca kapalı tutar, değişime direnmemize yardım eder. Kontrol edebildiğimiz alanlar kıymetli olur. Kontrol etmemizin en önemli sebebi "Benim bildiğim veya dediğim gibi olsun, yoksa rahat edemem" düşüncesidir.

Yetersizlik hissi ile başlayan süreç başkalarını, kaynakları, fırsatları, olan her ne ise yetersiz görmeye götürür. Bunun sonucunda "İstediklerimin olması için gerekli şartlar" şeklinde kalıplar oluşur.

Kıymetli olan nedir senin için, neye değerli dersin?
Bildiklerin mi, yoksa bilmek istediklerin mi?

Belki de değer verdiğine ulaşamamanın altında yatan aslında senin kendine bir hayat hedefi koymadan yaşaman ve sana sunulan bu hayat hediyesini kolayca harcaman olabilir mi?

Ne dersin?

Dışarıdan takdir edilmeyi bekleyen, sahip olduklarının takdir edilmesini bekler.

Dışarının ona değer vermesini isteyen dış görünüşe, dışarıya, şekle değer verir.

Kendi kıymetini bilmeyen kıymetli olarak gördüğü kişilerin, eşyalarının, mallarının gölgesinde parlama gayretinde yaşar.

Yaşamın en değerli hediye olduğunu bilen ise değer verir, önce kendine, ardından çevresine ve elbette değer görür.

Değer, tıpkı altın gibidir, halden hale geçse de özü hep aynıdır.

Bir çalışma önerisi

Para ile olan ilişkinin farkına varmak için cüzdanına bir bakabilirsin. Cüzdan senin maddi konularla olan bağını, ilişkini ve yaklaşımını anlamanda yardım edebilir.

1. Cüzdanın içinde neler var; resim, kartvizit, ödeme fişleri, tılsım diye koyduğun dualar, çekirdekler vb...

Okuması: Cüzdan, paranın enerjisiyle alışverişinin merkezi. O alanı para ve banka kartları dışında başka şeyler doldurduğunda bu alana para alabilme potansiyelin azalır.

Ne olmasın?

Resim, para ile neden bir araya getiriyorsun? Kimin resmi bulunuyorsa onunla ilişkine yön veren parasal konulardır. Çocuğunun resmi; ona bir gelecek sağlama gayretini, onunla ilişkinin merkezinde para olduğunu anlatabilir.

Harcama-fişler; tüketim enerjisini artırır. Harcama isteğini gösterir.

Kredi kartları; ay sonunda tamamını da yatırsan, gelecek planlarını değiştirmenin önündeki engelinin bugün yaptıkların ya da yapmadıkların olduğunu anlatır. Kredi kullanma isteğine bir bak.

Dua yazılmış kâğıtlar; dua okunması ve ifadeyle harekete geçilmesi için insana verilmiş bilgileri içeren anlamı olan ilahi söylemlerdir. Oku! Sadece kâğıt üstünde bırakmak yerine maddi konularda yardım istiyorsan ya da ne istiyorsan ifade et. Duanı oku.

Kimlik ile paranı bir arada tutmanın da sende para ile kendini ifade etme potansiyeli yaratabileceğini hatırlatmak isterim. Kimliğin cüzdanında duracaksa para ve kredi kartlarından ayrı bir yerde olursa iyi olur.

2. Cüzdanında neler olabilir? Ne olsun? Para, para, para... Para olduğunda kullandığın para kartın... Bu iyisidir.

Bu anlattıklarımla seni para ile olan ilişkine bakmaya davet ediyorum. Kartla ödeme isteğinin arkasında ne olabilir? Harcadığın paran değil, emeğin, hayatın için en önemli yakıtın zamanını vererek aldığın. O para sana hizmet ederse bir değeri var. Sen ona hizmet eder hale gelirsen, durum iyi olmaz. Sana hükmeden harcama isteğinin senden aldığı gelecek hayallerin olur. Gelecekle ilgili hayallerinden bahset dediğimde birçok kişi olmayan para yüzünden yapamadıklarını anlatır. Dikkatini harcama yaptığın alanlara ver. Cüzdanın bir markanın sahtesi değil bir ürün olsun. Orijinal olsun. Sahtenin içinden çık. Paranı sen yönet. Satın aldıkların ihtiyaçların mı, arzuladıkların mı?

Cüzdan ne renk olmalı? Cüzdanın renginden çok ona yüklediğin anlam çok önemli, onunla ilişkinde yönetici konumunda ol. Kendini iyi hissettiğin bir anda aldığın cüzdanına paranı koyarken hatırla, o oradan çıkarken alışverişinin farkında ol. Küçümsemekle önemsemek aynı enerjiyi açığa çıkarır. Sana kendini esir eder.

Cüzdanın üzerinde bereket enerjini fark edebilir, bu konuyla ilgili niyetini daha net ifade edebilirsin. Cüzdanın içinde bir uğur parası bulundurabilirsin. Bir minik kristal veya kristal tuz parçası ile olanın bereketini artırabilirsin.

Not: PARA ile olan ilişkinden sen mi paraya hizmet ediyorsun para mı sana anlamak için kendini izle. Para senin hayatını kolaylaştırmak için varsa o sana hizmet ediyor, sen daha az ödemek için hayatını zorlaştırıyorsan sen ona hizmet ediyorsun demektir.

Paha Enerjisi

Paha kelimesi Farsça, bedel, fiyat, kıymet anlamına gelen baha kelimesinden türetilmiştir. Bir şeyin bedelinin yüksek olduğunu ifade etmek için kullandığımız "pahalı" ifadesinin arkasında bu benim ödemeyi düşündüğümden fazla anlamı vardır. Para ile satın aldıklarımız dışında paha, değer verdiklerimiz hakkında da ipucu verebilir.

- Pahalı bir çanta
- Pahalı bir araba

Yaşadıklarımız konusunda ağır bir bedel ödediğimizi düşündüğümüzde veya tam tersi karşımızdakine gözdağı vermek istediğimizde de kullanabiliriz.

- Sana pahalıya patlar.
- Evet oldu ama bana çok pahalıya mal oldu.

Demek ki bir eşyaya, olaya, istediklerimizi elde etmemiz için ödeyeceğimiz bedele biçtiğimiz değer var. Bunun altı veya üstü bize kendimizi iyi-kötü hissettirebiliyor.

Hedefe vardığımızda elde ettiğimiz sonuç için harcadıklarımızı değerlendirdiğimizde kendimizi kazançlı addetmemiz o sonucu kıymetli veya kıymetsiz kılabiliyor.

Zorlanarak elde ettiklerimiz, düşündüğümüzden fazlasının elimizden çıkması, bekleme süremiz değerlendirme kriterlerimizi belirler.

Dünyada moda endüstrisi başta olmak üzere yaratılan lüks imajı buna dayandırılır.

Bu prensiplere bir bakalım:

- Bir şey azaldıkça kıymeti artar.
- Ulaşması zor olan kıymetlidir.
- Sahip olmak veya deneyimlemek için yüksek bedel ödemek değerli kılar.
- Az sayıda üretilen, özel insanlara sunulan, herkesin ulaşamayacağı kıymetlidir.

Pahalı = Değerli

Ulaşılmaz olana git, seni orada değerli hissettirecek olan ile buluş. Para ile yaratılan illüzyon ile hayatını sahip olamadığı objeler, statü ve mekânlar için harcayan insanlar adeta bir kölelik sistemi ile yönetiliyor.

Kullandığın teknolojik ürünler, giydiğin giysiler, misafirine yapacağın sunum, tatil belden, araban, yaşam biçimin için daha çok çalışıyorsan sen de bu sistemin içindesin.

Daha çok ödemek, diğerlerinden farklı olmak, değerli olana sahip olmak sana kendini değerli hissettirmeye başladıysa hayatı pahalı yaşıyorsun.

Değerli hissetmek için ulaşılmaz olana, az bulunana, elinde, hatta hayatında olmayana yöneleceksin. Bu ister tatil planın olsun, ister ilişkin, ister mesleğin, isterse de bulunduğun ortam. Zaten elinde olanın bir değeri olmayacak. Değerli olan henüz satın almadığın, yaşamadığın, gitmediğin, bilmediğin, eline geçiremediğin olacak. Bu hal mutsuzluğun ilk kaynağıdır. Mutluluk için umut kelimesinden türediğinden bahsetmiştim. Umut edilen, yani beklenenin verilmesi bizi mutlu hissettirendi. Sabah kahvaltıda yemek istediği tostun nasıl olması gerektiğini bilen ve beklentisi karşılanan kişi, kahvaltı sonunda mutludur.

Nasıl biri ile birlikte olması gerektiğini çevresini izleyerek bulmaya çalışan kişi ise kiminle olursa olsun mutlu olamaz. Değersiz hisseder. Nedeni, kendini değerli hissetmek için yapacağı seçimlerin ulaşılmaz olana, onu seçmeyecek olana yönelmesidir.

- Her şey tam istediğim gibi ama evli.
- Bir ilişkimiz var mı yok mu anlayamıyorum. Tüm özellikleri mükemmel ama ilişkinin sorumluluğunu almıyor.

- Ben pahalıyım, bana ulaşmak öyle kolay değil.
- Kolay olma sakın, zorluk çıkar ki kıymetini bilsin.
- Ulaşılmaz ol, değerini bilsin.

Sadece ilişkiler değil elbette işe girene kadar çabalayıp, işe girdiği andan itibaren şikâyete başlayanlar, evliliğinden, arabasından, bedeninden şikâyet edip değersizleştiren ya da değersiz hissedenlerin sayısı hiç de az değil.

- Ne zaman müdür olacağım?
- Daha iyi bir işte çalışmak istiyorum. Daha iyisine layığım.
- Bula bula bunu mu buldun?
- Aslında istediğim araba bu değil ama ne yapacaksın işte ayağımızı yerden kesiyor.
- Kilo verdim ama henüz istediğim kiloda değilim.
- Bu ev güzel ama sitede oturmak istiyorum.
- Her gün gelmek istiyorum ama ancak haftada iki gün gelebiliyorum.

Örnekler uzar gider. Evet diyoruz, elimde bir şey var ama bu tam istediğim değil.

İşte paha enerjisi ile aramızdaki ilişki tam olarak bu durumda. Değerli olanın elimizde olan olduğunu fark etmek yerine olmayana yöneliyoruz. Bu fakirlik, yokluk ve değersizlik duygusu ile huzurlu ve mutlu olmamız pek mümkün görünmüyor. Bu halin içinde isek de çoğunlukla ifadelerimizi, yok, evet ama, nerede, olsa ne iyi olur ama, keşke gibi kelimeler süslüyor. Daha önemlisi ise geleceğe yöneliyor ve hayatımızın tamamını değiştirecek bir olay veya kişiyi bekliyoruz. Geleceğin getireceklerini içinde bulunduğumuz zamanda sipariş ediyoruz.

Nasıl bir gelecek planın var?

Bazen danışanlarıma sorarım, yarın uyandın, bir avukat aradı ve hiç tanımadığın bir akrabandan sana on milyon dolar kaldığını, ayrıca her ay beş yüz bin dolar da gelirin olacağını, sen ölsen de çocuklarının bu parayı almaya devam edeceğini söyledi. Ne yaparsın, anlatır mısın?

Öncelikle bu paranın kaynağını anlamaya çalışırlar, asıl öğrenmek istedikleri:

- Bunu hak etmek için ne yapmış olabilirim?
- Bir yanlışlık olmalı, yanlışlığı baştan anlarsam hayal kırıklığı yaşamam.
- Parayı harcarım. Sonra biri arar ve pardon o kişi siz değilmişsiniz der. O zaman ne yaparım?
- Kim bu iyiliği yapan bilmek istiyorum?

Uzun uğraşlardan sonra hayallerinden bahsetmeye başlarlar. Öncelik her zaman çevresini de bu paraya ve sağladığı imkânlara ortak etmektir. Ailesinin, arkadaşlarının, çocuklarının durumunu iyileştirmek ister. Bu parayı sadece kendisi için kullanabileceğini söyleyince, biraz susar ve düşünür. Ardından bütün dünyayı gezmeye karar verir. Ev alır, araba alır, yat alır. İstediği gibi özgürce alışveriş yapar.

Sonra suskunluk. Ne yapacağını bilmez. Düşünür, düşünür. Başkalarını kurtaramayacaksa, bir şey de satın almayacaksa onca parayı ne yapacaktır?

Çevresiyle olan bağı değişir. Çünkü o artık zengindir. Çevresini zengin yapamayacağı için onlardan yavaşça uzaklaşır. Çocuklarının yapacakları için kaynağı da oluşmuştur. Tamam işte hayat harika!

Sen de yap bu çalışmayı, yaz bakalım neler çıkıyor?

Gelecekle ilgili planlarının hep sahip olmak, başkalarını mutlu etmek ve kendin için plan yapmamak üzerine olduğunu görebilirsin.

Bazen de sorarım ne istiyorsan hemen verecek olan niyet defteri önünde, yaz ne istersen olsun.

İlkinden pek farklı değildir sonuç.

Aslında gerçek bir gelecek planı olmadığında borçlanmak işe yarar. Bu nedenle durmadan taksit taksit harcarız geleceğimizi.

Sahi sen, taksitlendirmeyi, sonraya ertelemeyi, vadeyi, kredi kartını sever misin?

Cevabın evet ise gelecek planlarını yeniden gözden geçirmeni tavsiye ederim.

Geleceği ile ilgili istediklerini yapmak için harekete geçemeyenlerin geçmişle bağları devam ediyor demektir.

Bunun ipuçları ise az önce sorduğum soruda gizli. Ertelemekten hoşlanıyorsan belki bir ödemeyi veya bir eylemi ya da tam tersi hemen olsun istiyorsan, aceleci isen geleceği yavaşlatmak istiyorsun diyebilirim.

Özgür bir gelecek yaratabilmenin sırrı bugünde olmak, ertelemeyi ve acele etmeyi bırakmaktan geçiyor.

Gerçek mutluluk verilenin şükründe gizli.

Bereket Enerjisi

"Boşa harcadığın ne varsa bereketini alır götürür."

Çok severim "BEREKET" kelimesini. Pazarda alışveriş yaparken esnaf kendiliğinden söyler. Arapça, Aramice ve İbranice köklerin ortak bir anlam ve fonetikle bir araya gelişiyle ortaya çıkışında dahi verimlilik arz eder (baraka, *bərākā* veya *bərāktā*).

"Bereket versin" der uzatır parayı, alırım "Bereketini gör" derim. Esnaf lokantasında yemek yerim, aynı seremoni olur. Eski bakkallar, manavlar da söylerdi.

Yeni market, zincir mağazalar, yemek yediğim yerlerde duyamıyorum son zamanlarda.

Nedir bereket?

Hayatımın şu anına kadar olan deneyimimde fark ettiğim en önemli olgulardan biri "çokluktan gelen gücün" güvenilecek bir hal olmadığıdır. Bazen bir bin olur, bazen de bin bir olur.

Sadece paranın, gelirin mi bereketi olur? Bence hayatın bereketi vardır. Yaşam bazen zamanı bereketlendirir, verimli kullandırır. Aslında bizi besleyen her şey bereketin konusu olabilir.

Bereket çokluk demek değildir. Olanın yeterli gelmesidir. Bir şeyin çok olması onun yeteceği veya azalmayacağı anlamına gelmez. Ne zenginler gördük, ne ünlüler, ne genç insanlar tanıdık, çokluklarını az ile değiştirdiler.

Çoklukla yaratılmıyor zenginlik. Bereketlenirse artıyor. Zenginlik hayatın bizi ağırlamasıdır, biz bir şeye sahip olamayız. Rahat ettiriliriz, hayatımız kolaylaştırılır, ikramlar alırız. Sonra hepsini bırakır gideriz.

Zenginlik, elindekiyle mutlu olabilmektir. Bu elindekini yani verileni fark etmek, ardından şükretmek demektir. İşte sahip olunanın gücü, hissettirdikleri, alışverişi şükür ile artmaya başlar.

Bereket, hesap yapmayı bırakmak, paylaşmak, emin olmaktır, daha fazlasını istemek değil o an sahip olduğuna şükretmektir.

Bir vesileyle tanıştığım bir gence koluna yaptırdığı dövmeden sonra hayatında bir değişiklik olup olmadığını ve bu şekli seçme nedenini sordum. Sadece hoşuna gittiği için yaptırdığını söyledi. Ona son zamanlarda bereketinin artıp artmadığını sorduğumda, güldü ve ben hep aynı maaşı alıyorum dedi. Aynı maaşla yaşayışın değişmiş olabilir dedim.

"Bir gün evden çıkarken cebinde 100 TL vardır. Bütün gün harika insanlarla, mutlu bir şekilde yer içer, gezer, eve dönersin ve cebinde 80 TL vardır. Başka bir gün neredeyse kayda değer bir anın bile olmadan eve dönersin cebinde 20 TL vardır. Birinde hayat seni misafir eder, diğerinde sen cebindeki parayla misafir olmaya çalışırsın, yorgunluğun ve harcadıklarınla kalakalırsın."

"Tamam o zaman, anladım. Evet dediğiniz gibi, son günlerde bereketim arttı" dedi.

Bereket Nasıl Artırılır?

- MIŞ gibi yapmayı bırakarak
- Hesap yapmayı bırakarak
- Yaptığın işin hakkını vererek
- Söylenmeyi, dedikoduyu, çekiştirmeyi bırakarak
- Şikâyeti bırakıp, şükrederek
- Verileni, aldığını fark ederek

Örnek olarak verdiğim pazarcıların yaptığı gibi alışverişi tamamlamayı, aldığını ve verdiğini fark etmeyi anlatıyor. En önemlisi sanırım bu "DAHA-DAHA" halinden "ŞÜKÜRLER OLSUN" haline gelebilmeyi, elindekinin kıymetini bilmeyi temsil ediyor.

Bereketimizi artırmanın yolları:

Benim hakkım bu değil deme halinden-yaptığımın hakkını vereyim
Ya biterse halinden-elbette yeter
Biterse ne yaparım halinden-yenisi verilir diyebilmektedir.

"Darlığa düştüğüm alanlarda ferahlık verilsin.
Kazancımın bereketi olsun."

Öneri: Bir bereket kâsesi oluştur. İşyerin veya evde. Bir metal kutu olabilir. Ceplerinde bulduğun, evde yerde veya dağınık halde ortada kalmış paranı o kutuya topla. Bir araya getir. Toplama, artırmayı harekete geçir. Bu kutu siyah olabilir, lacivert olabilir, içine bir iki tane tuz parçası atabilirsin. Tuzun artıran bir etkisi vardır. Bu kâsen mutfakta bulunabilir, işyerinde kasanın yanında olabilir. Paranın büyüklüğünden çok bereketinin önemli olduğunu kendine hatırlatacağın bu kâsede birikenlerle ihtiyaçlarını giderebilir, altın alabilirsin. Kutu olarak kavanoz kullanacaksan siyah renge boya, siyah bir kâğıtla sar ve kapağını kapalı tut.

"Sahiplenmek sabitlik yaratır."

Sadaka

Sadaka kelimesi Arapçada şadaka "fakire para vermek", Aramicede ise "erdemli ve adil olmak" anlamına gelir.

Mana olarak baktığımızda ise bizde olanı, olmayanla paylaşmamızı aktarır. Günümüzde çoğunlukla düşkün olana hatta dilenene verilen bir para olarak algılanabilmektedir.

Gerçekte ise sahip olunan kaynakları ihtiyaç sahipleri ile paylaşmak anlamındadır.

Bu bazen ilgiye ihtiyacı olan birine zaman ayırmak, kimi zaman ise maddi olarak bir sıkıntısı olana kaynak yaratmak olabilir. Önemli olan paylaşmak ve gönüllü vermektir. Almak-vermekle ilgili bölümde bahsettiğim gibi zaten var olanı, bize verileni paylaşmaktır sadaka. Emek vermek, ilgilenmek hatta belki takip etmektir.

Bu bazen bir giysi olabilir, bazen burs, bazen sadece bir selam.

Verdikçe çoğalmak demektir paylaşmak, ancak vermenin bizi "iyi-üstün vb..." yaptığını düşündüğümüz anda kibre düşeriz. Vermek; sisteme hizmet etmek, paylaşmak, değer katmak ve erdem sahibi olarak hareket etmek eylemini içerir. Bu bizi kazadan, sıkıntıdan koruyacağı gibi, kaynak yaratılmasına yardım ettiğimiz için bizim kaynaklarımız da güçlendirilir.

Ayağımıza gelmiş birine uzattığımız birkaç liradan kıymetlisinin belki poşetini taşımakta zorlanan birinin o anda yardımına koşmak ya da bir hayvana su vermek olduğunu hatırlamamızda fayda var. Biri bizi duysun istiyorsak önce biz kulak vermeye başlayalım, yardım ihtiyacı olanların mesajlarına.

Fark ettiysen niyet nedir soruna cevap verdikten sonra sana birçok konudan bahsettim. Bırakmak, almak, karar vermek, ilerlemek, para, aşk, mutluluğun niyetle ne ilgisi var diye düşünmüş olabilirsin. Seni davet ettiğim alan farkındalığını kendi yaşamına vermen. Dışarıdan söyleneni dinleyecek, yaşamın seni getirdiği durağı idrak edecek ve kararlarınla yeni bir dönemi başlatacak olan sensin. *Sırlar Bohçası* kitabını semboller aracılığı ile hayatında yarattığın sıkıntılı alanları, geçmişin izlerini, olası gelecek planlarını fark etmene açılım vermek için yazdım. Şimdi fark ettiklerinle arandaki bağı kesebilmen ve çıkacağın limandan varacağın limana doğru koordinatları girmen için seni seninle bir görüşmeye davet ediyorum. Sen bana gelsen, Meltem gel benimle bir zaman geçir, beni izle nerede ne yapıyorum bana raporla desen, ben gelirim ve ilkönce seçimlerini izlerim. Bu bilgileri *Sırlar Bohçası* ile paylaştım. Sonra sana anlat derim. Anlattıklarını dinlerim. Korkularını, tekrar eden olayların hayatındaki izdüşümlerini anlamaya çalışırım. Sen nereden geldin buraya, bu yaşadıklarından neden memnun değilsin, bırakmak istediklerini gerçekten bırakmak istiyor musun, ona bakarım. İşte şimdi bu kitapta da sana bunları anlatıyorum. Niyetini ekeceğin tarlanda beraber tespit ediyoruz. Ne ekelim, nasıl besleriz?

- Bir tarlamız olsa öncelikle ne yaparız? (Bu senin potansiyelin.)
- Tarlanın bulunduğu yerin iklimini, toprağın yapısını, içerisinde var olanları inceleriz. Ne ekebiliriz diye bakarız, ekim zamanını tespit eder, tohumları seçer, yapmamız gereken bakımları belirler ve gereğini yaparız. (Açığa çıkarabileceğin potansiyelinin yol haritası niyetlerini hangi alanda yapacaksın, ne kadar emek vereceksin?)
- Ardından da vaktiyle ilgi alaka gösterir ekinlerimizin durumunu gözlemleriz. Herhangi bir haşere musallat olursa onunla savaşır ve mahsulümüzü koruruz. Biz böyle emek verip özen gösterdiğimizde, doğa da bize destek olursa sonuçlar harika olur. (Kararların, hayata olan güvenin ve çaban ile seni geriye çağıran etkenlerle olan mücadelen.)
- Nerede bulunuyoruz? (Arazinin tespiti.)
- Neye ihtiyacımız var? (Hazırlık.)
- Nereye varmak istiyoruz? (Ekeceğimiz tohumlar.)
- Amacımıza, niyetimize ulaşmamız için doğru hareketler nelerdir? (Çabamız, emeğimiz.)
- Niyetimizin önünde duran, önyargılarımız, korkularımız, endişelerimiz, olmayacağına olan inanç kalıplarımız nelerdir? (Yabani otlar, zararlılar.)
- Mahsul alımımız. (Sonuca ulaşmamız.)

✓ Sahip olduklarını kaybetmemek için verdiğin tavizlere bak, değer mi gözden geçir.

✓ O seni çaresiz bırakmadan ruhunun mesajını dinle.

✓ İçine sinmeyen ne varsa yapmak zorunda hissettiğin o zorunluluk aslında zorluğu çağıran tarafındır fark et. O hali terk et, özgürleş.

Niyetin eylemine yön verir.

Hangi Zamanda Yaşıyorsun?

Geçmişte Yaşayanlar

✓ Borç yapmaya müsait bir yapıları vardır. Ama kimseye borçlu kalmak istemezler. Borç verdikleri kişilerden veya kaybettikleri paralardan bahsederler.

✓ Eski eşyaları atamazlar.

✓ Yalnız kalamazlar, sürekli anlattıkları için birilerine ihtiyaç duyarlar.

✓ Sürekli kaçırdıkları fırsatları anlatırlar.

✓ İflas, boşanma, ayrılık, kaza gibi olayları tekrar tekrar anlatırlar.

✓ Onlara göre olaylarda sürekli kendileri haklıdır, mağdur edilmişlerdir.

✓ Dalıp gider, boşluğa bakar, zaman zaman kendi kendilerine söylenirler.

Zamanı Donduranlar

✓ O anda yapılacak olan her ne ise ya ertelerler ya da hemen yapılmasını isterler.

✓ Kaybettikleri yakınlarına veya ayrıldıkları kişilere ait özel eşyaları saklarlar.

✓ Bir şeyi tek başlarına yapmaktan keyif almazlar.
✓ Değişiklikten hoşlanmazlar, aynı yemek, aynı tip saç ve aynı mekânlarda olmayı severler.
✓ Yeni bir işe başlamayı sevmezler, başlasalar da bitiremezler.
✓ Bloke olmuş malları, paraları, alınamayan mirasları vardır.
✓ Otururken ya da ayakta sürekli hareket halindedirler.
✓ Etraflarında olan biteni dinliyormuş gibi yaparlar, sonra kendilerinden bahsederek sözü alırlar.

Gelecekte Yaşayanlar

✓ Herkesin yavaşlığından şikâyet ederler.
✓ Trafikte veya herhangi bir sırada beklemekten sıkıldıkları için kestirme ararlar.
✓ Bir sözün bitmesine tahammülleri yoktur.
✓ Ödemelerini yapmayı unuturlar.
✓ Telaşlıdırlar, dinlemekte zorluk yaşarlar.
✓ Plan program yapar ancak uygulayacak vakit bulamazlar.
✓ Mal, para, işle ilgili yüksek beklentileri bulunur.
✓ Dinlemeye tahammülleri yoktur.
✓ Hızlı hareket ettikleri için dikkatleri dağınıktır.

Şimdide Yaşayanlar

✓ Ne acele eder ne de yavaştırlar.
✓ Dikkatlidirler.
✓ İyi bir dinleyicidirler.

✓ Yaptıkları işin hakkını verirler ve şükürdedirler.
✓ Gülümser ve karşısındakinin gözlerinin içine bakarak konuşurlar.
✓ Yakın çevreleri ile ilgilidirler.

Şimdide Yaşamak

Aklına eski bir düşünce geldiğinde veya bir planın seni endişeye sevk ettiğinde, dur ve nefesine dikkatini ver. O nefes seni hayata bağlayan, orada olmanı sağlayan tek bağın onu fark et. Birazdan gideceğin yere seni taşıyacak ayaklarına kanını taşıyan kalbinin atışını hisset. Şimdi bir selam ver, önce bu bedene, sonra o bedenin gördüklerine, dokunabildiklerine, koklayabildikleri, tadabildiklerine, o anda orada olmanı sağlayan her kim varsa, kalbini tebessümle selamla.

Hiç tanımadığın birçok insan var sana hizmet eden, ekmeğini pişiren, suyunu temizleyen, birçok arı senin için çiçekten çiçeğe uçuyor yenileri çıksın diye, tüm kâinat hizmetinde, güneş, yağmur, kar, rüzgâr hissedesin diye orada, onlara haklarını teslim et.

Bu dünyadan gitmeden bir dakika öncesinde olduğunu hayal et. Helalleşeceğin sadece tanıdıkların değil, tanıyamadıklarındır asıl, fark etmeden yanından geçip gittiklerin, şikâyet ederek üzdüklerindir. Ve biliyor musun en çok da canındır helallik isteyecek olan.

Taşıdığın canın hakkını ver, şimdi tam da orada olduğun ve bu hayat deneyimini yaşadığın için şükret.

Senin bir nedenden kıymet vermediğin nefesin bir astım hastası için hayaldir, boğulmak üzere olan birisi için yaşamın el uzatması, yeni doğmuş bir çocuk için bir başlangıçtır. Nefes aldığın için şükret.

Yutabilmenin şükrüne varmadığında, yediğin yemeğin hakkını vermediğinde tekrar yemek yemenin hayalini kuran birçok hastaya, aç insana haksızlık ettiğini hatırla.

Şükret.

Tabağından midene giderken hakkını vermediğin her lokma için yediğin hakları hatırla, tarlaya ekeni, toplayanı, alanı, pişireni, belki önüne kadar getireni unutup dalıp gittiğin orası neresiyse geri gel, lokmanın hakkını ver, bedenine yüklediğin yükleri hafiflet, tadına var, şükret.

Tekrar derin bir nefes al, etrafına bir daha bak, seyret, sadece yaptığının hakkını vererek orada ol, gülümse ve hisset, hayat senin istediğin yöne akmayı bekliyor niyetini söyle.

Rüyadan Uyanmak!

Çoğumuzun yeni bir gelecek için onca çabasına rağmen istediklerine kavuşamamasının asıl nedeni, geçmişle olan bağın devam etmesidir. Gördüğümüz ve etkisi altında kaldığımız rüyayı bir türlü yorumlayamayıp, her gün o rüyanın tesiri ile güne başlamaya benzer bir etkidir bu yaşanan.

Rüyadan uyanmışızdır ama rüya hâlâ bizi yönetir. Günümüzün tadı kalmaz.

Geçmişte olan biten her ne ise dönüp değiştiremeyiz. Değiştirebileceğimiz sadece onunla olan bağımızdır. Bize olan mesajını almaya çalışmak, anlama gayreti dahi yaşadığımız anın içinden alır, eksiltir.

Yaşadıklarımızın bize sıkıntı verdiği anlarda hayatımızın bambaşka olmasını isteyebiliriz. Birçok şeyin aynı anda değişmesini istemek veya değiştirmeye çalışmak neredeyse her şeyi aynı halde bırakır. Onca çabamıza rağmen dikkatimiz dağılır ve aynı anda birden fazla konuyla ilgilenmek zorunda kalabiliriz. Evi taşımaya karar verip, çocuğun okulunu, işimizi, ilişkimizin ritmini, bedenimizin sağlığını veya görünüşünü aynı anda değiştirdiğimizde yaşayacağımız tempoyu, karşı karşıya geleceğimiz sorunları bir düşün, sanırım sadece birinden değil hepsinden birden vazgeçeriz. Daha beteri ise yeniliğin sarsıcı olduğu algısını geliştirebiliriz. Hayatının bir anda altüst olduğu hissini yaşayan kişi yenilenmekten vazgeçer ve eskinin daha güvenli olduğunu düşünmeye başlar.

Özgürleşmek için doğru yaklaşım ne olabilir?

Odaklanarak küçük bir adımla başlamak, rutin ve sıradan görünen bir konuda veya alanda yenilik yapmak bize iyi gelir. Yenilenmenin enerjisini hissettikçe eskiyle olan bağımızı gevşetebilir, hatta kesebiliriz.

Eskiyle olan bağı kesmek, eskiyi unutmak veya görmezden gelmek anlamına gelmiyor. Harika bir sofra kurduğunu düşün. Burada taze yeşillikler, harika yemekler ve tatlılar eşliğinde sevdiklerinle bir paylaşımda bulundun. O masada bulunan her birey kendi payına düşeni aldı, beslendi ve doydu. Harika anlar paylaştınız. O masada oturmanızın bir süresi var ve bittiğinde masa toplanır, misafirler evlerine gider ve gece sonlanır. Masada yaşadığınız halin kalıcı olmasını isteyerek masayı toplamazsan, misafirlerin kalkmasına izin vermez ve bu halin devam etmesi için ısrarcı olursan, işte o zaman yaşanan keyifli anlar da etkisini kaybeder. Özgür bırakma, özgürleşme işte tam bu alanda devreye girer. Kendiliğinden bir araya gelen, aynı masada, aynı yiyeceklerle beslenen insanların her biri kendi payına düşeni alır ve sonrasında yoluna devam eder. Bazısı sofrayı toplar, bazısı yemeklerin kalanını çöpe atar, bazısı da sadece yer ve gider. Hayat da tam böyledir. Görev paylaşımları farklı olsa da bir araya gelir, paylaşımlarda bulunur, birbirimizden ve hayatın sunduklarından beslenir ve sonra kendi planımıza devam ederiz. Eskiyle bağımızın sağlıklı olabilmesi için aldığımızın ve verdiğimizin farkında ve kabulünde olmamız kıymetlidir.

Geçmişte olmuş olan ve bize göre de olumsuz bir etki bırakmış bir durum karşısında aldığımız tavır, bizi katı ve olduğu halden başka bir hale geçemeyen bir tutum içinde tutar. Bu başıma gelenleri ben istemedim yaklaşımı aslında yaşadıklarımdan edindiğim deneyimleri kabul etmiyorum sonucunu doğuruyor.

Diyelim iflas ettin. İflas sırasında ve sonrasında yaşananlardan öğrendiklerinin hayatına kattıkları var. Eğer sen o iflasın sana verdiği zarara takılır, geçmişte ne kadar güçlü olduğuna ve o gücü kaybetmeye ağıt yakar gibi sürekli eskiden bahsedersen, yeniden başka bir konuda iflas edersin. Bu bazen beden, bazen ilişkiler, bazen de yeniden işle ilgili konulardan biri olabilir. Bunun nedeni, o iflastan önce güçlüyken, hayatının temposu yoğunken aslında bir anlamda kendine zaman ayıramıyor ve belki de bunalmış bir haldeydin. Çevrende bulunan kişilerden sana değil sahip olduklarına değer veren kişilerin düşüncelerini önemsiyordun. Sahip olduğun güç seni gölgelemiş ve asıl yaşamak istediğin hayattan uzağa koymuş olabilir. Yaşadığın iflasla bildiğin, alıştığın, güvenli hissettiğin alanı kaybetmiş olabilirsin. Ancak mutlaka bu kaybettiklerinin yanında kazandıkların vardır. Bu kazancın en önemli kısmı bulunduğun halden başka bir hale geçerken yaşadıkların sayesinde elde ettiğin deneyimdir. Sen bambaşka biri olmuş, çevreni gözden geçirmiş, güçlü olmayı ve gücü bırakmayı deneyimlemiş, sahip olunan en önemli değerin yaşamın kendisi olduğunu anlamış olabilirsin. Eğer deneyimin sana kattıkları ile yeniden başlamanın seni daha güçlü kılacağını anlarsan, tıpkı ilk adımında yere düşen çocuğun ayağa kalkıp yeniden çabalamasının onu güçlendirmesi ve özgürleşmesi gibi özgürleşirsin.

Geçmişte yaşadığımız olumlu veya olumsuz olarak tanımladığımız herhangi bir olaydan, kişiden ve ilişkilerden bahsetmemizin sebebi oradaki deneyimi alıp, o andan özgürleşememizden kaynaklanır. Tüm yaşadıklarımız bize bir şey katıyor, elbette izleri derin olanların sonuçlarını kabul etmemiz bazen zaman alabilir. Hatırlamamızda fayda olan ise her bahsediş o enerjiye can verir. Eskiyle bağımız kesilmeden de yeniyle buluşmamız ertelenir. Unutamadığımız deneyimlerin bize kattığı en önemli değer; ne istemediğimizi bulmamızdır. Bu bizim ne istediğimize ve nasıl bir hayatın içinde olmak için harekete geçeceğimize karar vermemize yardım eder.

Öneriler

• Para ile olan ilişkini anlayabilmek için paraya nasıl davrandığına ve ifadelerine odaklan. Ön ceplerinde, çantanın gözlerinde buruşuk halde buluyor musun? Parayı küçümsersen, önemli hale gelir.

• Para cüzdanının içinde neler var? Orası senin maddi dünyayla olan alışverişinin merkezi, nelerle doldurmuşsun? Para cüzdanını sadeleştir.

• Kullanmadığın bir eşyan veya kıyafetinden para çıktığında seviniyor musun? Bunu bir düşün, o parayı göz önünden kaybeden sensin, belki de paranın kontrolü sende değildir veya sende olursa hepsini harcayabiliyorsundur.

• Değerli bulduklarını bir yere not et. Bunların kaçı sana uzak veya kaç maddeye ulaşman için para gerekiyor? Belki de paraya olan ihtiyacın sandığın kadar çok değildir. Tam tersi durumda ise yani tüm beklentilerin paraya bağlı ve sen de o paranın sana gelmeyeceğini düşünüyorsan, para senin en önemli blokajındır.

- Bereket enerjine bir göz at. Kazançlarını, ihtiyaçlarını karşılama dengesi nasıl? Gelen gideni karşılıyor mu? Evindeki yiyecek içecek, eşyaların, giysilerin sana yeterli geliyor mu? Yoksa bir eksiklik hissi yaşıyor musun?

- Mutluluk, senin hayattan beklentilerinin karşılanması sonucunda yaşadığın halin tanımıdır. Ne bekliyorsun hayattan, bir yere yaz. Uzağa, yükseğe koydukların ile mutluluğu pas geçiyor olabilirsin. Çoğu zaman gün içinde karşılanan ihtiyaçlarımızı görmezden gelebiliyoruz. Sabah güzel bir kahvaltı, ikram edilen taze bir çay, otobüste oturacak yer bulmak, bir müşterinin teşekkürü de mutluluk kaynağı ve şükür nedenidir.

- Aşk, sevginin en derin hali ve bizi bambaşka biri olmaya teşvik eden bir kaynak. Aşk enerjisini doğru olana yönlendirelim. Birine sahip olmak ile karıştırılan aşk kavramı, insanı cehennem ateşinde yakabilir. Sahiplenmek aşk ile bir arada kalamaz. Aşk olana kendini bırakmak, sadece kaynağın verdikleriyle, onun sevk edişi ile eyleme yönelmektir. Aşk kelimesini kullanırken özen gösterebilirsin.

- Biz bu dünya üzerinde hiçbir şeye sahip olamayız. Bedenimiz dahi bu dünyaya aittir ve burada kalır. Çocuklarımız, mekânlarımız, mevkilerimiz ve daha birçok emaneti bizim zannedebiliriz. Bu dünyadan ayrılma vaktimiz geldiğinde sadece yaşadıklarımızın bizde bıraktığı izleri yanımıza alırız. Burada neyi ne kadar sahiplendik ve bizim zannettiysek o kadar zorlaşır bırakmamız. Her neyi sahipleniyorsak o bizim cehennemimiz olur. Biz esneklikle hareket ettiğimizde ise kâinat bize tüm güzelliklerini sunar ve zenginleştirir. Bazen ilim ile, bazen evlat ile, bazen maddi kazanç ile ödüllendiriliriz.

Benzer Benzeri Çeker

Doğduğun toprakların, zamanın, ailenin ve yetiştiğin şartların senin üzerindeki etkilerini biraz daha derin anlatmak niyetindeyim. Niyetin gücü çıkacağın limanı terk ederken neleri geride bıraktığını idrak edebilmektir. O limana bir daha dönüş yoktur. Ancak orada oluşumuzu hazırlayan etkenleri fark edemediğimizde, o planı terk etmemiz de pek söz konusu olmaz. Doğdukları hayattan yaşadıkları deneyimlerin sonucunda bir dönüşüm yaşayarak hayatlarını bambaşka hale taşıyan insanların ortak özellikleri geçmiş deneyimlerini kucaklamalarıdır. Geçmişte bir anından bahsederken sesin titriyor, gözlerin doluyorsa bil ki orada yaşananların etkisi halihazırda seni ve gelecek planlarını yönetiyor. Yepyeni bir gelecek için çekim yasasını yeniden gözden geçirelim. Hepimiz bir titreşim yayan varlıklarız. İçinde bulunduğumuz yaşamı gözlemleyerek bunu daha anlaşılır bir hale taşıyabiliriz. Yeni doğmuş bir çocuğu hayal edelim. Tazelik ve yenilik duygusu verir onu seyretmek ve onunla zaman geçirdiğimizde yüzümüzde bir gülümseme vardır. O uyumlu olduğu sürece kendimizi onun yanında neşeli hissederiz. Eğer bir hastalığı varsa veya durmadan ağlıyorsa, önce susturmak için uğraşır sonra da çaresizlik hissi ile ondan uzaklaşmak isteriz. O canlılık ve tazelik yerini gerginliğe bırakmıştır. Yaşamın her alanında bu alışverişe benzer bir alışveriş içindeyizdir. Bize kendimizi iyi hissettiren, umut veren, canlı, neşeli olaylar ve insanlarla birlikteysek hayatla olan alışverişimizde daha motiveyizdir. Ne zaman ki çevremizde çözüm bulamayacağımız sorunlarla karşılaşırız o anda umudumuz azalır, gergin bir ruh haline geçer ve en önemlisi ise çaresizlik duygusu ile bir şey yapamayacağımız düşüncesinde oluruz. Bunun sonunda hareket etmek yerine, hareketsizliği seçeriz. İşte tam bu noktada negatiflik bize hâkim olur.

Negatif; bir gecenin sakinliği, bir mağaranın sessizliği gibi sakinleşmeyi ve inen bir enerjiyi sembolize eder. Sakinlik, durgunluk, bekleme ve teslim olacağın bir süreci anlatır. Hayatın içinde ne oluyorsa, olanın aynı kalması ve stabil bir durumun devam etmesini anlatır. Negatif düşünce denilen kötü olana odaklanmaktan çok, değişmeyeceğine olan inanç kalıbıdır. Hareketsizliğin hâkim olduğu alandır. Negatif; gece, karanlık, gizlenen, bekleyişi ve bekleyiş içindeki eylemsizliği yaratandır. Var olanın aynı kalmasını istemek de negatif alan yaratır. Burası durağanlık nedeniyle boş olarak tanımlayacağımız bir alandır. Buradaki boşluk doldurulamaz. Gece gibidir. Durmuş su gibi canlılığı azaltan bir etkiye sahiptir. Geçmişle bağlantı kurdurur. Endişe ve korku kaynağı olabilir. Hareket yavaşlar ve ışık azalır. Var olanın aynı kalmasının etkisi ile süreklilik istenirken, tekrar eden olayları açığa çıkartır.

Pozitif; negatif unsurun tam tersi olan pozitif eylemi, hareketin yarattığı enerjiyi, yaratımı, başlamayı, doğumu ve dönüşümü ifade eder. Güneş gibidir. Işıkla beraber yaşam başlar. Pozitif, doluluğu sembolize eder. Yüklenmiş olandır, harekete geçer. Akan su gibidir, hareket vardır, hareketin içine bir katma ve katılma hali oluşur. Gelecekle bağlantıya geçirir. Değişim ve dönüşüm ile beraber bir devinim oluşur. Var olanın değişimi, yenilik için harekete geçme, kararlılık ve eylemin gücü ile yaratım başlar.

Her ne kadar hepimiz pozitif ile beraber olmak istiyor gibi görünsek de durum pek öyle olmaz. Var olanın devam etmesi düşüncesi veya hayatına çekmek istedikleri için emek vermek istememek, hareketsizliğin yarattığı yıkıcı etkiyi kabul etmek gibi eylemlerle çoğunluğun tercihi negatif alanda kalmaktır. Bu negatif alanın içinde; benim dediğim gibi olsun, ben doğru biliyorum, dışarısı değişsin, ben var olan sorunlar için bir çözüm bulamam, ben yapmadım o yaptı, ben kurban edildim, kalıpları yer alır. Negatif alanın büyümesi aynı güçte bir pozitif alanın daha kısa sürede yaratılmasını sağlar. Bu tıpkı bir yıldırım düşmesi gibi ani gelişen, var olan durumu hızla değiştiren bir etki yaratır. Kazaların, iflasların ve kayıpların ana kaynağı bu etkidir.

Pozitif, aslında iyiyi düşünmenin ötesinde bir umut için harekete geçmektir. Gerçeğe dönüştürmek istediğin niyetini, emek ve gayret ile beslemektir. Pozitif dolmuş alan demiştim hatırlarsan, o alanı dolduran bizim önce hayallerimiz, sonra eylemimizdir. Çocuk ağladı, hastalandı diye duygu durumu değişenin oradan kaçıp gitme veya bunun için bir şey yapamayacağı duygusuna kapılması, olan karşısında hareketsizlikle tepki vermesidir. Yaşamın bizim karşımıza çıkardığı hazırlıksız yakalandığımız gelişmeler, kayıplar veya değişim yaratan durumlar karşısında var olanı kabul ederek uyum sağlamak ancak düşüncemiz ve gayretimiz ile durumu veya o durumla olan bağımızı dönüştürme gayretimiz pozitif alan yaratımıdır.

Hiç kimse bir şeyi düşündüğü için mutlu olmaz. O düşüncesini hayatın içinde eylemle buluşturduğunda mutludur. Bu ruh ile bedenin, kadın ile erkeğin, gece ile gündüzün bir araya gelişiyle tamamlanarak bir bütünün ortaya çıkışı gibidir. Gece ve gündüz bir araya gelir günü doğurur, kadın ve erkek çocuğu, geçmiş ve gelecek şimdiyi.

Yaşamın içinde bir yaratım yaptığımızı düşündüğümüzde olmayan bir şeyi ortaya koyacağımızı sanarak, nasıl yapacağımız kısmına takılabiliriz. O nasıl sorusu bizi sonuçtan çok gidiş yolunda oyalar. Çoğunlukla da yokluk bilincimizin kaynağı olan beş duyumuz dışında bir alan olan düşsel dünyamızı besleyecek bir kaynak bulmakta zorlanabiliriz. Gördüğüne, duyduğuna, dokunduğuna veya kokladığına inanan yanımız yeni bir yaratım yapmak için ilhamlarından yani bir anlamda içsel dünyasından pek destek alamaz. Kendimizi ikna sürecimizde görsel birtakım etkilere ihtiyaç duyabiliriz. Bu da bize ilham olacak hayatları, olayları ve kişileri seyretmemiz ile mümkündür. İlham derken aynısını kopyalamak ile ilgili tuzağa dikkat etmeni tavsiye ederim. Ancak özgün olan değerli hissettirir. Burada tavsiyem yeni doğmuş, mis kokan, gülücükleri ile bize umut veren bebek örneğinde olduğu şekliyle doğada, taze olanla, fayda verenle ve sevgisini ifade edenle olmandır.

Yokluk algımızın kaynağı olan beş duyumuz yüzünden bir şeyin ortaya çıkışı için seyretmemiz bizi destekler. Nefesi düşün, sen onu içine çekene kadar hava ile olan bağın farkında değilsindir. Oysa içine çektiğinde ciğerlerini dolduran hava, sen onunla bağ kurmadan da oradaydı. Bu nedenle yok yerine farkında olmadığım kavramı ana yaratım ile ilgili açılım verebilir. Farkındalık ile anlatılan tam da budur. Farkına vardığımız ve kendimize çekmek istediklerimizle bir temas kurarız. Bu temasın sonucunda bize doğru çekilmesini istediklerimiz fayda veren, bize kendimizi iyi hissettiren unsurlar olacaksa bizim enerjimizin de benzer bir titreşim yayıyor olması gerekir. Bu çekilim yasasının işleyişi yaydığımız enerjiyi fark ederek, kendimizi negatif unsurlardan arındırmamızla mümkün olur. Negatif, bizim harekete geçemediğimiz, dışarıyı eleştirdiğimiz, bizi aşağıya çeken, hasta eden ve faydadan çok zararlı olanla temas ettiren unsurlardır. Başka bölümlerde bunlardan bahsetmiştim. Başkası hakkında konuşmak, sürekli aynı şeyleri yapmak vb. İstediğimiz huzurlu ve keyifli alanı yaratabilmemizin ilk şartı, önceliği kendimize vermemizdir. Bu öncelikler; sağlıklı beslenme, hareket, kendini geliştirme ve hayata katkı sağlama vb...

Öneriler

- Negatif duygu hali ya da olayların yaratım alanlarından biri hareketsiz kalmaktır. Günlük 10-15 dakikalık egzersiz dahi enerjiyi harekete geçirmek için iyidir. Yürüyüş ile topuklarda bulunan lenf düğümlerinin çalışmasını sağlayan mekanizmayı harekete geçirebilirsin.

- Duyularımız ile öğrenmeye yatkın olduğumuz için önce kendimize harekete geçtiğimizi göstermemiz önemli. Sabahları günü karşılamak sana iyi gelir.

- Sabah uyandığında ilk iş yüzünü yıka. Eskiyle bağını kesmek ve suyla olan temas yenilik yaratır. Sonra bir bardak su iç, su bedenin atıklarından kurtulmasına yardım eder.

- Sabah güne başlarken o gün için bir niyet yap. Sade olsun. Akşam olduğunda uyumadan önce bu niyetin gerçeğe dönüştü mü? Bu senin kendin için bir şeyler istemeye başlamana, istediklerin için harekete geçecek motivasyonu bulmana yardım eder. (Mutlu hissedeceğim bir gün olsun vb. Güne başlama niyetlerinin örneklerini kitabın niyet tavsiyeleriyle ilgili bölümünde bulabilirsin.)

- Sana kendini çaresiz hissettirecek olaylardan, bu olaylar hakkında konuşanlardan uzak dur. Sosyal medya ve diğer iletişim araçlarını faydalı olanı araştırmak ve hayata katkı sağlamak için kullan.

- Kullandığın ifadelerden; umutsuzluğa düşüren, pişmanlık içeren, öfke, kızgınlık enerjilerini barındıranları bırak.

- Evinde ve işyerinde bulunan durağanlık yaratan enerjileri harekete geçir. *Sırlar Bohçası* kitabında bahsettiğim sembol okuyuculuğu ile hayatına davet ettiğin negatif unsurları fark edebilirsin.

Denge Yasası

"Dengedeysek, dengimizi buluruz."

Pozitif veya negatif unsurların birbirine bir üstünlüğü yoktur. Ancak sürekli birinin içinde olmakla diğerinin yoğun bir gündemle hayatımızda bir gündem oluşturabileceğini anlattım. Aşırılıklar bizi yorar. Bu sebeple denge en güçlü yaratım etkisini doğurur. Doğru zamanda hareket, gerektiğinde sakince kabul ve eyleme geçmek için istekli olmak. Bununla beraber aynı konulara odaklanıp sadece maddi alanda konfor odaklı yaratım yapma isteğinin yaratacağı yıkım ve adeta enerji bloke eden etkisini de değerlendirdik. Bir duygu, istek veya herhangi bir halin içinde ne kadar uca gidiyor, olmasını veya olmamasını ne derece önemsiyorsak onu tamamlayacak olan prensip de en uca gider. En uzun gecenin tamamlayanı en kısa gündür. Günümüzde birçok insan pozitif olmayı önemser. Oysa aşırı pozitif veya aşırı negatif alanda olmak aynıdır. Bir uçtasınızdır ve kâinat sizi diğer tarafla tamamlar.

Bizi korkudan, endişeden, şüpheden ve bunların karşılığında yaratılacak olası olaylardan koruyacak olan şey, illa bu olsun ısrarını bırakmaktır.

Sürekli bir alanda kalma isteği gücü bir alan toplar ve diğer taraf zayıflar. Değişimin ortaya çıkması için dengenin gücüne ihtiyaç vardır. Gece ve gündüzün bir araya gelişinden açığa çıkan gün gibi bir yenilik için kabul ve hedefine hareket bir araya geldiğinde güçlüdür. Bu bir tahterevalli etkisi yaratır.

Eğer denge bizim tarafımızda tamamlanmazsa aşırılıkları dengelemek için gerekli olan enerji yaşam tarafından tamamlanır. Aşırı iyimser olmak, aşırı somurtkan olmak, aşırı gülmek, aşırı ağlamak gibi hallerden uzak durmamızla ilgili çeşitli deyimler ve atasözleri ile uyarılmışızdır.

- Çok gülmek ağlamak getirir.
- Alçak yerde yatma sel alır,
- Yüksek yerde yatma yel alır.
- Sakınılan göze çöp batar.

Aşırı verici olmak da aşırı alma isteği de dengeyi yitirmemize neden olur. Bir konuda aşırı cimri olanların hayatlarında israf veya aşırı harcama yaptıklarını görürüz. Tam tersi müsriflik derecesinde hareket edenlerin atamadıkları, bırakamadıkları birçok eşyası olabilir veya çok kritik bir anda cimrilik yapabilirler. İflaslar, kayıplar, terk edilişler, hastalıklar, duygusal dalgalanmaların ardında sebep olarak; dengenin yitirilmesini görürüz.

Dengede olmamızı kolaylaştıracak olan ise bir konuda aşırı istekli veya isteksiz olmayı bırakmamızdır.

- Benim istediğim gibi olsun.
- Benim faydama olsun.
- Benim için iyi olan olsun.

- Bu alanda vermek istemiyorum. (Emek, zaman, maddi ödeme, yardım vb...)
- Hep genç kalayım.
- Hep ince kalayım.

Yukarıdaki ifadelere benzer ifadeler bir konuda aşırıya gitmemizin mümkün olduğunu işaret ediyor.

Aşırılıkların yarattığı dengesizlikler bazı duyguların artışına veya azalmasına sebep olur:

ENDİŞE → GÜVENİN
KORKU → DİNGİNLİĞİN
ÖFKE → SAKİNLİĞİN
KIZGINLIK → HOŞGÖRÜNÜN
GERGİNLİK → HUZURUN
KİBİR → KABULÜN

Ne Ekersen Onu Biçersin

Anadolu "Dedesi erik çalmış torununun dişi kamaşmış" diye açıklar, yani senden çıkmasa soyundan çıkar diyerek tek bir cümle ile özetler.

Uzakdoğu felsefeleri, karma ile açıklamış ektiğini biçmeyi. Tekrar doğuşa inanan dinler de bir önceki yaşamda işlenen suçların, alınan yüklerin temizlenmesinin bir sonraki doğuşta temizlenmesine bu adı veriyorlar.

Yeniden doğuş var mıdır yok mudur kısmını ilgilenenlere bırakalım.

Ektiğimizi biçeceğimiz yaşamın içindeki davranışlarımızdan sorumlu olduğumuzu hatırlayalım.

Burada önemli olan geçmiş ya da gelecek yüzünden bize bir yük yüklendiğini düşünmemiz sadece sorumluluklarımızdan kaçmamızdır bunu bilelim.

Yani:

- Kaderimde varmış.
- Elimden ne gelir ki?
- Bir önceki hayatımda aldığım yüklerimi temizliyorum.
- Ben mi istedim böyle olsun?
- Hep kötü şeyler beni bulur!
- Kime ne yaptım ki bunları hak ettim?

Kısacası çaresizim dedikçe çaresiz bırakılırız. Oysa ister bir önceki hayat olsun ister içinde bulunduğumuz hayat hiç fark etmez, yaşayacağız ve yaşadıklarımızın sorumluluğunu alacağız. Başka yolu yok.

Olayın içinde kendimizi kurban olarak gördüğümüzde bizi kurban edenler elbette olacaktır. Bu halde olduğumuz sürece, hayatımıza ilerlemeyen işleri, tekrar eden olayları ve zarar gördüğümüz ilişkileri çeker, zaman boşa akar ve en önemlisi tadımız azalır.

Oysa neden-sonuç ilişkisi ile baktığımızda ne aldığımız ve ne verdiğimizi görür, alışverişimizi tamamlayabiliriz. Diğer türlü yani kendimizden bakıp bize haksızlık edildiği düşüncesini sahiplendiğimizde, biz veren, yıkılan, üzülen durumunda kalırız ve bu bizi içinden çıkamadığımız bir çarkın içine alıverir. Bir önceki bölümde bahsettiğim denge yasasını kaybederiz. Diğer prensip kaybolmaz, o da kendini var etmek üzere bize yeni olaylar yaratmamızda yardım eder.

Yaşam bir tarla ise oraya ekilecek olan tohumun bakımı, tarlanın temizliği, itina ile ekinlerin toplanması hepsi bize aittir.

Başımıza gelen her şeyin bizimle ilgili olduğunu anladığımızda ve kabul ettiğimizde karmanın yani diğer tanımıyla etme-bulma halinin işleyişini anlarız.

Bazen birisine bir iyilik eder ve karşılığında ondan kötülük görebiliriz. Bunun nedenini anlayamadığımızda kendimizi kötü hissederiz. Yasanın işleyişinde böyle bir hesaplama mevcut değildir. "Ben ona iyilik yaptım o bana kötülük!" diye düşündüğümüzde inancımız sarsılır.

Tam tersi zamanlar da vardır. Bazen üzüntülü veya sıkıntılı bir anımızda hiç ummadığımız bir yardımla o durumdan kurtuluveririz. O zaman da kim bilir kimin duasıyla veya kime yaptığım iyilikle bu desteği aldım demeyiz. Yaşam beni iyilikle kucaklıyor halinde olabiliriz. Hatırlamamız gereken aslında niyetimizi korumamızdır. Biz bir iyiliği, bir desteği karşımızdaki bizi onaylasın, ilgilensin, sevsin, ileride biz bir şey istediğimizde yapsın diye yapıyorsak işte o zaman tokadı hak ediyoruz demektir ki, kâinat tokadımızı hemen teslim eder. O kişiyi kötü biliriz. Oysa bir dönüp baksak bugün kötü diye bildiğimiz kişilere onlar istemeden yardım etmiş, belki içimizden yardım etmek gelmese de bir nedenden dolayı yaptığımız bir hesapla yardım etmiş, olay bizi ilgilendirmese de içine dahil olmuşuzdur. Kendimize fayda sağlayacağını düşündüğümüz bir nedenden veya bir hesaptan dolayı karıştığımız olay, yaptığımızı zannettiğimiz yardım, hesapta iyilik yani her ne ise bunun karşılığı olarak bir bedel öderiz. Karşılıksız yaptığımızı söylesek de o an orada o yaptığımız neyse müdahaledir. Hatta kendimizi kandırabilmek için savunmamız da hazırdır.

"Ben yapmazsam, kim yapar, ne yapar?" deriz de Yaradan yapar, her şeyin bir nedeni vardır, her tekâmül kendi yolunu izler diyemeyiz.

Burada salt yardım etmekten değil. Zorla yardım etmekten bahsediyorum. Yani kendimizi veya karşımızdakini ikna ederek onun planına girdiğimiz durumların yarattığı sonuçları değerlendiriyorum.

Onun planına dahil olma isteğimiz hemen cevaplanır ve biz de olayın içinde kendi payımıza düşeni alırız.

Yapıyorum ki yapasın...

Hesaplarının farkına var. Tavizlerinin, feda edişlerinin, kendinle olan akdini geçiştirip başkasının hayatında oyalandığın zaman, akıp giderken hayat amacın da senden uzağa gidiyor.

Bir örnekle daha iyi anlayabilirsin.

Fikirlerini çok önemsemeyen ve belki de seni çok dinlemeyen bir arkadaşın var. Aslında senin için önemli bir yere sahip. Ancak birçok davranışında seni görmezden geliyor veya oralı olmuyor. Bir gün geldi ve parasal olarak çok dar bir dönemden geçtiğini söyleyerek senden borç istedi. Senin de ona verebilecek birikmiş bir miktar paran var. Şimdi beraberce bakalım ve anlayalım.

Ne yaparsan verdiğin bu borç para geri dönecektir?

a. O parayı vereyim de kıymetimi anlasın.
b. Bana ihtiyaç duydu, beni fark etti.
c. Sonunda benim zamanım geldi.
d. Bu parayı verirsem, benim ona ne kadar değer verdiğimi fark edecek.
e. Parayı veririm vermesine ama düne kadar bir sözümü bile dinlemeyen şimdi zamanında geri ver dediğimde mi dinleyecek? Vermezsem onunla ilgili tüm beklentilerim uçup gidecek. Belki de uçup gitmesi için bir fırsattır. Vermeyeceğim. Verirsem de geri vereceği zamanı tam olarak belirtmesini isteyeceğim.

Burada o parayı vereceğin tutum senin sınavındır. Hatta bir niyet tohumudur. (e) şıkkında tam bir özgürleşme yaşarken diğerlerinde ektiğin tohum hayatın boyunca tekrar eden olaylar şeklinde peşine takılacaktır. Sana değer vermesini istediğin birileri gelip senden bir şey talep edecek ve sonunda da mağdur ederek gidecektir. Bu illa para olmak zorunda değildir. Bazen ilgin, bazen zamanı bazen de kendine olan saygını alıp götüreceklerdir. Ta ki sen fark edip onunla olan ilişki şeklini temizleyerek özgürleşene kadar bu böyle devam eder. Bu fark edişi yaşayamadığın takdirde buna benzer birçok olay yaşarsın ve her olayda kendini kurban hissederek karşındakine öfke duyarak, adeta bir çembere girebilirsin.

Çünkü kurban ettiğin kendi öz benliğindir.

Neden?

Aslında istemediğin bir şeyi yapmaya zorlayarak nefsine zulmettin. İstediğin bir şeyi alacağım derken elindekini verdin. Alamadığın bir şeyi bırakamayacağına göre sen hayata borçlandın. Sana verilen hayat emanetini, iradeni kullanmadın, onun onayını almak için bir başkasının hizmetine verdin. Kısacası bırakamadığın bu hal seni esir aldı.

Durmadan anlatılan, aldatılma, terk edilme, haksızlığa uğrama, dolandırılma hikâyelerinin arkasında hep bizim bize yaptığımız haksızlıkların izleri bulunur.

Niyetimiz tohumumuz, olacağına olan güvenimiz ona kattıklarımız, mahsulümüz bu hayatı hakkıyla yaşamaktır.

Almadan veren, borçlanır.

Olmayanı vermekle yokluk yaratır.

Kabul etmediklerimizden özgürleşemeyiz.

Öneriler

- Kimi mutlu etme gayreti içindesin? Çevrende sana onay vermesini istediğin her kim varsa bil ki o senin esaretinin kaynağı.

- Seni onaylayacak olan yine sensin. Öncelikle bir kâğıt kalem al ve olmadığı için ya da tam tersi olduğu için kızdığın olayları, o olayların içinde olan, sorumlu olduğunu düşündüğün kişileri yaz. Kendini bu yazdıklarının içinde nerede görüyorsun? KURBAN mı? Ne yazık ki bu şekilde görmen seninle özgürlük arasındaki perden. O perde ki önünü görmene engel. O olayda asıl kızdığın kendinsin. Kendini önemsemek yerine karşındakini önemseyerek kendinden vazgeçtiğin için kızmayı bırak. Bu deneyimle içsesini dinlemeyi öğrenmiş olabilirsin.

- Mecburiyetlerin, onaylanma isteğin ya da belki sevilmek için gayretin. O sana kazık atan, terk eden veya üzen her kimse kendinden fazla onu önemsedin. Yani bir kazık varsa ortada senin tarafından sana yöneltildi. Sana verilen yaşam hediyesini küçümsediğin için önemsiz hissettirildin. Yaşam başka türlü nasıl anlatsın? Kendine kıymet ver, hayatını yaşa, dışarıyı dinlemeyi başkasını mutlu etmek için uğraşmayı bırak diye. İşte o yazdığın kâğıdın üzerinde olan biten her ne var ise sana, senin iyiliğin için yaşatıldı. Bundan sonra kendin olmaya söz verir ve uygularsan özgür olursun.

Almak ve Vermek-Bırakmak ve Kabul Etmek

Belki de son nokta burasıdır. Hatta belki de tek nokta burasıdır.

Neden biliyor musun?

Tüm yaşam alışveriş üzerine bir akış içindedir. Bir prensibin bir diğerine dönüşmesi ile sonsuzluğun içinde süreklilik arz eder. Ölüm gelir, doğum ile yenilik başlar, gece gelir gündüz ile yenilik başlar...

Biz de yaşam gibi alır ve veririz.

Ama en önemlisi önce alırız. Bu dünyaya gelişimizde ilk bağlantı noktamız almaktır. Nefes alırız. O nefesle olan alışverişimiz yaşamın devamlılığını, bir şeyi almak kadar vermenin de değerini hatırlatır. Alamadığımız nefesi veremeyiz, veremediğimizde alamayız. Hayatı içimize alışımızı anlatır nefes ve hayatın bizi içine alışıdır. Yaşadıklarımızı kabul etmek, geçmişimizle barışık olmak, sevildiğimizin farkında olmak, her an tüm kâinatın bizimle ve bizim için var olduğunu kabul etmektir almak. Yani bu iyi, bu kötü, bunu kabul ederim, bunu edemem diye ayırıyorsak ayrılırız. Bu ayrılık yaşamla aramıza mesafe koyar. Can gider, canlılık, en önemlisi diriliğimizi kaybederiz. An denilen zamandan koparız. Endişe, kaygı ve korku ile var olanı koruma gayreti ile veremez, bırakamayız. Bırakamadığımız var olan planımız, hastalığımız, hüzünlerimiz ve yeniden başlamaya olan inancımızdır. Yeniden başlamak için tıpkı aldığımız nefesi bırakmamız gibi yaşadıklarımızla vedalaşmalıyız. Vedalaşamaz isek boğulur gideriz. Bizi var eden o nefes bırakılamadığında, yeni olanı içimize çekemediğimiz gibi ölüm kucaklar o anda, can gidince ayrılık başlar. Ta ki ilk kabulle yeniden alana kadar biz hayatı içimize...

Gel bakalım bu ayrılık hali bize nasıl anlatılıyor?

Hayatın içinde bunun bize anlatım şekli sürekli bir şeylerden, bir yerlerden, işten, sevgiliden ayrılmamız iken beden ile iletilen mesajımız veremediğimiz kilolar, sürekli yaşanan kabızlık sorunu olabilir. Maddi konularda pintileşebiliriz almak ve vermek ile ilgili zorlanıyorsak. Hatıraları, eşyaları eskiye dair bir şeyleri bırakamayız. Kendimizden gizlemek için de bazen olmadık yerde verir, olmadık yükleri alabiliriz.

Veririz ama alamayacağımıza olan inancımız bizi verirken tedirgin eder. Sürekli alışveriş yapanlar aslında ihtiyaçları olanı alamadıklarını kendilerinden saklamaya çalışırlar. Alırlar ama aslında bolca verirler. Şöyle anlatayım, ellerindeki paha ile yani kazanmak için emek verdikleri ile aslında çok da ihtiyaç duymadıklarını takastadırlar. Ancak aldıkları mutlu etmediği gibi vermekten şikâyet ederler. Böyle insanlar hayatlarında ya borç alırlar ya da birilerine borç verip sürekli bundan bahsederler.

Sevgidir, ilgidir, şefkattir ihtiyacı, oysa o kazak, çanta, mücevher ile doldurmaya çalışır o boşluğu ama maalesef dolmaz ve verdiğinin karşılığında istediğini alamadığı için yokluğa düşer, hayata borçlanır.

Eğer hayatında borç enerjisine yer açmışsan, borç vermek, borç almak ki buna bir aylığına olsun kredi kartını kullanmak da dahil, bil ki sen almadan vermeye çalışıyorsun. Yeniden alamayacağın, daha iyisini bulamayacağın bilinçaltında kayıtlı ve sen bu nedenle elindekileri kaybetmekten korkuyor olabilirsin.

Bunun asıl nedeni yeni bir gelecek planın olmadığı için hayatının aynı kalmasını istemen olabilir. Hayatının bir kısmının değişmemesini isterken asıl değişim istediğin alanda bir türlü değişim yaratamazsın. Kariyerinde bir değişiklik olacak diye korkarsın, orada hırsların, hedeflerin vardır. Ancak ilişkiler konusunda değişim istersin ama bir türlü istediğin olmaz. Sanki sürekli benzerleri gelir, gider.

Nasıl özgürleşiriz bu halden?

Beş duyumuzun desteği ile öğrendiğini hemen uygulayan beynimizden destek alalım.

Ev, işyeri veya odanda bir sadeleşme yapabilirsin. Vermek üzere ayırdıklarına değil, tuttuklarına bir göz at. Neyi, neden bırakamadığına bir bak. Yani bir daha aynısını bulamam, aynısını yaşayamam, daha iyisi olması için emek vermem gerekir, bunca yıldır biriktirdiğim emeğim, param, malım mülküm, sevgim gibi açıklamalar varsa içeriden gelen ve fark edilen, sen bırak ki hayat bırakman için zorlamasın. Hareket halinde olabilmek, ilerlemek, dönüşmek için esnek ve teklif edileni kabul edebilir bir hale ihtiyacımız var. Eğer sen bu hale gelirsen hayat yepyeni tekliflerle kapındadır, sen açık isen hayrına olanı alır kullanır, eskide kalanı kolayca geride bırakırsın.

Anılardan Özgürleşmek Tablosu

YAŞADIĞIM	ÖFKEM KIRGINLIĞIM KAYBIM	BU DENEYİMDEN KAZANCIM NE OLABİLİR?	DENEYİMİN ONAYI BANA NE KATAR?

Bu tabloya odaklanırken kendini seyret. Anılarından bahsederken kendine üzülüyor musun? Canın acıyor ve belki de yaşamın senden vazgeçtiğini düşünüyorsun. Bu hali zaten yaşadın. Şimdi bir bak bu yaşadıklarınla hayat sana ne demek istemiş olabilir? Bu yaşadığın; dayak olabilir, aldatılmak olabilir, iflas olabilir her ne ise o noktaya gelene kadar alamadığın kararlar vardı. Olaydan sonra da aldığın, almak zorunda kaldığın kararlar. Aslında onaylamadığın ortaya çıkan sonuç. Kararlarını kendiliğinden alırsan, yere düştüm diye ağlamayı bırakıp ayağa kalkabilirsen yürümek için cesaretini toplarsın.

Önce hayatı içine al, kabulde ol. İçeri almadığın misafiri uğurlayamazsın. Vedalaşmak için sana anlatılanları, anlattıklarını can kulağı ile dinle. Verdiğini gördüğün gibi, aldığını da görmelisin. Terk edildiysen; terk edene adanmışlığını hatırla, paranı alıp giden birisiyle yaşadıkların sonunda kaybettiğin güvenin değil paraya olan inancındı. Bunun için anılardan özgürleşme tablosunu kullanabilirsin.

Bıraktığın anda yeni bir eve taşınmışsın da yepyeni eşyalarla bambaşka bir ev döşüyormuşsun gibi keyifle çağır her ne ise niyetin.

Ama hatırla! Verdiğin siparişleri dile getirmeni sağlayan aslında o ana kadar yaşadıklarınla ve hayatına girenler sayesinde öğrendiklerindir yani deneyimlerin sayesinde ne istediğine karar veriyorsun.

Biz bırakmaz isek ve kabımız dolu olursa, bolluk, bereket ve kısmet nehirleri yanımızdan akar gider. Kâsemiz almaz, ne kadar çabalasak da nafiledir.

İşte şimdi veren el alan elden üstündür diyebiliriz. Buradaki elinde, kalbinde, içinde hatta belki hayatında tuttuğunu veriyorsun. Biriktirmenin ağırlığından özgürleşiyorsun.

Elbette vermek de aslında bırakabilmektir. Bırakmak güvenle alakalıdır. Güvendiğimizde, emin olduğumuzda bırakırız kendimizi, oysa şüphe içindeysek her an korku peşimizdedir. Korku varsa o zaman sadece istemediklerimizi kendimize çekeriz. Almayı başardıktan sonra bir sonraki hale taşınabilmek için her şeyin bizim hayrımıza olduğunun kabulü ve güvenle korunduğumuzun eminliği ile bırakır, verir ve teslim ederiz. Yeniye geçebilmek için eski halimizden, bildiklerimizden, sahip olduklarımızdan vereceklerimiz alacaklarımıza yer açacaktır.

Diyelim yaşadığın evi hiç sevmeden taşındın. Aslında belki de mecbur kaldın. Şimdi o evden çıkmak ve yeni bir eve taşınmak istiyorsun. Ama bir türlü olmuyor, hep bir aksilik çıkıyor. Hal böyle olunca evden daha da soğuyorsun. Hatta belki o kadar isteksizsin ki yeni bir şey almak dahi istemiyorsun, eve gitmek gelmiyor içinden. Sen o evi inkâr etmektesin. O ev yokmuş gibi davranıyorsun. Çünkü o ev senin istediğin ev değil, sen o evden daha iyisini hak ediyorsun. Semti, evin şeklini, ışığını, banyosunu ya da her neyi ise beğenmediğin içine sinmiyor. Ama bir türlü de evden çıkamıyorsun. İşin, birikimin, şartlar nedeniyle bırakamıyorsun, sanıyorsun ya işte öyle değil. Sen o evi kabul ederek, onun sana anlattıklarını, verdiklerini, vermediklerini anladığında, şükrettiğinde ve bu eve seni getiren halini anlayıp da o halden ve halin temsil ettiği bu evden özgürleşerek yeniye daha iyiye geçebilirsin. Bu ev değil de iş olabilir, ilişki olabilir, ekonomik durum olabilir. Fark etmez. Değiştirmek değil de dönüştürmek istediğinde önce bırakmak istediğin halin kabulünde ol. Yoksa olaylar, insanlar değişir ama sonuçları aynı olur.

> *"Geçmişin kapılarını kapatmayana geleceğin kapıları kapalıdır."*

Bu hayata gelişime aracılık eden, bu deneyimi yaşamama, hayatın tatlarıyla buluşmama, ben olma halime, seçimlerime, seçeceklerime, geçmişime ve geleceğime, hizmet eden herkesi kucaklıyorum.

Pişmanlık diye gördüğüm seçimlerimi, beni kısıtlayan hallerimi, hayatla, annemle ve olanla barışmamın önündeki engelleri kaldırıyor ve özgürleşiyorum.

Hizmet ettiğim ve hizmet aldıklarımla helalleşiyor, almayı ve vermeyi dengeli bir şekilde kabul ederek ilerliyorum.

4. BÖLÜM
NİYETİNİ GERÇEĞE DÖNÜŞTÜR.

Niyeti Hayatın Hangi Alanlarında Kullanabilirsin?

Niyet aslında hayata katılımımızın bir parçası, sözün eylemle buluşturulmasıdır.

Bilgi eylemle buluşmadıysa hayata geçemez.

Bilmen değildir dönüşümü başlatacak olan, ifade düşüncenin eylemidir. Sözle olsun olmasın ifade kalbin titreşiminde vardır. Niyeti eylemin olduğu her alanda kullanabilirsin. Hatta benim tavsiyem önce kısa sürede sonuca gideceğin niyetlere odaklan. Olduğunu gördükçe cesaretinle beslediğin uzun dönüşüm yolculuklarının kapısını açarsın. Niyette oturup beklemek, birisi bana yardım etsin, ben çaresizim duygusu yoktur. Sen başlarsın, hayat destekler, alan açar, fırsat verir, sen de alır, kullanır, yoluna devam edersin. Ben kendimden de örnekler vermek istiyorum. Yemek yapmaya başlamadan önce, sabah uyandığımda, bir sonuca doğru hareket ettiğim zamanlarda niyeti kullanırım. O gün sınavım var ise; sınav sonucumla ilgili, bir görüşmem varsa görüşmemle ilgili, bir ürün satın alacaksam onunla ilgili niyet yaparım. Bununla beraber hastalandıysam sağlığımla, bir yolculuğa çıkacaksam gidişim ve dönüşümle ilgili niyetlerimden burada seninle de paylaşıyorum. Kitabın sonlarına doğru, özel günlerde, atölye çalışmalarında veya bir sebeple yaptığım ve kayıt edebildiklerimizi de paylaşıyorum.

Kısa sürede olacak nerelerde kullanabiliriz?

✓ Yemek yapmaya başlarken
"Yemeğim, lezzetli, yiyene şifa olsun."

✓ Gündelik bir işe başlarken
"İşimi tamamlarken kolaylık verilsin."

✓ Bir konuda yardıma ihtiyacım olduğunda
"Sıkıntım için yardım gelsin, işimin önündeki engeller kaldırılsın."

✓ Ödemem var ve tam olarak istediğim miktarı toparlayamadım.
"Ödemem için ihtiyacım olan miktar kolaylıkla tamamlansın."

Basit, sade ve anlaşılır. Sonsuz seçenekler içinde sınırsız isteğimizle buluşmanın yoludur niyet etmek. Hatırlamamız gereken sadece maddi bir yaratımdan öte anbean ifade ederek neye ihtiyacımız olduğunu, nereye varmak istediğimizi hayatın dümenine geçer, yolumuza devam edebiliriz.

Niyetinle Geleceğini Tasarla

Şu ana kadar sana anlattıklarımla kendine yolculuğuna davetimi kabul ettin. Ettiğine göre devam edelim. Yeni bir gelecek mümkün. Senin hayallerin seni anlatmalı, senin izini taşımalı. Biz bu hayata iz bırakmak isteriz. Üreme gayretimizin en önemli sebeplerinden biri bildiğimiz, deneyimlediğimiz ve öğrendiklerimizi geleceğe aktarmaktır. Bunu ister DNA aracılığı ile yapalım ister yaşama katkımız ile sonsuzluğun içinde var olup, yaşama saygı duruşumuzu gerçekleştirmeliyiz. Bizim taşıdığımız potansiyelimizin nereye kadar uzanacağını, ne kadarının farkında olduğumuzu, neye gücümüzün yeteceğini zaman içinde belki birçok defa "Yapamam, imkânsız!" dediğimiz konularda elde ettiğimiz başarı ile kendimizi de gösterdik. Senden kendini bir tohum gibi hayal etmeni istiyorum. Belki limonsun, belki elma, belki böğürtlensin. Hayat sana yer açarken çok desteğe ihtiyaç duyarak onun himayesinde olmanı isteyebilir. Zor yetişen emek isteyen ama yüzlerce yıl yaşayan bir zeytin olabilirsin. Emeğin hayata katkın olabilir. Belki incirsindir. Şartlara uyum sağlayarak kendini kolayca açığa çıkartabilirsin. Bunların bir önemi yok. Önemli olan sen, sendeki potansiyeli açığa çıkarmak ister misin? Şu ana kadar yaşadığın ve dönüşmesi için çabaladığın alanda sana engel olan enerjiyi bükmek ister misin?

Cevabın EVET ise benimle kal... Anlatacaklarıma dikkatini ver.

Bu yolculuğun sonunda varacağımız yer sensin, kalbin kapısını açman için sana destek olmaya devam edeceğim. Biliyorsun bu kapı sadece içeriden ve sadece sahibi tarafından açılıyor. Orası öyle güzel bir kapı ki içerisi cennet denilen bahçe... O bahçede her şey aynı kalsa, hiçbir şey değişmese mutlusun, değişse de mutlusun. O bahçe sevgiliyle buluşman... Bu sevgili ki hep sever, hep sever... Ne yöne baksan onunla olursun... Seni seninle buluşmaya davet ederken, seni kavrayıverir. Kolaylaştırır, kendini üzmene izin vermez, bereketini artırır, yüzüne dokunur rüzgârla, elini tutar, içine akar, seni temizler, dışını sarar... Dirisindir, dirilik makamıdır gideceğimiz yer... İster ev iste, ister araba, başarı iste, ister ün, bil ki bu haldeyken buluştuğunda sana huzur verecek olana kavuşursun... Benden değil, benim aracılığımla geçelim bu yolu... Sen iste biz veririz diyor...

Niyet Panosu

Niyeti hayatında köklü değişiklik için çıkacağın yolculukta yol haritan gibi görebilirsin. O senin enstrümanın. Sihirli lamban ve bil ki ne zaman dokunsan yanında, seninle. Benim tavsiyem yolu uzun niyetlerini yazarak önce bir gözden geçirerek ifade etmendir. Yaptığım atölye çalışmalarında, yapılan niyetlerden örnekler paylaşıyorum, istersen onlara da bak. Yapılan niyetin taşıdığı potansiyeli, bir anlamda mealini de yazıyorum. Sen de bu şekilde "Ben bu niyetimle nasıl bir gelecek planı yaratıyorum?" çalışması yapabilirsin. Senin de bir niyet defterin olsun.

Niyet Panom

NİYETİM	İHTİYACIM	ENGELİM	NASIL DEĞİŞİR?
Yeteneklerimi ortaya çıkarmak.	Yeteneklerimi fark etmek. Bunun için emek vermem ve kendimi izlemem gerekiyor. Neleri severek yaptığımı öğrenmeliyim. Yaparken heyecan duyduğum alanları keşfetmeliyim.	Ben neyi severek yaptığımı bilmiyorum. Biri bana göstersin, öğretsin. Ayrıca yeteneklerimden para kazanabilir miyim? Bunca eğitim, tecrübem, çevrem var. Bunlardan faydalanarak neler yaparım ona bakayım.	Eğer birisi bana göstersin diye beklersem, dışarıyı dinlerim, dışarıyı dinlersem onlar benim ne istediğimi bilmez. Zaten bugüne kadar hep dışarısı yönlendirdi. Ne yapabilirim? Harekete geçebilirim.

Niyetim; yeteneklerimi ortaya çıkararak başarılı olacağım ve emeğimin kazanca dönüştüğü, huzurlu, mutlu ve kendimi ifade edeceğim bir işim olsun.
(Sen bu niyeti istediğin şekilde yapabilirsin.)

Mutlu olmak.	Yaparken mutlu olacağım işi bulmak. Kendimi izlemek, fark etmek.	Mutlu olduğum işten para kazanabilir miyim? Hem ne kadar kazanırım? Evimi geçindirebilir miyim, istediklerimi alabilir miyim? Hayatıma ait olduğum sosyal sınıfımda devam edebilir miyim?	Bereket enerjisini hatırla. Boşa harcadığın ne varsa elindekini azaltır. Sen para kazanmak istemiyorsun aslında değer katarak değerli hissetmek istiyorsun. Sonucu sana hayatına değer katacak kazanç olarak gelecek.
Kendini ifade etmek.	Kimim ben? Bu hayata söylemek istediklerim neler? Neyi iyi yaparım? Beni ben yapan özelliklerimi keşfedeyim.	Ben kendimi nasıl tanımlarım bilmiyorum. İnsanlara ifade etmek öyle kolay değil. Kimse benimle ilgilenmez, utangaçlıklarım var. Kendimi tek başıma ifade edemem.	Sen kendini tek başına ifade etmeyeceksin. Yaptığın işle ifade edeceksin. Dünyanın en başarılı insanları özgüvenlerini kazanmak için yeteneklerine sarılmış insanlardır.

Olumlu Niyet Örnekleri

Bana soruyorlar. Meltem sen nasıl niyet yapıyorsun? Kendimi dinleyerek veya yazarak niyet yaparım. İnsanız, dikkatim dağılabilir, o anda çok istediğim bir konuda niyet yaparken hırs yapabilirim. Ayrıca oluş hali başladığında bazı sonlanmalar olacaktır, belki bazı zorlanmalar yaşayacağımdır. Bu dönemlerde niyet defterimi açarım ve ne yazmışım yeniden bir bakarım. Bu bakmamın sebebi değişiklik yapmak veya emin olamamaktan ziyade ne kadar uzağa yönlendirmişim niyetimi hatırlamamda yardım almam içindir. Buna en iyi örnek evliliğim ve kitaplarımdır. Bu iki örnek benim hayatımın dönüm noktalarındandır.

Yıllar önce Amerika'ya yerleşmek için yola çıkmış bir yıl olmadan koşa koşa geri dönmüştüm. Bu gidiş ve geliş sürecinde yaşadığım en önemli olaylardan biri evimi ve sahip olduklarımı bırakmam, orada yeni bir ev kurmam ve onu da bırakıp buraya adeta belirsizliğin kucağına geri dönmemdi. Ev bizim kendimizi güvende hissedişimizin önemli prensiplerinden biridir. Kariyerimde ikinci önemli kayıptı. Giderken kendi işimi yapıyordum. Döndüğümde işsizdim. En önemlisi ise maceraperest 30+ olarak özgeçmiş mektubum pek güven vermiyordu. Neden gittin dediklerinde "Denemek istedim" cevabım beni daha da güvensiz bir görüntüye sokuyordu. İlk iş eski çalıştığım işyerine yeniden başvurmak oldu. Eski güvende hissettirir sanırız. Ben de o sanma halinde hemen yardım istedim. Hesaplarım vardı. Araba, sigorta, maaş, telefon, yemek kartı ve özel sağlık sigortası ile yeniden toparlamam hızlanacaktı. Elbette kabul edilmedim. Çok şükür iyi ki de öyle olmuş. Yoksa şu anda bu kitabı yazmak yerine başka bir Meltem olarak hayata devam ediyordum.

İnanması güç gelebilir ama ertesi gün rakip firmaya girdim. İsteklerimi net ifade ettim. Onlar da tamam dediler. Bu arada çalışmaya başlayınca az da olsa taksitle falan bazı eşyaları almaya başlamıştım. Kızım Su benden bilgisayar istemişti. Ben de neye güvenerek o anda anlamadığım bir şekilde yeni yılda hediye olarak vereceğimi söylemiştim. İşe gireli henüz bir ayı biraz geçmişken yeni yıl geldi. Ancak benim o bilgisayarı alacak param olamadı. O güne kadar sözünü tutmuş bir anne olarak o sözümü de tutacağımdan oldukça emindim. Bu sefer olmamıştı. Üzgün bir halde yılbaşı çekilişi için şirkete geldim. Herkes mutlu bir halde çekiliş olduğunu söylüyordu. Fakat benim çekiliş görecek halim yok, yelkenlerini indirmiş rüzgârdan umudunu kesmiş kaptan misali kendime liman arıyordum. Çekiliş masasına dikkatimi verdim. O da ne öyle, bir bilgisayar var. Çekiliş boyunca sıra bana gelene kadar "O bilgisayar bana çıksın" dedim. Bir yanım bunu biliyordu. Ve öyle de oldu. Bilgisayar bana çıktı. Hem de hediye paketi ile bir saat sonra kızımın odasındaydı. Kapıyı açtığında Su bütün ev halkına bağırıyordu:

"Ben size demedim mi, benim annem sözünü tutar..."

O bilgisayarı ben mi kazandım yoksa Su mu? Bence her ikimiz de...

Çekiliş boyunca şüpheden uzakta sadece "Bu bilgisayar bana çıksın" dedim. O kadar emindim. Benim bir bilgisayara ihtiyacım vardı. Hediye olacaktı ve de karşımda duruyordu. Benim yapmam gereken onu almaktı. Tereddüt dahi etmedim. Son limandaydım ve yaşam bir fırsat sunmuştu ben de aldım.

Aradan yıllar geçti. Tabii bu arada yaşam beni epey bir terbiyeden geçirmeye devam etti. Kibrim, gururum ve büyütülürken aldığım onca kalıpla beraber önce yükseltip sonra bir köşeye fırlattı. Tıpkı o bilgisayarı almam için benim eyleme geçmemi beklediği gibi düştüğüm yerden de tekrardan başlamam için beni bekledi. Ayağa kalkan, devam eden ben oldum. Aradan 2 yıl geçti, o bilgisayar benim kendime kurduğum şirketimin ilk demirbaşı oldu. O şirket büyüdü, büyüdü ve ben o büyümeyi kaldıramayıp iflas ettim. Burada anlatsam kitap bitmez. İflasın sonunda etraf ne der kaygıları ile beraber ben bakmakla sorumlu olduğum insanların ihtiyaçlarını gidermek zorundayım zorlamaları ile bu iflası kabul etmedim. Bir yıl kadar kendime dahi itiraf edemedim. Hep hallediyorum, halledeceğim kıskacı ile kendimin cellatı oldum. Derken yaşam bana kaçacak yer bırakmadı. Ev aramaya başladım. Oturduğum ev hem yüksek bir kiraya sahipti hem de giderek kaybettiğim maddi gücümün düşüşünü seyreden el âlem ile aynı yerde oturmak bana dokunuyordu. Çıktım ev aradım. İş yaptığım bugün hayatta olmayan çok değerli bir ağabeyim vardı. Ona gittim. Kendisi müteahhitti, bana evlerinden bazılarını gösterdi. Mevcut evimin yarı fiyatına bir fiyatla depozito, komisyon gibi giderler olmadan hemen oturmaya başlayabilirdim. Ben ne yaptım dersin? Kabul etmedim. Kızımın okuluna uzak, biraz varoş (o anda öyle demiyorum elbette), güvenli değil diyerek geçiştirdim. Aradan zaman geçti. Benim durumum maddi ve manevi daha da kötüledi. Yaklaşık 7-8 ay peşinde koştuğumuz, emek verdiğimiz bir işin olmayacağını anladım. Ev kiramı ödeyemiyordum. İşin ilginci para girişim de tamamen durmuştu. Medet umduğum kredi kartları, krediler hepsi bana yolun sonu görünüyor türküsü ile kapıyı gösteriyordu. Ben yine o beğenmediğim evleri bana gösteren ağabeyimin yanına vardım. Bu sefer evin kirasını ödeyecek param da yoktu ama en azından bir rahatlarsam çalışıp öderim diye ondan yardım istedim. Evlerin hepsini kiraya vermişti. Sadece ofisinin karşısında depo olarak kullandığı bir giriş kat vardı. Daha önce sığamam ben bu eve dediğim evin yarısı büyüklüğünde bu evi kabul etmek zorunda kaldım. Kısa sürede mevcut eşyalarımı sonra yeniden kullanmak üzere arkadaşlarımın depolarına kaldırıp, bu eve en asgari düzeyde eşya ile taşındım. Ancak evin doğalgazı henüz açılmamıştı. Bu başlayan süreçte hayat bana yeni bir çağrı yapıyordu. Seni yargıların, kibrin ve gururunla yüzleştireceğiz hazır mısın?

Benim o güne kadar bazı kalıp cümlelerim vardı.

- Başkasının evinde yıkanamam.
- Ben taşınırım 5 günde yerleşirim.
- Temizlenmemiş evde yaşamam.
- Başkasının evinde kalamam.
- Hiç tanımadığım birinden para alamam, kendim hallederim.

Biz o eve 10 gün boyunca giremedik. İstanbul'da soğuk bir kış sürüyordu, doğalgaz olmadığı için arkadaşımın evinde kaldık, yıkandım, ondan harçlık aldım, başkasından borç aldım, evden eşya alırken evi darmadağın yaptım. Bir akşam eşya almak için eve gittim. İçimde bir yerlerde o evi küçük gören (fiziksel olarak da mevki olarak da) bir yanım vardı. Ben buraya bir durak misali geçici olarak gelmiştim. Kısa bir süre sonra gidecektim. Evde eşyaları ararken birden etrafa baktım. Bu ev mi beni istemiyordu yoksa ben mi evi? Yere oturdum. Başladım ağlamaya, Allahım ben ne şımarık, edepsiz bir insandım. Bana bir yuva verilmişti, beş kuruş para almadı Ahmet Ağabey benden. Tek şartı vardı, satılırsa çıkacaktım, para olmadan bir şeyler halledebiliyordum. Ama ben hâlâ param yok diyerek kendime ve hayatıma eziyet ediyordum. Evden ve o evi bana verenden özür diledim. Ben bana verilenlere değil alınanlara odaklanmış cehennemi mekân eylemiştim. O anda kapı çaldı. Gece saat 23.30 ve biraz sessiz bir mevkide üstelik de tanımadığım bir semtte bu saatte kapı çalınınca ürktüm. Kapıya gelene sordum:

"Kimsin?"

"Doğalgaz servis firmasından."

"Gerçekten bu saatte servis çok etkilendim, 10 gündür gelmedin, benim burada olduğumu hissettin yani, kimliğini göster, yok dur bir dakika servisi arayacağım bakalım açık mı? Alo, merhaba kapımda birisi var ve sizin gönderdiğinizi söylüyor."

"Evet bizim personel efendim. Gece geç olmuş özür dileriz, isterseniz daha sonra gelsin."

"Hayır, tamam açıyorum kapıyı, siz gerçekten bu saate kadar çalışıyor musunuz? Tebrik ederim."

Derken kapıyı açtım. Doğalgazım açıldı ve evim ısındı. İçim ısındı. Olduğu gibi yaşamaya karar verdim. Ertesi gün TV'de kaç ay emek verilen program ilk yayınını gerçekleştirdi. Ben oturduğum semti rahatlıkla söylemeye başladım. Bundan sonra ilk para girişim oldu. O paranın miktarı 10 yıl önce Amerika'dan döndüğümde aldığım maaşım kadardı. Yarısı ile aldığım borçları ödüyor kalan yarısı ile geçiniyordum. Evime bereket enerjisi dolmuştu. Huzurluydum. Depolara koyduğum eşyalarımı sel aldı götürdü. Bırakamadıklarımı yaşamın sistemi hallediyordu. Bir sürü konu daha engel gibi gözükürken onlara olan yaklaşımım beni bana yaklaştırıyordu. Derken hayatıma Ünal geldi. Ben benimle ilgilenirken, huzurumu kurmuşken, birisi ile olma düşüncesini çok gerilerde bırakmışken yaşam bana şimdi hazırsın gel seni tamamlanacağınla tanıştırayım dedi. Hikâyemin bu kadarını paylaşmamın sebebine gelince. Şu ana kadar bu kitapta paylaştıklarım bir kitaptan öğrendiklerim, teoriler veya daha önce tavsiye edilenler olmadığını hatırlatmak içindi. Sen neler yaşadın, yaşıyorsun kim bilir. Hayata fırsat verince bize verdiği fırsatları görürüz. Bunu hatırlatmak istedim. Ve aşk, fırsat bazen başka abalar altında gelebilir. Ünal benimle tanıştığında ben onu hayatıma bir dost olarak aldım. Önceliğim buydu; kalbimi açacağım, güven duyacağım ama en önemlisi muhabbet edeceğim bir dost. Ben o kapıyı açınca oradan aşk giriverdi. İkimiz de birçok engeli aştık aşıyoruz, bir halden bir hale taşınıyoruz. Birbirimize sahip değiliz ama sahip çıkıyoruz, bir gün bitecek bu hayatta her an her şeyin yenilendiğinin farkına yeniden varıyoruz, birbirimize ne sen bensin ne ben senim, sende bir ben var, bende de bir sen var diyor, kendimiz olmaya izin veriyoruz. Beni bunca olaya taşıyan sürecin başlangıcında yaptığım niyeti hatırlıyorum. Oldukça sade idi. Kendim olmak.

Bir niyetimi daha paylaşıp sonra sana bazı çalışma tekniklerini anlatacağım.

Burgazada benim gerçekten hayatımın en güzel mekânlarından biridir. Bir arkadaşım burada ev tuttu. Biz de o evde misafir olduk. Sabah erken uyanan bir insan olarak orada daha da erken uyandım. Sessizliğin sesini dinledim ve henüz hazırlığını yaptığım bir kitabımı yazmak üzere bilgisayarımı açtım. Tamı tamına yarımgün başımı kaldırmadan bir akışla yazdım. Hayran olduğum bu yerin aynı zamanda büyük üstat Sait Faik Abasıyanık ile bağının boşuna olmadığını anladım. Bu adada bir şey vardı bana iyi gelen. Üstünde durmadım. Aradan zaman geçti ve biz yeniden misafir olarak adaya geldik. Arkadaşım ev satın almak istiyordu. Emlakçı ile birlikte bir evin bahçesine girerken diğer arkadaşım bana meyve sevip sevmediğimi sordu, ben de çok sevmem ama karpuz ve belki kiraz dedim. Bahçeye girdik ve dalları kirazlarla dolu şahane bir ağaç bizi karşılıyordu. Ben ağaç görünce dayanamam hemen operasyon yaptık. Ve kendimiz yediğimiz gibi ev ahalisine de topladık. O anda dedim ki, eğer ben bu adada huzurlu ve mutlu olacaksam benim de burada bir evim olsun.

Hayatım boyunca bir mal ile ilgili niyet yapmamıştım. Sadece bir bisikleti olan birisi olarak benim için sıkı bir niyet oldu. Aradan yarım saat geçti. Bizim misafir olduğumuz apartman şeklindeki sitenin alt katının 17 yıldır boş olduğunu ancak ev sahibinin kiraya vermediğini öğrendik. Ne oldu tahmin et! Ben bu niyeti yaptıktan 1 saat sonra o anda henüz tanışmadığımız ev sahibim telefonda Ünal'a bu evi bizim oturmamız kaydı ile süresiz bize kiraya vereceğini, biz oturmaz isek de kendisinin geleceğini veya boş kalacağını söyledi. Evim olmuştu. Dünyalar benim oldu. Kısa bir süre sonra o eve taşındık. *Sırlar Bohçası* kitabımı o evde tamamladım. Hatırlarsan bir evim olsun dedim. Benim olsun, tapusu olsun, ödemesini nasıl yapayım, devamı olur olmaz demedim. Ve oldu. Sen de kendini dinle biz misafiriz bu âlemde. Bir açık büfe var. O açık büfeden biz seçimler yapıyoruz. Ev sahibi zorlamıyor ama alma da demiyor. İster kendini zehirlersin, ister istediklerinin tadına vararak yaşarsın, ister düşüne düşüne o zenginliğin içinde aç kalırsın.

Niyetlerin olma halinin içinde bir teslimiyet, kabul ve olacağına güven olduğunu fark etmişsindir. Nedir bu teslimiyet diye sorabilirsin. Kısaca anlatayım sonra da alıştırmalara geçelim.

"Teslimiyet,
bizi en hayırlı limana taşıyacak olan kayıktır."

Teslimiyet, her şeyi değiştirebileceğini zannederek yaşayabilmek ve sonunda hayatı bırakıp gideceğini hatırlayarak kollarını açmaktır olana, teklif edilene. Kabul kapısıdır. Kabulden önce sabır kapısına uğrarsın. Sabır sürecinde suskunluk hâkimdir. Rüzgâr gücünü artırdığında yelkenleri indirmektir. Ona karşı değil, onunla beraber olabilmektir. Eminlik minderine oturur, sabrın ile seyredersin hayatı. Çırpınınca değil de bırakınca mucizelerin kapısını açacağını hatırlarsın. Bıraktığın anda kucaklanacağının kabulüdür teslimiyet. Yelkeni açmadan beklerken eminsindir. Yeniden başlayacak. Ama sormazsın ne zaman diye, vakti gelincedir senin zikrin... Beklentisizleştirir sabır kapısı seni, yapabilecekken yapmazsın, en hayırlı limana yol aldığını bilerek, bırakırsın.

Teslimiyet, nereye kadar, nasıl teslim olur insan, nereye kadar çabalar ve ne zaman bırakır itişmeyi, itirazı, inadı...

Biz, hiçbir şey yapmadığımızda bile her şeyin mükemmelce akacağından emin olmaktır. Çabalamamak değil, tam tersi çabalarken ve her şey yolunda ilerlerken emin olduğun gibi, istediğin gibi gelişmediğinde de aynı eminlikle kabule geçebilmektir, en hayırlısı böyleymiş diyerek kıyıya çekilebilmektir.

Nefsin arzularıdır teslimiyete giden yolu tıkayan. Nefsin gıdası itiraz ve inattır.

Her şey tam tersini söylerken biz isteğimiz olsun diye diretiyorsak bırakmanın vakti gelmiş demektir. Övgüdür bir diğer gıdası nefsimizin, övgüyle oyalarız kendimizi ve bu bizi hayatın akışına katılmaktan alıkoyar. Kendimizi haklı görme haliyle tutunur kalırız, egomuzun dallarına. Yargıdır kibrimizi besleyen, kibir varsa teslim edemez ancak teslim alınırız.

Şimdi birlikte bir alıştırma yapalım. Bu pano atölye çalışmalarımda çok işe yarıyor. Burada birlikte çalışma yaptığımız göre senin de önünü açar. Sen çalışırken bir konu belirlersin. Ben burada iş konusunu işledim. Kariyer hedefi birçoğumuzun kafasında netleştirmek konusunda tıkandığımız bir alan. Bu panoyu aynı zamanda iş hayatına yeni başlayacak gençlerin önünü açmak için de bir örnek olarak hazırladım. Bu pano ile amacım seni, istediğin yolda engel gördüklerinle yüzleştirmek. Kendine itiraf etmeni sağlamak niyetindeyim. Aslında hayal ettiklerinle kendine çizdiğin yol arasında bir fark varsa bunu fark ederek. Seni sen yapacak, potansiyelini açığa çıkaracak olan yolda ilerlemen için sadeleştirilmiş bir çalışma tekniği diyelim.

"Kalbin ışığı yol göstersin ilerleyişime.
Huzur eşlik etsin dönüşümüme."

BAŞLANGIÇ

Almancayı orta derece konuşuyorum.

SÜREÇ

SONUÇ

Almanca iyi derece yazayım ve konuşayım.

↓

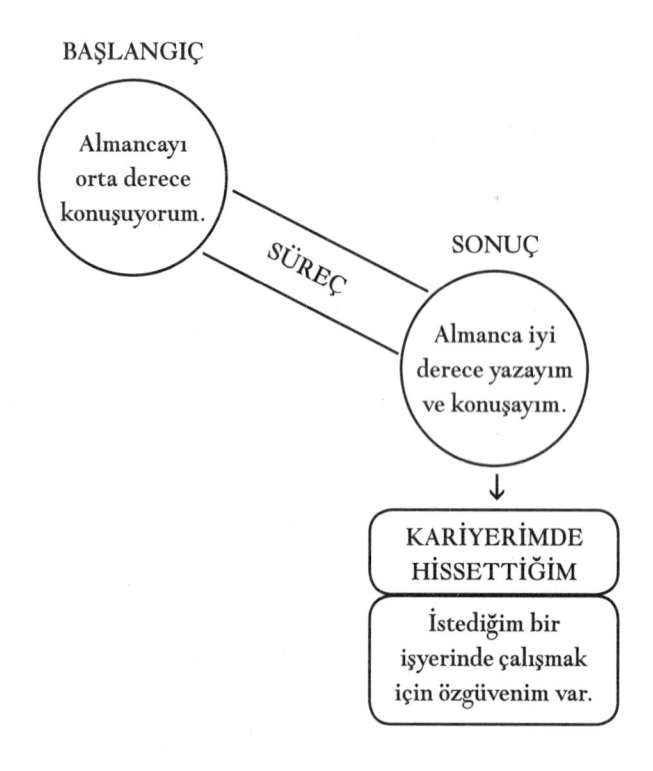

KARİYERİMDE HİSSETTİĞİM

İstediğim bir işyerinde çalışmak için özgüvenim var.

Niyet etmenin en önemli püf noktası sonuca odaklanmaktır. Bittiğinde ne olacak? Sen o sevdiğin işi yaptığında ne elde edeceksin? Hayat sen o hale gitmek için çabaladığında ihtiyacın olanları sana temin eder. Bu tabloda amacım engellerinle yüzleşmen. Nasıl kendine "ama" barikatları kurduğunu görmen. Genellikle para, ebeveyn, zaman, yaş, imkânların yetersizliği gibi aşılabilecek engelleri bahane ederiz. Asıl bahane yeterince çabalamak istememektir. Hiç dikkatini çekti mi bilmiyorum, dünyanın en başarılı insanları ne kadar zengin veya başarılı olurlarsa olsunlar çalışmaya daha da önemlisi üretmeye devam ederler. Bu bir yaşam biçimidir. Dünyanın en ünlü aktörleri, şarkıcıları, yemek şefleri, sanatçıları, zanaatçıları, yöresel birtakım ürünler üreten ustalar, onlarca yıldır aynı ürünü yapan meslek sahipleri neredeyse ölene kadar çalışırlar. Onlar çalışmaz aslında yaşama katılırlar. Yaptıkları iş değildir, nefes almak gibidir. Kendiliğinden olur. Para için çalışmazlar ama çalışırlar. Hayalleri vardır, her sabah dükkânını açarken gelecek müşterisi için yemek hazırlayan lokanta sahibi o hayalindeki müşteri ile buluşur. Şu kadar ciro yapayım diyerek lokantasını açan da buluşur. Birinde o yemeği yapan, yemeği yiyenle buluştuğunda mutludur. Mutlu bir halde para kazandığı için o para ile mutlu olacağı şeyleri alır, mutluluk onunla olmaya devam eder. Paradan değil ama paranın aracılığı ile konfor yaratır. Yemekleri ile ona teşekkür eden insanlarla alışverişi ona iyiliği getirir. Öte yandan ciro hedefiyle "daha" için hizmet eden ise istediğine ulaştığı anda ertesi gün daha çok kazanmakla mutlu olur. Para yine vardır. Ancak bu sefer huzur vermez. Eylemine yön verir. Mükemmel hizmet, mükemmel tatlar onun durmasına, yaptıklarını kucaklamasına engel olur. Para zaten beklediği bir sonuçtur. Bugün kazandığından fazlasını alabilmek için neler yapacağı ile ilgilenirken kendisi için değil işi ve kazancı için yaşamaya başlar. Hizmet satıp karşılığında para almış gibi görünse de zamanını verip karşılığında tatmini alır. Hedef vardır. Sonuca da gitmiş gibi gelebilir bu durum sana ama ince bir çizgi var. O hedef "daha" enerjisine hizmet ettiği için ne yaparsa yapsın ne kadar başarılı olursa olsun gideceği çok daha yüksek hedefler vardır. Yarıştığı ise ona verilen zamandır. Daha başarılı, daha zengin, daha güzel, daha ünlü, daha... Sonu olmayan bir kara deliktir. Bunlar da niyetin konusudur. Niyet eylemin ortaya çıkışıdır. Ancak neye odaklanırsan onunla buluşursun.

İşini aşkla yapmış insanlar hayata iz bırakırlar...

Önemli Konular

✓ Doğmamış çocuğa don biçme derler Anadolu'da. Olmamış bir olayı etrafına anlatarak belki de engel oluşturup hatta iptal olmasına neden olabilirsin. Enerjini eyleminde kullan.

✓ Bir hayalin içinde ucunu bıraktığında nerelere gidiyor izle. Çok paran oluyor ve sen onu imajında harcıyorsan parayı değil, harcama enerjisini yaratıyorsun.

✓ Bir birlikteliği hayal ettiğinde o kişiyle yaşadıklarında neler yaratıyorsun bak. Yaşadığın duygu hali senin çektiğin enerjiyi ve dolayısıyla hayatın içinde karşılaşacaklarını anlatır. Hikâyenin sonunda terk edilebileceğini, senin değerini bilmeyeceğini düşündüğün bir alan oluşuyorsa geçmiş deneyimlerin izleri orada duruyor.

✓ Senin için aşk fiziksel olgu ise fiziksel özelliklerine âşık olacağın birisini hayatına çekersin. O da senin fiziksel özelliklerini beğenecek veya sadece bu özelliklerini fark edecektir. Anlaşılmayı bekleme.

✓ Aşk yaşamın ritmidir, kalbin ateşi sevginin dilidir. Ayıran, yargılayan halimizi anlatmak için çoğu zaman kabul edemeyeceğimiz bir abanın altında gelebilir. Bir tek yürek onu tanıyabilir, sesi kısık olan kalbi iyi dinlemek gerekir. İnsanın ekonomik durumu, sağlığı, dış görüntüsü, medeni durumu değişebilir. Odaklandığın nedir?

✓ Biz yeteneklerimizle kabul görmeyi hayal ediyorsak önce bu yeteneklerimizi kendimiz fark etmeli ve kabul etmeliyiz.

✓ Sürekli anlatılan anılar anlatıldığı döneme ait yaraları işaret eder, dikkatli dinle.

✓ Asla ile başladığımız her bir ifadeyi deneyimleyeceğimizi hatırla.

✓ Mutlaka ile başladığımız her ifademiz ise esnememize yardım edecek olayları çekecek ve diğer seçenekleri kabul etmeye çağrı yapacaktır.

Sonuca Gidecek Niyetin Kullanım Kılavuzu

Niyet bulunduğumuz halin tespiti ve varmak istediğimiz yerin belirlenmesidir dedik.

| Bulunduğun Durum | → | Varacağın Durum |

İrade Gücü
Kararlılık
Gayret

Yaşayacağın dönüşümün büyüklüğüne ve gücüne göre geçecek zaman ve vereceğin emek paralellik arz eder. Burada sana güç verecek olan o dönüşüme duyduğun aşktır, sevgidir. Arzulamak değildir. Arzu yakıtı kısa sürede tükenir. İradenin sana verdiği eminliktir. Karar vermiş ve bu sayede bir hali bırakmış diğer hale, duruma, kişiye her ne ise varacağından eminsindir, emek de verirsin zamanını da beklersin.

Bu yolculukta ihtiyacın olan sana sunulacak yani verilecek olan şans jokeridir. O şansı alıp kullanarak kısmete çevirecek olan niyetinin gücüdür. Şans, çabanın, emeğinin ateşleyicisi olduğunda bir anlamı vardır.

Doğru yolda olup olmadığını nasıl anlarsın?

Merak etme! Kâinatın planı her zaman şefkat yasası ile işler. Mutlaka yardım gelecektir. Önemli olan senin vazgeçmene neden olabilecek bir olayın karşısındaki tutumundur. Bu da aslında niyetinin ve iradenin gücüyle aşılabilecek bir engeldir. Eğer sen niyetinden eminsen, gittiğin yolda engel çıksa da senin için yeni yollar sunulacak ve sen de çaban ve gayretinle sonuca ulaşacaksın.

Kontrol et:

✓ Kararından emin misin?
✓ Niyetin içten mi?
✓ Sonuca odaklandın mı?
✓ Net bir şekilde ifade ettin mi?
✓ Niyetini ifade ederken, berrak bir halde yaşadığın anın içinde rahat mıydın?
✓ Bu niyet gerçekleştiğinde ne hissedeceksen ona odaklandın mı?

Bir keresinde organik pazardan alışveriş yapmış, yaz sıcağında adaya kadar bunları taşımıştım. Yolun yarısında tıkandım. Adada motorlu araçlara izin olmadığı için alışverişlerimizi kendimiz taşırız. Kollarım artık taşımak istemiyordu. Yolun yarısındaydım ama daha çıkacak iki büyük yokuş vardı. Yolun ortasında öylece kaldım. Bana yardım edecek birisi olsa belki vazgeçebilirdim. Oradaydım ve o poşetler benimdi. Hepsini almış olmaktan mutlu olduğum alışverişimi eve taşımak için ihtiyacım olan motivasyonum sadece hayal gücümdü. Çocukluğumda geliştirdiğim acı çektiğimde, zorlandığımda, üzüldüğümde veya çok istediğim bir şeye ulaşmak istediğimde sadece sonucu hayal ederdim.

Sanırım 8-9 yaş civarında iken 2 yaşında geçirdiğim bir kaza sonucu başımda oluşan yara izini gidermek üzere bir ameliyat oldum. Ameliyat sonrasında patlayan dikiş nedeniyle kafa derimin altında bir iltihap oluştu. Bu iltihabı gidermek için yaramı 40 gün boyunca cehennem taşı adı verilen bir taş ile dağladılar. Bildiğin yaktılar. Ben o ilk pansumandan sonra 39 defa daha aynı işleme maruz kaldım. Hiç sesim çıkmazdı. Çok canım acıdığı anda sadece o pansumanın bittiğinde dışarıya çıktığım anı hayal ederdim. Biteceğini bilirdim, zamanın akmasına izin verir, ne zaman diye sormazdım ne kendime ne de odadakilere. İşte o pazar alışverişini taşırken de ihtiyacım olan motivasyonum tam buydu. Uzunca düşünüp nasıl yapacağım, çok sıcak, yoruldum gibi motivasyonumu düşürecek bana kendime acıma durumunu oluşturabilecek potansiyelimi fark ettim. Kendilerine selam verdim. O halin ötesinde beni bekleyen bir güzellik vardı. Evden içeri girerken, hedefine ulaşmış, yorgunluğuna değmiş bir halde çayımı demleyecek ve keyifle oturup içecektim. Evet, o anda canım acıyordu ama nefesim ve bedenim benim bu hedefime ulaşmama yardım etti. O kapıdan içeri girerken kendime koyduğum hedefimi gerçekleştirmiş olmanın mutluluğu ile çayımı demledim.

Niyetin, aylar sonra gerçekleştireceğin bir hedefini içermek zorunda değil. Sen kararlılıkla, emin bir ruh haliyle eyleme geçtiğinde dağları da aşarsın, engelleri de bunu hatırlaman yeterli.

Şimdi önemli bir eşiğe geldik. Bu anlattığıma lütfen dikkatini ver. Niyet bir durumdan çıkmak için de bir duruma girmek için de kullanabileceğin bir mekanizmadır.

Sigarayı bırakırsın veya alkolü ama her an başlayabilme potansiyeli taşırsın. Başlamana engel olan nedir? Senin onları bıraktığında elde edeceğindir. Bunu kendine ifade etmelisin. Başarıyı değerli yapan ondan elde ettiğin faydayı hayatına katabilmendir.

Borçların var diyelim. Borcu ödemeye odaklanırsan benim poşetleri taşırken gideceğim yola odaklanmamam gibi bir durum yaşarsın. Sürekli mola verir, kendini motive etmeye gayret edersin. Mutsuzsundur. Bitsin istersin. Oysa bittiğinde seni ne bekliyor? Borcun bittiğinde ne yapacaksın? Buna odaklan. Ertelediğin bir tatil, belki bir kıyafet, belki sadece özgür hissetmektir istediğin. Sadece o anın içine gir bak. Kendine samimi misin, kararlı mısın, enerjin, sabrın var ve sonuca gideceğinden emin misin değil misin o anda anlarsın. O anı hayal edemiyorsan, bil ki henüz hazır değilsin. Sana kitabın başında anlattığım yöntemlerden destek alabilirsin. Bırakamadıkların, endişelerin veya neden istediğini bilemediğin için sonuçtan emin olamayabilirsin. Yeniden bak, gayretinle aşarsın.

Yeni bir örnek daha inceleyelim...

Çocuk sahibi olmak isteyen bir danışanım vardı. Hatta sırf bu nedenle evlendi. Benim kadar ifade odaklı bir insanın sahip olmak fiilini boşuna kullanmayacağını tahmin etmişsindir.

O çocuk benim olacak.

Anne olacağım.

Anneliği yeni kariyeri olarak gören o kadar çok kadın var ki yeni kartvizitinde çocuk sahibi yazıyor. Anne olmak ile anneliği kendine bir hayat biçimi olarak benimsemek arasındaki önemli bir fark. Annelik, bir bakımıyla size bağlı bir canlının sorumluluğunu yerine getirmektir. Burası sizin kendinizi "anneliğinizle" ifade ettiğiniz bir alan haline gelirse, çocuk 100 yaşına gelse, size göre sizin bakımınıza ihtiyaç duyacaktır. Kendi gelecek planını anneliği üzerine kuran kadınlar ister iş hayatları olsun, isterse evde üreten kadınlar olsun, verdiği emeğin dışında bir ürün gibi geleceğini planladığı projesinin yönetiminden kolay kolay çıkamaz. Bu durumda ertelediği kendisi olur. Bana sıklıkla sorulan sorulardan biri "Çocuğum için niyet yapabilir miyim?" sorusudur. Cevabım hayır olur, yapamazsınız. Başkasının eylemi üzerine bir etkimiz olabilir ama hükmümüz olamaz. Her kalp kendi niyetini yazar.

Anlatacağım örnek böyle bir anne adayı. Kariyer sahibi, başarılı ancak toplumun ondan beklentisi olan çocuk üretimini gerçekleştirememiş olmanın stresini yaşıyor. Oldukça telaşlı, endişeli ve hırslı. Arzuladığı şey bir an önce olsun istiyor. Neden mi? Biyolojik saati hızla ilerliyor ve şansı azalıyor. Bir kariyer planı gibi hedefine ulaşırken belirlediği basamakları hızla geçti. Nasılsa değiştiririm, uyum sağlarım, daha iyisini mi bulacağım diyerek ve bir yandan da şikâyet ede ede evlendi. Ardından hızla tüp bebek görüşmeleri yapıldı. Doktorlar yetmedi, benden hedefine ulaşması için destek istedi. Bu tempo ve ruh haliyle giderse sonucun hiç de umduğu gibi olmayacağını söylediğimde biraz rahatsız oldu. Bana göre çocuk sahibi olacaktı. Doktorlar ise tam tersini söylüyordu. Yumurta rezervi bitmişti. Kendisini defalarca uyarmama rağmen hırsla istemeye devam etti. Yaptığım yorumlar hoşuna gitmediği için benimle görüşmesine ara verdi. Birkaç ay sonra aradı ve ikiz bebeklere hamile olduğunu haber verdi. Doğuma kadar her şeyi planlamaya devam etti. Hastane, hediyeler, davetler, çocuk kıyafetleri gibi konularda gerekli çalışmaları yaptı.

Kendine biçtiği bu yeni kariyer planında planlarının dışında gelişen beklemediği birçok sürpriz ile karşıladı onu hayat. Bebekler doğdu. Huysuzlukları ile onun hayatını zindana çevirdiler. Kendi sağlığında hiç beklenmedik sorunlar çıktı. Bunların haberlerini verdiği her telefonda sanki bana içten içe bir sitemi varmış gibi konuşuyordu. Bir gün aradı, oldukça gergindi.

"Bana böyle istemeye devam edersem, çocuk sahibi olacağımı ama o çocuğun bana hayatı zorlaştıracağını söylemiştin. Bunu değiştirmeme neden yardım etmedin?"

"Bu senin hayatın ve senin seçimlerin. Medet ummak hayal kırıklığı yaratır. Uyarımı yaptım ama sen hedefine odaklanmış füze gibiydin. Anne olma hedefini dışarısının onayı için koymuştun. Bu hedefe ulaştığında çevrendeki herkesin sana hizmet edeceğini ya da sana daha toleranslı davranacağını sandın. Annelik, yaşama emek vermek, geleceğe katkı sağlamak olarak görülürse çocuk doğurmadan da hayata üretkenliğinle katkı sağlayabilirdin. Bana göre zaten böyle bir kadındın. Anneliği, çocuk sahibi olmak sandın. İnsan bir şeye sahip olduğunu zannettiğinde bir bedel öder ve karşılığında bundan bir fayda elde etmek gayretinde olur. Sahip olduğun bir şeyi yani yumurtalarını kaybetmeden, onları değerlendirip çocuk olmasını istedin. Doğurdun ve niyetin tamamlandı. Onların bu hayata doğmaları; senin planlamaların, kontrol etme becerin ve hırsın sayesinde oldu. Endişe, kaygı ve acele duygusu ile beslendiler. Elbette aranızdaki bağ bu olacak."

Bu örneği sonuca odaklanmanın ve sonucun içinde olacak olanla buluşmanın seni diri tutacağını ve gerçeğe dönüştüğünde "Hayatıma nasıl böyle bir şey çektim?" yerine "Çok şükür ne güzel bir şey yaşıyorum" diyebilmen için anlattım.

Yeni bir örnek verelim.

Melis ile tanıştığımızda kredi kartı borcunu ödemek için strese girmiş bir halde bir an önce sorununu çözmek için bir yöntem arıyordu. Tabiri caiz ise "Yaz bir reçete işimi halledeyim" psikolojisindeydi. Onun bu borca odaklanmış halinin içinde ilginç olan aslında o borcu ödeyebilecek gelire sahipken bir türlü borcunu kapatamamaydı. Sonra nedenini daha net anladık. Borcunu ödemek için belirlediği bir yol vardı. O yolun dışında bir teklife kapalıydı. Tam bir rüyanın içinde kaybolmuş gibiydi. Alacağı olan tutar ile kredi kartı borcunu kapatmak istiyordu. Bunun mümkün olmadığını anlattığımda önce uzun bir süre itiraz etti. Bu borcu kapatmak için hükmedemeyeceği bir alandan yardım istiyordu. Amacı borcunu kapatmak değildi. Borç verdiği kişiyle olan bağını kesemiyor, onun yüzünden şunu bunu yaşıyorum diyerek hem kendi enerjisini boşa harcıyordu hem de yeteneklerini. Ona borcun sorumluğunu almasını tavsiye ettim. Borç verme kararı ona aitti ve kararını onaylamadığı için yeni bir karar veremiyordu. Bu durum onun hayatında fırsatları kaçırmasına sebep oluyordu. Melis bir gün geldi ve bugüne kadar yaşadığı hayatın ona hiç tat vermediğini fark ettiğini söyledi. Borcunu kapatmak üzere bir plan yaptık. Tek amacı vardı. Borcunu kapatıp, emeğini boşa harcamayı bırakmak. Çünkü çalıştığı işte sadece para kazanmak için çalışıyordu. Bu amacını devam ettirmesi için de parayla ilgili gündemler yaratıyordu. Kısa bir süre sonra borç kapandı. Karşı taraf borcunu ödedi ve Melis o parayla ilk yatırımını yaptı. Sonra bir gün geldi ve para odaklı çalışmayı bırakmak istediğini söyledi. Ne yapmak istiyorsun diye sordum. Yeteneklerini değerlendirmek ve başarılarıyla anılmak ve severek çalışacağı bir kariyer planının olmasını istediğinden bahsetti.

Niyetini yaptık. Hedefinde yeteneklerini özgürce kullanarak başarılı olmak vardı. Yaptığı işlerle takdir edilmek istiyordu. Melis bir oteller zincirinde satış departmanında yöneticiydi. Bir süre sonra bir teklif ile birçok ülkeye lüks turlar yapan bir şirketin koordinatörü oldu. Şimdi ise sektörün en büyük şirketlerinden birinde üst düzey yönetici. Bu arada evini, arabasını aldı. Yaptığı işlerle ve başarıları ile anılan ve daha önemlisi mutlu bir iş insanı oldu.

Diğer bir örneğim danışanlarımdan Petek'in niyeti...

Petek, aşkı aramaktan yorulduğunu, hiçbir şey istemediğini anlattı.

"Hiçbir şey istemeyen bunu dile getirmez" dediğimde biraz sitem etti.

"Ben en büyük arayışımdan vazgeçtim siz neler söylüyorsunuz?"

"Ben söylemiyorum, bunu söyleyen sensin Petek!"

"Düzeltiyorum o zaman, ben aşkı aramaktan yoruldum ve pes ettim. Bundan böyle yalnız olmak istiyorum."

"Ne zamana kadar?"

"Bilmiyorum, kendimle olmak istiyorum, öyle diledim böyle diledim olmadı. Adamın dışı başka içi başka çıkıyor, kavun değil ki bu koklayarak alasın. Üstelik liste yapmaktan çok sıkıldım, her seferinde eksik bıraktığım bir özelliği canıma okudu. Son erkek arkadaşım tam istediğim gibiydi, ancak gelin görün ki adamın arkadaş canlılığı boğdu ilişkiyi, arkadaşlarından ayrılıp bana gelemiyordu. Ben başa çıkamadım, anlayacağınız çekiliyorum. Şimdi sizi dinliyorum, merak ediyorum istememe halime ne yorum yapacaksınız."

"Tam da şimdi gerçek siparişi vermişsin. Sen kendinle buluşmadan öbür yarınla seni tamamlayacak olan kişiyle nasıl buluşacaktın? Her zaman hatırlaman gereken şu ana kadar yaşadıklarının tamamı, sırf senin şunu, onu isterim, bunu isterim halinden pes ettirmek içindi. Hayat bizim önce kendimizle buluşmamız için var. Senin canın yandığında, sevindiğinde ya da herhangi bir şey yaşadığında hissettirdiklerin ancak benim anlayabildiğim kadardır. Oysa sen kendini tam olarak anlarsan benim seni anlamam için, kendini anlatmak için yormazsın. Sadece böyle der geçersin veya ne istiyorsan net olarak söylersin. Başım ağrıyor bana bir ilaç ver lütfen dersin, olur biter. Oysa sen başının neden ağrıdığının, bunun nasıl geçeceğinin, bir daha olup olmayacağının cevaplarını dışarıda aramaya çıksan, o baş ağrısı geçmez senin de dışarıya öfken bitmez. Kendinle buluşmanın en kıymetli sonucu, ne istediğini değil, nasıl hissetmek istediğini bilmektir."

Petek'le birlikte bir niyet yaptık:

*Geçmişten getirdiğim ne varsa
aşka dair şu anda bırakıyorum.
Kendimi kısıtladığım alanları
açıyor ve özgürleşiyorum.
Kendi merkezimde yaşamı
kucaklıyorum. Geleceğe huzurlu,
mutlu ve coşkuyla ilerliyorum.*

Petek, bu niyetle dışarıdaki arayışını sonlandırdı. Aradığı kendisiydi, o kendini kucaklamaya niyet etti. Önce kendini tanıma sürecine girdi.

Bu niyetinin üzerinden iki yıl geçmeden hayatının aşkı ile buluştu. İki yıl önce karşılaşsa listesindeki arayışlarına uymayan bir kişiydi buluştuğu insan. Petek de iki yıl önceki halinden çok farklıydı. Daha sade, ne istediğini bilen ve samimiydi. Eskiden mecburiyetler ve olmazsa olmazları yüzünden daha hırçın ve daha gerginken şimdi güler yüzlü ve çözüm konuşan bir kadın olduğunun kendisi de farkındaydı. Yine başarılı işlere imza atıyor ama işi için kendini yok etmiyor.

Petek belki hiçbir şey dilememiş gibi gelmiş olabilir. Oysa çok güçlü bir dileği vardı. Kendisi gibi olmak. O dileği söyleyene kadar ne kadar çok emek vermişti hayatına. Bir kariyeri, çevresi, fiziksel görünüşü doğrultusunda kendisinin ve çevresinin ona layık gördüğü bir aday listesi içinden seçtikleriyle yaşadıkları sayesinde listelerini bir kıyıya atarak, kendi gibi olma yolunu seçmişti.

Geçmişle kavgayı bırakmış, emek verdim ben bunca yıl demeden kariyerini inceleyip o işin onu mutlu etmediğine karar vermiş, sadeleşerek dışına giydiği "mış" gibi giysisini çıkartarak öbür yanım dediği kişiyle buluşmuştu. Tam da istediği gibi olmuştu her şey, ilkönce kendisi sonra hayatının tamamı. Yine başarılı bir kariyeri, onu seven ve onaylayan bir çevresi ve hiç hesap yapmadan seven bir kocası ve tüm bunların sonunda onu anneliğe taşıyan bir oğlu oldu. Bırakmanın ne kadar değerli bir eylem olduğunu hatırlatan bir örnekti. Bırakmak dediğimde birçok danışanım tedirgin olur. Neyi bırakacakları konusunu öğrenmek isterler. İlk olarak kontrolü bırakmak bizi özgürleştirir. Hayatın gidişatını, istediklerimizin verilme şeklini, yakın çevremizdekilerin de hayatının iyileşmesini, dışarıda memnun olmadığımız ne varsa bizim istediğimiz hale gelmesini kontrol etme gayretini bırakmak, hayatın tekliflerine dikkatimizi vermeye yardım eder.

Tam bu noktada birkaç detay vermek isterim.

Birçoğumuzun hayatında tekrar eden olayların konu başlıkları aşağıdaki gibidir:

- Kariyer
- Para
- İlişkiler (aile, evlilik, arkadaşlar vb.)

İlginç olan ise en sık niyet konusu bu üçlünün alanına girer. Hatta bir niyet yapmaktan sakınanlar veya yanlış bir şey istemekten çekinenler için yuvarlak ifadelerin içinde saklanırlar:

- Çok para kazanacağım bir iş istiyorum. (Çok – yok etme isteğini, istiyorum-isteme halinde kalayım ve bir işten ötekine arayışım devam etsin.)

- Beni çok sevecek biriyle evleneyim. (Çok – yok etme isteğini, sevildiğimi hissedeyim yok, ben de seveyim yok, buluşma yok adeta bir boşluk.)

- Evleneceğim kişi... (Evlenme fiili aktif, harika düğünlerin ertesi günü yüksekten düşmüş etkisi ile uyanmak yaratabilir.)

- Mutlu olacağım bir ilişki istiyorum. (İsteme halinde kalacağım – mutluluk beklentilerin giderilmesi ile ilgilidir, netlik ister. Bir ilişki mutlu etmez. İlişki yaşanan kişiyle paylaşımlar mutlu eder. Bu da mutlak değildir. Zaman zaman mutlu olursun, zaman zaman olmayabilirsin. Bu mutlak hal yaratılamayacaksa bu niyet gerçeğe dönüşemez.)

- Zengin olmak istiyorum. (İstemek ile biten bir cümle kurulmuş. Eylem istemek üzerine yoğunlaşır. Sürekli isteklenir, özenir ama o halde kalır. Ayrıca neyin zengini olmak istiyor, belli değil.)

- Borçlarımı ödemek istiyorum veya ödeyeyim. (Borçlarını ödemek istemek veya ödeme yapmaya niyet etmek aslında sürekli borç konusuna akan bir geliri temsil eder.)

- Borçlarımı kapatayım. (Borçlar kapanır ancak bütün borç ödemelerini hızla kapatmak için bir gündem oluşabilir.)

Niyetin Gücü

Sana kendin için yapabileceğin bir yöntem tavsiye ediyorum.

Bu satırları okuduktan sonra sessiz bir yere git, inancın doğrultusunda ibadet, meditasyon gibi sana kendini rahat hissettirecek bir halde ol. Bulunduğun ortam sessiz olsun. İstersen hafif ve keyifli bir müzik dinleyebilirsin. Dinlediğin müzik enstrümantal olsun. Gözlerini kapat ve o niyetin olduğunda, gerçekleştiğinde nerede, ne yapıyor ve nasıl hissediyorsan orada ol.

Yeni bir evse niyetin, o evin içinde dolaş, eşyalarını seyret, en önemlisi kendini nasıl hissediyorsun bir bak. İstediğin hale varmak için önünde bir engel görüyor musun? Bunlara odaklanırsan sadece onlarla mücadele edersin. Sen sonuca odaklan. Maraton koşan atletlerden yarışı tamamlayan ile tamamlayamayan arasındaki fark bitirenin geçiş noktasına, bitiremeyenin sadece koşmaya odaklanmasıdır. Her ikisi de hedefine ulaşmıştır. Gidiş yoluna odaklanmak seni yola çıkarır ancak hedefe varmana yardım etmez.

Hatırlaman gereken, emek ve zamanın senin yakıtın olduğudur. Gideceğin hedef ne kadar uzaksa yani bulunduğun durumdan ne kadar farklı bir duruma taşınacaksan, hayatını ne boyutta dönüştürmek niyetindeysen rota o kadar uzun olur. Bulunduğun durumun tespiti, buradan çıkmak için kararlı oluşun ve dönüşümü kabul edişin sana yol açar. Varacağın durağa seni taşıyacak olan niyetinin gücüdür.

- Neredesin?
- Ne istiyorsun?
- Bu istediğine ulaştığında bu sonuç sana ne katacak?
- Hedefine odaklandığında tamamladığını görebiliyor musun?
- Yolda karşılaşacağın engeller neler olabilir?
- Bu engelleri aşmak için yeterli motivasyonun var mı?
- Yolda kaybedeceklerin olabilir, bırakmaya hazır mısın?
- Bırakmak için hazırsın, peki emek vermek için motivasyonun var mı?

Sana bir tablo vereceğim. Uzun vadeli niyetlerin için kullanabilirsin. Karar verdikten sonra öngörü oluşturman için yardım edebilir.

NİYETİM: Sigarayı bırakıp, onunla bağımı keseyim.			
NİYETİN	**Sigarayı bırakınca ne olacak?**	**ENGEL NE OLABİLİR?**	**HEDEFE ULAŞIRSAN NE OLUR?**
Sigarayı bırakmak.	Kendimi daha iradeli hissedeceğim. Sigaraya bağımlı olmaktan kurtulacağım. Sağlıklı olacağım. Paramı bana zarar veren şeylere harcamayı bırakacağım.	İÇME İSTEĞİ, STRES, BOŞLUK HİSSİ	ÖZGÜR, SAĞLIKLI VE KENDİNE GÜVENEN
Bağımlı olmayı bırakmak.	Daha genç hissedeceğim.	SOSYAL ÇEVREMDE SİGARA İÇENLER	İRADEMİ AÇIĞA ÇIKARIRIM

Niyetimi Yaptım Her Şey Yolunda mı?

Niyeti yapmadan önce bir güzel oturup düşündün, karar verdin ve niyeti yaptın. Hayatında birtakım değişiklikler de başladı, oh çok güzel ya da belki ürküten gelişmeler var.

Acaba bunlar benim istediklerim mi diye içinde bir şüphe oluştu. Gel bakalım beraberce...

Diyelim âşık olmak istedin. Bugüne kadar yaşadıklarından elinde oluşmuş bir liste var ve bu listede, istediklerin ve istemediklerin mevcut. Eskiden seni üzerek kalbini kırmış birisini istemiyorsun. Ancak bazı şartların da mevcudiyetini koruyor, eskiden de istediğin, mali durumu iyi, giyimine önem veren, seni sevecek vb. gibi süregelen kalıplarına yenileri de ekleyerek bir liste yaptın.

Kâinat senin istediğini hazırlamaya başladı. (Bu arada bu örneği; iş, ev, bambaşka bir kişi olmak, kariyer ya da her ne ise niyetin buna uygulayabilirsin.)

Eski kalıp ve beklentilerin bir kısmı veya çoğunluğu da hâlâ orada duruyor.

Senin öncelik listene göre karşılaşmalar ayarlanmaya başlandı.

Zengin, iyi giyimli, kibar, yeme içme zevki oldukça gelişmiş birisi ile ilginç bir şekilde tanıştın.

Kafada soru işaretleri ile birlikte kalbinde bir heyecan fırtınası da başladı:

"Acaba bu benim dilediğim kişi mi?"
"Ya değilse?"
"Ama tam da dileğimdeki gibi, ya kaçırırsam?"
"Peki o değilse ve beni yine üzerse?"
"Yok, bence bu değil, içimden bir ses yapma diyor."
"Çok tatlı, kalbim böyle çarptığına ve evren de bizi bir araya getirdiğine göre o doğru kişi olabilir."

Bu sorular uzar gider. Vesvese en yakın arkadaş olarak zihnine oturur. Kararsızlık seni yer bitirir. Aslında pozitif gibi gözüken ve tam da istediğin gibi dedirten olay ve özelliklerin yanında, olmasından rahatsızlık duyulan birtakım olaylar da beraberinde devam etmektedir. Ancak bu olumsuz gibi gözüken terslikler veya listene uymayan özelliklere zihnin bir savunması vardır. Kişi iyidir hoştur, ama pintidir, öyle pintidir ki anlamsızca pazarlıklar ederek kimi zaman seni mahcup edecek olaylar oluyordur. Ama lüks arabası o kadar da pinti olmadığına işaret ediyor ve seni ikna ediyordur. Canım pinti olsa o kadar pahalı arabaya biner mi hiç deyip gözlerini yumuyor olabilirsin. "Ben onun elinin sıkılığını değiştiririm" diyorsan eğer vay haline, yaşayacağın deneyimler cehennem ateşi kadar etkili olacaktır. Çünkü bu demektir ki, bir hesap içinde kendine zulmetmeye başlamışsındır. Karşılığında zulüm görürsün. Senin istediklerinin bir listesi vardı evet belki ama peki ya o özelliklere sahip olan kişi seni mutlu edecek mi? Bu bir araya gelişin sonucu ne olabilirdi bunu hiç önemsemediğimizde hayat bize sadece istediğimizi sunar, bunun karşısında huzurlu olmamız veya huzurumuzun kaçması bize bağlıdır.

Birkaç önemli konuyu özetleyelim:

1- Niyet yapmadan önce mevcut durumda değişim yaşayacağını kabul et.

2- Neye ihtiyacın olduğunu iyi tespit et.

3- O istek bir gereklilik mi, yoksa ulaştığında seni kavrayacak ve orada olmakla sana değer katacak bir durum yaratıyor mu?

4- Niyetin sonucunda ne olduğunu hisset. Hatta bence en çok bir şey hissediyor musun diye bak.

5- Ezber yaparsan enerjini sonuca taşıyamaz, aynılığını devam ettirirsin. Ezber ile anlatmak istediğim; oldubittiye getirmek. Tamam istedim ve oldu. Hatta bu şekilde niyetinin sonunda ve öyle de oldu ifadesi kullanmanın geleceği kontrol etmek olduğunu hatırlatmalısın.

6- Niyeti, dilemek, istemek ve duadan ayıran en önemlisi fark hedef ve o hedefe gidecek emek ve motivasyondur.

7- Niyetini başlatır da sonuna odaklanmazsan savrulabilirsin. Bunu bahçe hortumunu açık bırakmak gibi görebilirsin. Enerji açığa çıkar fakat odaklanma olmadığı için bir sonuca varamaz.

8- Niyetini yaptıktan sonra bazı değişimler, sosyal ilişkilerinde, mevcut statünde seni tedirgin edebilecek gelişmeler olabilir, her şey çok hızlanabilir veya sanki mevcut durumun daha da derinleşiyormuş gibi hissedebilirsin. Bunlar bir dönüşümün habercisi olabilir. Mevcut değişmeden hatta bazen tamamen yıkılmadan ilerlemek mümkün olmayabilir.

9- Niyetin ne kadar derin bir dönüşüm içeriyorsa o kadar desteğe ihtiyacı vardır. Sen destek verirsen yaşam destekler. Benzer benzeri çeker yasasını hatırla; sen neyi kendine çekmek istiyorsan o halde ol.

10- Hayatının her alanında kullanacağın niyetin sana katacağı en önemli özellik ÖZGÜVEN halidir.

Başkaları İçin Niyet Edebilir misin?

Daha önceki bölümlerde bahsettiğim birkaç konuyu burada özetlemek iyi olabilir.

Bir başkası için dua edebilir, dilek dileyebilir ancak niyet yapamayız. Bunun en önemli sebebi niyetin, niyet edenin kararları, eylemi ve gayreti ile sonuca ulaşmasıdır.

- Bir başkasının niyetini doğru ifade etmesinde ona destek olabilirsin.
- Niyetine ulaşmasında, onun talebi doğrultusunda kendisine yardım edebilirsin.
- Niyetinin sonucunda varacağı noktada ortaya çıkacak sonucun onun için hayırlı olup olmadığını sorduğunda, fark ettiğin kadarıyla nereye varacağını anlatıp, onun bu sonucu isteyip istemediğine karar vermesine katkı sağlayabilirsin.
- Karşı taraf talep etmedikçe bir kişiye zorla yardım etmek doğru değildir. Bazen bir insanın hayatını kolaylaştırmak onun ileride daha büyük zorluklar yaşamasına neden olabilir. Bunun yansıması olarak bize onun yaşadıkları seyrettirilir ve elimizden bir şey gelmez ya da onun yaşaması gereken zorlukları biz yaşar hayatımıza yük alabiliriz.
- Bazı zamanlarda karşındaki sorar, sonucun pek de istediği bir şey olmadığını anlatırsın. O yine de aynı niyetin gerçek olmasına odaklanırsa sen geri çekil. Onun bunu yaşamaya ihtiyacı

olabilir. Sonucunda sana gelirse, deneyimin hazine kadar değerli olduğunu hatırlatabilirsin. Beni dinlemedin demen; sana karşı bir kızgınlık duymasına sebep olabilir.

- Her tekâmüle saygı ile kabulde, hayır ve şer diye ayırmadan olanı seyretmek değerlidir. "Şu sınavı iyi geçsin, şu okula girsin" gibi kadere müdahale cinsinden niyetlere nefsin hükmedici etkisi karışır, hatırlamakta fayda var.
- Eğer ısrarla bir insanın öğrenmesi gereken bir konuda onun yolundaki engelleri sen kaldırmaya çalışırsan, senden uzaklaşır ve yoluna devam eder.

Dua, yoğunlukla bir korunma, sığınma ve yardım isteme enerji taşıdığı için hem başkaları için dua edebiliriz hem de kendimiz için dua edilmesini isteyebiliriz.

- Duada bir yöneliş, isteyişte bir teslimiyet, korunma ve himaye edilme isteği bulunur. Bu bir makama arz edilir. Eylemin içinde biz verilmesini talep eden, bekleyenizdir. Eylemimizle destek olmayız. Buradaki eylem talep etmek, istemektir.
- Beni, ailemi, sevdiklerimi kötülüklerden koru, himayede olayım. Duadır.
- Karanlığın şerrinden sana sığınırım. Duadır.
- Sevdiklerimi, sahip olduklarımı himaye et, koru. Duadır.

Dilek; yine hem kendimize hem de başkalarına kullanılabilir. Serbest bırakma, akışın getirdiğini kabul etme hali içerdiğinden dilek enerjisinde kendi alanımızda kalırız:

- Mutlu olmanı diliyorum.
- İşinde başarılı olmanı diliyorum.
- Hayırlı işler diliyorum.

Bilgiyi Eyleme Dönüştür

Neredeyse bitirdik. Ancak bazen tam olarak kavrayabilmek için örnek dinlemek veya örnek yapmak iyi gelir.

İstersen önce birkaç soruyu tekrar kısaca cevaplayayım, hem bir toparlama olur bilgi netleşir:

+ *Niyet yapmanın dilek dilemekten bir farkı var mıdır?*

Az da olsa biraz farklıdır. Niyet aslında bir rota belirleyip koordinatları girmek ve varılacak adresi bildirmektir, kapıya teslimdir. Büyük bir dönüşüm enerjisi taşır. Dilek dilemenin ucu açıktır, yumuşaktır ve olsa da olur olmasa da. Niyet nettir, sonuca ve olmasına odaklanırsın.

+ *Niyet ederken nelere dikkat etmeli?*

Kalbinin sesini dinle, olmasını istediğin şeyleri ifade et, olduğunda mutlu olacağın halleri kelimelere dökmeye önem ver. Niyet, sahnede yapılan bir rol gibi yapıldığında sistem işlemez, net, kalpten, içten enerjilerle çalışır.

✦ Niyetini yaptın, sonucunu ne zaman alırsın?

Bunun cevabı gideceğin mesafe ve hızında saklı. Yani ne kadar uzağında bir şeye niyet ettin ve onunla buluşmak için ne kadar emek vereceksin ve var olan şartlar ne boyutta bir dönüşüme uğrayacak? İşte cevap bu noktada netleşir.

Örneğin; diyelim ki mutlu bir evlilik yapmak istiyorsun. O ana kadar yaşadığın ilişkiler seni hep mutsuz etti ve umudun kalmadı. Gerçekten mutlu olmak için niyet ettin. Şimdi önce senin mutsuzluk frekansından, mutsuzluğu kendine çekme potansiyelinden kurtulman gerekiyor. Aynı zamanda kendini daha iyi tanımalısın. Kendini bilen neden mutlu olacağını bilir. Sen bir döneme girersin, birçok olay yaşarsın. Hatta belki niyetlerinin kabul olmayacağına inanır ve akışına bırakırsın. Hatta belki sadece kendine odaklanırsın. Bir gün karşına birisi çıkar ve sen hayatın boyunca beklediğin o anı tesadüf diye nitelersin. Tesadüf sipariş ettiğin her ne ise seninle buluşmasıdır. Hani sonuca odaklanacaktık? Burada neredeyse unuttuk diye aklına soru gelebilir. Burada senin sonuca odaklandığın alan mutluluk olduğundan yaşam önce var olduğun binayı yıkacak ki oradan çıkasın. Melis'in önce borcu ödemeye odaklanıp, o parayı alırsam hesaplarını bırakması gibi hiç ummadığın bir yoldan getirebilir ki sen fark etmeden yoluna devam edebilesin. Belki de karşına sana müdahale edecek, seni yönetmeye çalışacak insanları gönderecek ve sen kendin olmaktan uzağa gittiğinde mutsuzlaştığını fark edeceksin. Bu yaşadıkların sayesinde kendin olmaya odaklanacaksın. Mutluluğa giden yolda emin adımlarla ilerleyeceksin. İşte tam o noktada buluştuğunda ve birlikte bir yaşamı paylaştığında mutlu olacağın kişiyle buluşacaksın.

✦ **Niyetinin olmamasının nedeni ne olabilir?**

Sonucu tam olarak tasarladın mı? Gözden geçir, net misin? Az önceki niyet ne kadar netti. Onun sonuca varma hızı kendi iç yolculuğuna çıkışın ve yolculukta dışarının etkilerinden arınma hızınla bağlantılı olarak gerçekleşir. Ama gerçekleşir. Varacağın sonuç netlik arz etmiyorsa kargaşa yaratabilir, tekrar eden olaylar oluşabilir.

Örneğin; bir hastalığın var ve iyileşmek istiyorsun. Niyetini yaptın ancak bir türlü iyileşemiyorsun. Niyeti nasıl yaptığını tekrar gözden geçir. Hastalığı göndermek ve iyileşmek istiyorsun ancak iyileştikten sonraki süreçle ilgili bir niyetin yoksa, tedavi sürecine odaklandıysan çeşitli tedavileri uygularken bulabilirsin kendini. Bu hastalık, ortaya çıkana kadar sen bir süreç yaşadın. Bu süreci sonlandırmak için hastalığınla bağını kesmen önemli. Kendini üzdün, görmezden geldin, belki de başkalarının onayına muhtaç hissettin. Şimdi bu durum değişti mi? Eğer cevabın hayır ise senin de niyetin iyileşmekle ilgili olmaktan çok "Ne yapayım? Ne yapsam daha iyi olur?" gibi belirsizlik içerir.

Hemen birlikte bir niyet yapalım.

*Yaşadığım bu hastalık bedenime
özen göstermemi
Hayatın bana verilen bir hediye olduğunu
Asıl zenginliğin sağlıklı olmak olduğunu fark ettirdi.
Bu hastalık görevini tamamladı.
İyileşmeye ve sağlıklı
olmaya hazırım.
İyileştiğimde, hakkını vererek ve bedenime özen
göstererek yaşayacağım.
Niyetim kabul olsun,
Yaradan yardımcım olsun...*

✛ **Sürekli aynı şeyleri yaşıyor ve hayatının değişeceğine inanmıyorsun, yine de niyet etsen, bir şey değişir mi?**

Hayır değişmez. Niyetin kalbinden yayılan frekansı çeker. Aslında halihazırda hayatına çektiğin bildiklerin ve hiçbir şeyin değişmeyeceğine olan inancın sayesinde yine bildiğin olacaktır. Bazen her şeyin değişmesi için tam olarak vazgeçmek gerekir. Çoğu zaman hastalık, iflas, maddi ve manevi kayıplar, inadı bırakıp teslim olmaya ve olabilecekleri hesaplama yapamaz hale getirmek üzere gelirler. Teslim alıp var olan her şeyi dönüştürürler.

Bu konuyla ilgili niyet atölyesi çalışmasında paylaşılan bir deneyimi paylaşmam sana açılım verebilir.

Anne olabilmek için birçok defa tedavi gören, yardım alan bir kişi hamileliği 5,5 aya geldiğinde bebeğin cinsiyetini öğrenmek için doktora gidiyor. Fakat doktorun onun için farklı haberleriyle dünyası sarsılıyor. Kısa süre önce yapılan testin sonucuna göre bebek %100 engelli doğacaktır. Doktorun tabiriyle bebek bir köşe yastığı kadar hareketsiz ve bakıma muhtaç bir boyutta engele sahiptir. Anne adayı doktordan çıkar. Tüm aile bebeğin cinsiyetini öğrenmek için ararken o suskun kalır. Doktor gebeliği sonlandırmasının onun için en doğru karar olduğunu ifade etmiştir. O babasını arar, durumu anlatır. Babası ona "Bu bebeği Allah sana verdi. Çünkü sen ona bakabilecek bir kalbe sahipsin. Herkes bu durumu kaldıramaz ama yine de karar senin" der. Telefonu kapattıktan sonra elini karnına götürür. Hareketi hissedince bebeği ile konuşur ve "Beni seçtiğin için teşekkür ederim, sana elimden geldiğince iyi bakacağım" der. O günden doğuma kadar geçen süreçte karnındaki bebekle sevgiyle iletişimde olur. Vakti geldiğinde doğum gerçekleşir. Anne olmanın sevinci ve onun sevgisine ihtiyacı olan bebeğinin yanına koşar ve kucağına alır. Bil bakalım bebeğin engeli nedir? Hiçbir engeli olmadan doğan bebeğe, doktorlar mucize der ve geçer. Biz ise kalbin kabulü yaşamı dönüştürür deriz.

+ Sahip olduklarımızın bizi bir hale sabitleyeceğini yazmışsınız. Sahip olmak kötü bir şey midir?

Sahiplenmek sadece maddi dünya ile ilgili bir bilgi değildir. Ancak maddi varlığını koruma isteği de bir durumun değişmesine karşı bir direnç oluşturabilir. Bununla beraber, bir duyguyu, huyunu, yaşadıklarını sahiplenebilirsin. Bu da senin dönüşüme karşı dirençli olmana neden olur. İstesen de bırakamazsın. İstediklerini yaşayacakmışsın gibi olur, tam olacakken elinden kaçabilir. Niyet edersin ama ilerleyemezsin. Çünkü niyet bir hali bırakarak başka bir hale geçişle oluşabilir.

+ *Sahip olmak istediklerini hayatına nasıl çekersin ve maddi zenginlik için niyet ettiğinde olur mu?*

Elbette, istediğin her şey için niyet yapabilirsin. Yeni bir ev, araba, işinde yükseliş, ün, para ne istersen o olur. "İsteyene istediği verilecektir" ifadesinin tüm semavi din ve inanışlarda geçerli olduğundan bahsetmiştim. Önemli konu bulunduğun halin tespitini yapmak ve ardından istediğinle buluşmak. Yani ünlü olunca ne elde edeceksin? Sadece ünlü olmak dersen, ünün iyisi kötüsü olabilir. Zenginliği ne için istediğini tam olarak tanımlamazsan, zenginleşirsin belki ama zenginlikten zevk almayabilirsin. O zenginliği yaratman için çok çalışman, hayatını düzenlemen gerekir. Para ile ilgili odağın artar. Maddi bir konuda niyet yaparken gerçeğe dönüştüğünde o sana ne katacak, o durumla bağın sana ne hissettiriyor farkında olmalısın. Bu sayede hedefine vardığında sana katkı sağlar. Yoksa hedefe ulaşman söz konusu olmaz. Hedefle arana tatminsizlik girer, sürekli o konuda daha ileriye gitme ve var olanı korumaya odaklanırsın.

Diyelim; ev almaya ve ödemelerini kolaylıkla yapmaya niyet ettin. Kolayca ödeyebilmen için gelirinin artması gerekir. Gelirinin artması için işlerin açılmalıdır. İşinin açılabilmesi için bulunduğun mekân, çalışanların, müşteri portföyün değişebilir. Çalışma tempo artar. Sen ödemelerin nasıl ödendiğini dahi takip edemeyecek kadar yoğun olursun. Evin taksiti biter. Ancak iş tempon o kadar artmıştır ki, zaman su gibi akar gider. Sen kendin için bir şey yapmamaktan dolayı gerilirsin, kendine zaman ayırmak istersin ancak kurulu düzenin temposu değiştiğinden yavaşlasan elindekileri kaybetme korkusu yaşarsın. Bir şeyler daha satın alabilirsin. Daha lüks yaşama geçebilirsin. Ama hep bir kaybetme korkun vardır. Ev artık senindir, gel gör ki sana yuva değil, dört duvar olmuştur.

Evi dilerken, mutlu olacağım ve bana yuva olacak bir evim olsun desen içinde yaşarken nasıl hissedeceğini de barındırdığından sahip olmaya odaklanmazsın.

+ Biriktirdiklerini bırak, verin dedin. Ama vermek borçlandırır da dedin, hangisi doğru?

Biriktirmenin altında yatan aslında değersizlik duygusudur. Bilgim olmazsa, param olmazsa, bir mesleğim, tecrübelerim, eşyalarım her ne ise sahip olduklarını, bir şekilde sahip olduklarının koltuklarını kabartıyorsa aslında sen yeterince sevildiğini hissetmiyorsun. Büyük bir olasılıkla sevgini de hissettiremiyorsun. Bırakmak illa sahip olduklarını yok etmek manasını taşımıyor. Bir kanara bırakmak, statünü önemsemeyi bırakmak kısacası neyi bırakamam diyorsan bir kenara koymak seni, sen ile buluşturur. Değersizlik hissi ile baş etmenin en iyi yolu toplumun hayrına bir şeyler yapmaktır. Yani diyelim doktor kimliğin senin önüne geçti. Seni hiç tanımayan insanlar için bir şeyler yap, onlarla ilgilen, vakit ayır, doktor kimliğin olmadan da değer gördüğünü fark et. Bu hayatla alışverişini güçlendirir ve seni özgürleştirir. Vermek borçlandırmaz, almadan vermek yokluk yaratır. Birisine verdiğin ile onu değiştireceğini zannedersen yanılırsın. Diyelim bir arkadaşın senden borç para istedi ve senin ona verecek bir paran yok. O üzülmesin diye kendini zorlayarak ona ihtiyacını verdin. Onun hayatına bir katkı sağlamak istedin. Verdiğin senin bir ihtiyacını karşılaman için ayırdığın paraydı. Sen "Ben nasılsa hallederim" diyerek olmayanı verdin. Kendini ertelediğin için borçlandın. Aynı durumda senin istenilen miktarda paran var. O arkadaşına da verdin. Verirken prensipli davrandın. Alışveriş dengesini kurdun. O parayı geri ödemezse nasıl bir tutum sergileyeceğini, ödemesi için gerekli şartları belirterek onun senden talebini karşıladın. Bu denge arz eden bir alışveriş. Aynı durumda arkadaşının borcu olduğunu öğrendin ve o daha talep etmeden hemen para teklif ettin. Talep = almak, Parayı verme = vermek. Almadan verdin, onun kaderine müdahale ettin. Yük aldın, hayata borçlandın. Bir kazancın veya bir akarın var. Bunun içinden ihtiyaç sahiplerine bir pay ayırdın. Bunun adı sadakadır. Senden olandan (aldığından) ihtiyacı olana veriyorsun. Bu hayırlıdır. Bir bırakma enerjisini anlatır.

+ Niyetini yaptıktan sonra birden hayatında sorunlar başlarsa, yanlış bir şeyler yaptığını mı düşünmelisin?

Gelecek şimdide yaşanan halin izdüşümüdür. Eğer o niyeti yaparken sonuca odaklanamadıysan bazı karmaşalar olabilir. Belki de tam niyeti yaparken yarım kesmiş olabilirsin, dalıp başka bir işe geçerken iyi organize olamamış bir halde enerjiyi boşta bırakmış olabilirsin. Böyle bir durumda ifadelerini tekrar gözden geçirebilir, niyetini değiştirebilir ve yeniden yapabilirsin.

Beraber bir niyet yapalım.

Hayatımın şu döneminde yaşadığım karışıklık, sıkıntı, gerginlik enerjilerinin nedeni yaptığım herhangi bir niyet ise ve bu niyet benim hayrıma olan bir amaca hizmet etmek yerine bana zarar veren bir amaca hizmet ediyorsa, bu niyetimi iptal ediyorum, yerine ferahlık, esneklik ve düzeni koyuyorum.

+ Bir niyeti değiştirmek veya iptal etmek isteğimizde ya da arınma niyetlerinde nelere dikkat etmeliyiz?

Bıraktığının yerine yenisini koymayı hatırlaman yeterli. Yani ... iptal ediyor, değiştiriyorum yerine ... niyet ediyorum.

+ Çok istemene rağmen bir türlü değiştiremediklerin için ne yapabilirsin?

Kabul edip, hakkını vermediğin hiçbir halden, yerden, durumdan, kişiden gidemez, o durumu başka bir hale taşıyamazsın. Diyelim; evinden taşınmak istiyorsun. Yeni bir ev buldun. Her şey yolunda, eski evde eşyalarını toplamıyor ve çıkmak için hiçbir harekette bulunmuyorsun. Yeni ev orada duruyor.

Eskiden çıkmadan, onu bırakmak için çaba göstermeden yeni eve taşınamazsın. İşte, eskiyle vedalaşır, onu bırakırsan yeniye geçebilir ve hayatında dönüşümü gerçekleştirirsin.

Niyetimizle buluşmamızın önünde duran engeller neler olabilir?

Şu ana kadar yaşadığın hayatta edindiğin tecrübelerin, öğrendiklerin, inanışların, korkularınla oluşturduğun bir sınırın var. Bu sınır senin yapılabilir ve yapılamaz algısını belirleyen alandır. Öğrenilmiş olan ile yol alma gayreti insanın henüz başlamadan vazgeçmesine neden olabilir. Bir kriz anında veya düşünmeye fırsat bulamadığında gösterilen performansın nedeni de budur.

Çanakkale'de Seyit Onbaşı'nın 215 kg ağırlığındaki top mermisini o anda kaldırmasının açıklanabilir bir tarafı görünmüyor. Amacı düşmanı yenmek için elinden geleni yapmak olunca sırtına aldığı top mermisini daha sonra kaldırmak istediğinde yerinden kımıldatamamıştır.

Senin de, sonuca odaklanman için engel kalmadığını fark ettiren bir veya birden fazla tecrüben olmuştur.

Bir konuda ilerlememizde kendimize koyduğumuz engeller genellikle; yaş, kilo, dış görünüş, yetenekler, maddi güç, çevresel ve ailesel etkenler gibi uzun bir listeden oluşabilir. Bu liste aslında bizim öğrenilmiş çaresizliğimizdir. Birçok hayvanı bu şekilde eğitirler. Ayak bileğine bağladıkları zincirle tutsak edilen filler, zincir çıktığında ayak bileğinde bırakılan bir halka ile bırakılır. O halkayı hissettiği sürece tutsak olduğu tecrübesiyle orada öylece kalır ve kaçıp gitmez. En önemlisi ise güdüm altına girmiştir. Yani ne deniliyorsa onu yapmayı kabul etmiştir.

Bizim de ister tecrübeyle, ister telkinle ya da her ne sebeptense öğrendiğimiz çaresizliklerimiz ve kendimizden çok başkalarını dinleyen halimiz istediklerimize ulaşmamızın önünde duran Kafdağı'dır. Bu dağ aşılamayacağı için delinmelidir, bunun için de aşk gerekir. Aşkla isteyince olur. Bu yıkıcı bir deneyimden çok daha keyifli olur.

Çoğu zaman daha istemeye başlamadan kendi muhalefetimizi kendimiz yapar dışarıya pek fırsat vermeyiz. Eğer bu muhalif halimize teslim olmaz da hareket ettiğimizde bu sefer de çevremizden itirazlar yükselir:

- Bu yaştan sonra aklını mı yitirdin, ne diye risk alıyorsun? Otur oturduğun yerde.

- Macera peşinde koşuyorsun, mis gibi işin var, neymiş kendi işini kurmak, batarsan görürsün.

İki gram hevesimiz vardı, o da gitti. Başlamadan vazgeçildi. O niyet, ileride hayıflanarak anlatılacak hikâyeler rafında yerini aldı.

Neden sence?

Aşk yoktu, hesapsızca, nedensizce duyulan istek, o isteği duyacak hal, teslimiyet ve güzel olacağına emin halden yoksunluk vardı.

Oturduk, oturduğumuz yerde mis gibi şikâyetimize devam ettik ya da...

Kalktık ve ilerlemeye karar verdik.

Niyetimiz ve onun taşıdığı enerji yüksek ise aşkla niyet ettiysek kısacası, biz kalkmasak da hayat bizi kaldırıp niyetimizle buluşturur.

Bu bazen bir hali terk etmekle ilgilidir, bir hastalıktır, sıkıntıdır, maddi kayıptır, yeni bir ilişkiye geçiştir.

Yaklaşık 10 katılımcı ile yaptığımız bir atölye çalışmasından örnekle devam edelim.

- Bana hayatınız boyunca yapmak istediğiniz ve yapmanıza neden olan engelinizi söyleyin.

NİYETİN ÖNÜNDEKİ ENGEL VE ÇÖZÜM		
NİYETİ	ENGELİ	ENGELİN ASIL MESAJI
YAŞADIĞIM ŞEHRİ DEĞİŞTİRMEK	EŞİM	Eşimle ortak hedeflerimiz olmaması. Aslında bakmam gereken yer evliliğim. Onu değiştiremeyeceğimi düşündüğüm için şehri değiştirmek istiyormuş gibi yapıyorum.
KEMAN ÇALMAK	BUNA VAKTİM VE YETENEĞİM YOK	Hedeflerim ve yapmak istediklerim için kendimi yeterince hazır ve güçlü hissetmediğimden ve aslında yeni bir şey yapmak istediğimden, gerçekdışı hedefler koyuyorum.
ATLET OLMAK	YAŞIM VE KİLOM UYGUN DEĞİL	Aslında hayatın içinde hareket etmek ve başladığım işleri bitirmek istiyorum. Ancak hedeflerime odaklanamıyorum.

YURTDIŞINDA YAŞAMAK İSTİYORUM	ÇOCUĞUM VAR YAPAMAM	Bulunduğum ortama kendimi yabancı hissediyorum. Gelecek planlarımı değiştirmek isterim ama yapamam. Bunun için çocuğumu bahane ediyorum.
PİLOT OLMAK	YÜKSEKLİKTEN KORKUYORUM	İşimde, özel hayatımda yükselmek ve bütünü daha rahat görmek istiyorum ama detayda takılıyor ve ilerlemekten korkuyorum. Yükseklik korkusu bana hedeflerimi yanlış yere koyduğumu hatırlatıyor.
ÇOCUK SAHİBİ OLMAK	YAŞIM OLDUKÇA İLERİ	Gelecekle ilgili plan yapmak ve bir şeyleri değiştirmek için yeterli enerjim ve isteğim yok. Kendimi yetersiz hissediyorum.
ÖZGÜRCE SEYAHAT ETMEK	İŞİM MÜSAİT DEĞİL	Hayatımı mecburiyetler yönetiyor. Kendimi kısıtlayan bir halde olduğumun farkındayım, özgür olmak istiyorum. Ancak bunun için emek vermeye hazır değilim.

Bu tabloda yazanlar aslında kendimize koyduğumuz limitlerin duvarlarını işaret ediyor. Yani en çok istediğinin önünde duran evli olman, yaşlı olman, çalışmak zorunda olman kısacası gücün, enerjin ve teslim olacak kadar imanının olmaması. Bu tabloda görüyoruz ki isterim ama yapamam gibi görünenler insanın engellerini fark edebileceği alanı işaret ediyor.

Sen de bu tabloda yazılanları yapamayacağını düşünerek ertelediğin niyetini, engelini ve o engelin aslında neye işaret ettiğini samimiyetle yazabilirsin. Hatta yukarıdaki tabloya bir ek yapabilir ve fark ettiğin engelin için çözümünü de yazabilirsin. Bu farkındalık hayatın sana destek olmasına katkı sağlar.

"Zannettiklerin, önyargıların ve beklentiler seni yanıltır."

Bilgi ortak alanda hepimize sunuluyor, bir kısmımız alıp kullanıyor bir kısmımız ise dinleyip dinleyip eskisi gibi yaşamaya devam ediyoruz. Belki bu yüzden dilemekten vazgeçiyoruz. Belki bir kısım niyetlerimiz oldu, bir kısmının ise olma olasılığı dahi kalmadı. İyi mi dinlemedik, bir yerde bir şeyi yanlış mı yaptık? Yeniden başlamaya cesaretin, içine ilhamı verilmiş niyetlerin için adım atmaya gücün varsa, niyetlerini gerçeğe dönüştürebilirsin.

Önce bırakmak istediklerini fark et, hedefini belirle, varmak istediğin limanı seç, gemine koordinatları gir ve harekete geç. Yaşam eyleme geçeni destekler.

*Ben benim, ben olmayı
seçmekten dolayı mutluyum.
Şu andan itibaren kalbimden
geleni hayatıma yansıtmayı
Sağımı ve solumu, geçmişimi ve
geleceğimi, ruhumu ve bedenimi,
özenle, güzelliklerle hissederek,
birliğin içine davet ediyorum.
Attığım adımlar, kalbime huzur,
bedenime sağlık, kazançlarıma
bereket versin.
Kalbimin sesini kısarak,
dışarıya kulak vermeyi
Sahip olmayı hissetmekten
üstün saymayı iyi-kötü, doğru-
yanlış, geçmiş-gelecek, bildiğim-
bilmediğim diye ayırmayı
bırakıyorum.
Bütün bu hallerden
özgürleşerek,
dengeyi içimde kuruyorum.*

Niyet Okuması 1

Niyet Örnek/Danışanıma Gönderdiğim Yazıyı Paylaşıyorum

Yapılan niyet:

Huzur dolu, keyif **dolu**, bolluk bereket **dolu**, düzenli, güzel, yaşam **dolu**, mutlu olacağım, mutlu edeceğim, birlikte olmaktan keyif alacağım, keyif alarak hayırlılardan hayırlı olan hayat **arkadaşının**, kolaylıkla sevgiyle hayatıma gelmesini niyet ediyorum.

Yorumum:

Neden bu kadar bol ifadesi var? Kendini yokluk içinde mi hissediyorsun? Karşı taraftan beklenti biraz fazla değil mi? Ayrıca hayat arkadaşının (Sen neredesin?) Gelmesine niyet ediyorum ifadesinden bunu anlıyorum. Buluşayım, olsun değil de gelsin. Ben hareket edemem diyorsun. O gelsin.

Tavsiyem:

Bence bereket enerjine bir bakmalısın. Nerede kaçak var? İncelemelisin. Ardından daha sade bir niyet ve sonuca odaklanarak. Bu niyet gerçekleştiğinde sen kendini nasıl hissetmek istiyorsun? O his zaten içinde bulunduğun güzellikleri yansıtacak. Daha esnek ol, akışa güven.

Sevdiğim, sevildiğim, güvende hissettiğim, tat aldığım, huzurlu ve mutlu olduğum hayat arkadaşım ile buluşayım.

Niyet Okuması 2

Yapılan niyet:

Mutlu sağlıklı ve doğru olduğunu hissedebileceğim bir ilişki istiyorum.

Yorumum:

Mutlu evet ama sağlıklı kapalı bir ifade/hissedebileceğim yerine doğru kişiyle mutlu bir ilişkim olsun, kalbim huzurlu, zihnim sakin, hayatım harika olsun değil de İSTİYORUM dedin. Bence henüz ilişkiye hazır hissetmiyorsun.

Tavsiyem:

Mutlu, huzurlu ve kendim olarak var olacağım, sevdiğim ve sevildiğim bir ilişkim olsun.

Niyet Okuması 3

Yapılan niyet:

Mutlu bir evlilik yapmak **istiyorum**.

Yorumum:

İstiyorum ile biten cümle senin bu evlilik konusundan tam emin olmadığını, istek duymaya çalıştığını ifade ediyor. İsteme halinde kalmana neden olur.

Tavsiyem:

Korkularına bir bak. İlişki veya evlilik olduğunda hayatında ne gibi değişimler olacak? Sen, kendini bu değişimlere hazır hissediyor musun? Tavsiyem istiyorum yerine yapayım ifadesini kullanman olur.

Niyetlerimizi yazdığımızda içimizdeki potansiyeli daha rahat görürüz. Söz uçar yazı kalır.

Niyet Okuması 4

Bu örnek karmaşa yaratabilecek çok geniş kapsamlı niyetlerin enerjisini anlamamız ve niyetin ucunun açık bırakılmasını fark etmemiz için güzel bir örnek olabilir.

Yapılan niyet:

Niyet ediyorum, şifa almaya ve şifa vermeye aracı, vesile olmaya...

Hayatıma konfor, huzur, rahatlık, güzellik, sağlık, mutluluk niyet ediyorum. Bir de AŞK.

Yorumum:

İlk satırda alan o kadar geniş bırakılmış ki bu niyetin eylem enerjisi sadece şifa yani iyileşme odaklı bir hayat planı ortaya çıkarabilir. Aracılık etmek bir anlamda vesile olmak ama görünmemek de yine bir belirsizlik oluşturabilir. Özellikle hasta, mutsuz, hayatını daha iyiye doğru ilerletmek isteyen insanlarla buluşmanı sağlar.

İkinci satırda bir eylem var mı? Netlik göremiyorum. Ayrıca kimin için, "ben" nerede? Niyetin ilk satırı ile bağlarsam; bu saydıkların başkası için gelebilir, sen de aracılık edersin. Bir de aşk nedir?

Sanki şöyle bir sonuca gidiyor: Başkalarının hayatlarını iyileştireyim, sağlıklarına kavuşmaları için emek vereyim, mutlu edeyim, belki bundan mutlu olurum. Bu yaptıklarımla ben de iyileşeyim. Bir de aşk olduğunu hatırlayayım.

Tavsiyem:

Kendini başkaları için feda ederek, kendinden kaçıyor olabilir misin? İlginç bir cümle vardı: "Şifa almaya ve vermeye aracı olmaya." Alayım değil de başkasına aracılık etmek var. Bu da kendini pas geçmen demek. Kendini merkeze koyacağın bir niyet olsa daha güzel olabilir.

Sağlığım iyiye, hayatım güzele ilerlerken, fayda verip, fayda alayım. Aşk ile buluşmam kalbime huzur versin. Buluştuğum kalp ile beraberliğim mutluluk versin.

Göksel Hareketler

Astroloji haritası doğum anımızda bize verilen kader potansiyelimizin resmidir.

Astrolojiye olan merakım 2007 yılından bu yana aynı heyecan ile devam ediyor. Yazılarımda, sosyal medya paylaşımlarımda elimden geldiğince baktığım ve anladığım kadarıyla göğün mesajını aktarıyorum. Benim astrolojiyle bağımı kuran temel prensip kader olgusunu anlama isteğimdi. Dinler tarihi, felsefeleri ve yaygın öğretileri insana verilen seçme hakkından bahsederler ancak yaşayış içinde insanın ona dayatılan bir kader algısı ile harekete geçmekten vazgeçtiğini gözlemledim. Ben, sorular sormayı ve cevaplarını aramayı, bulmayı ve bulduğu cevapları paylaşmayı seven biriyim. Önce insanlığın ilk bilim dalı olan astrolojiyi yani yıldız biliminin günümüze kadar aktarılmış bilgilerini okumaya başladım. Elbette vâkıf olmak için emek isteyen bir alan. İşimi kolaylaştırmak için yakın çevremin haritalarını inceledim ve eşzamanlı astrolojik olayların onların haritalarına yansımalarına baktım. Oldukça yoğun değişkenlikleri olan bu bilimin bana kattığı en önemli bakış açısı hayatın bir baş ve sona sahip olmasının kesinliği dışında olasılıklar içermesiydi. Evet o gün oraya bir yıldırım düşecek bu belli ama hangi açıyla düşecek, senin kafana mı, evine mi, yanına mı düşecek? Orası muallak. Sen bunun için bir önlem alırsan, hayatını bu bağlamda yaşarsan kendini korursun. Düşecek olan yıldırımın yerini, yolunu, zamanlamasını değiştiremezsin ama onunla olan bağını değiştirebilirsin. O sana farkındalık yaratır. Sen onu yaratamayacağın için yok da edemezsin. Onunla var olmaya devam edebilirsin. Seçim işte tam budur. Astroloji yorumları yaparken hiç kimse kesinlik arz edemez. Olasılıklardan bahseder. Kişisel etkisinin çok ötesinde kitlesel etkileri çok daha önemlidir. Binlerce yıl bu etkileri ile toplumları, devletleri ve bilgiden faydalanan iktidarlara yol haritası olarak kullanılmıştır. Günümüzde iki sakıncalı kullanımını gözlemliyorum:

1- Astroloji haritama baktırayım; ne zaman evleneceğim, ne zaman boşanacağım vb.

2- Benim elimden ne gelir, kaderim böyle, haritamda böyle söylüyor.

Bana hayat astroloji penceresinden böyle olmadığını gösteriyor. Bireysel danışmanlık verdiğim dönemlerde danışanımın taşıdığı potansiyeli, geçirdiği evrelerde zorluk veya kolaylık yaklaşımlarını anlamak için astrolojiye danışırdım. Hepimizin bir doğum potansiyelimiz mevcut. Bu potansiyelin bir kısmını açığa çıkartıp. Sunulanla yetinenler olduğu gibi sunulanı kendi çabasıyla değerlendirerek hayatına başka yönler verenleri de gördüm. Öte yandan olasılığı görüp bunu yaşamaya mecbur bırakıldığına da kendini ikna edip, hiçbir şey yapmayıp, yaşamı ve yaşamı yaratanı suçlayanları da seyrettim.

Bu konuyla ilgili bir örneğim var. Bir danışanım astroloji konusunda bir uzman kadar bilgiye sahip olmasına rağmen onun mesajlarını anlamak yerine adeta bir fal sistemi gibi kavrayışında ısrarcıydı. Bu yıl ne olacak, ev satılacak mı, şans bana hangi alanlardan gelecek gibi bitmez sorularının peşinden birden fazla astrolojik yöntem ile bir yıl kesin bir kanıya varmış bir halde yanıma geldi:

"Ben bu yıl boşanabilirim. Çin, Hint, Batı astrolojisi hepsi aynı görüşte, zaten kocamla çok sorunumuz var. Kaçıp gidesim var. Ne yapsam sence?"

"Sana bir arkadaşımın bana anlattığı bir hikâyeyi anlatayım, sonra soruna cevap veririm. Kendisi Hindistan'a bir ziyareti sırasında bir düğün törenine katılıyor. Düğünü izlerken bir bakıyor ki gelin bir muz ağacı. Evet çok ilginç şekilde damadın yanında bir muz ağacı gelin şeklinde süslenmiş ve cümle âlem eğlencede. Arkadaşım şaşırmış ve neler olduğunu sormuş. Hindistan'da Vedik astrolojisine sorulmadan evlenilmez. Bir dini bakış açısı kadar güçlüdür. Onlarda adamın astrolojik haritasında ilk eşinin öldüğünün görüldüğünü, bu düğünü o kaderi gerçekleştirmek için düzenlediklerini anlatmışlar. Şimdi sana sormak isterim, boşanmak bir akdi bitirmektir. Bir anlamda bir birliğin sonlanmasıdır. Bu alanda kocanla olan bağını sonlandırmak istersen hayat seni burada destekler. Sen çabanı ilişkinde aranızdaki bir konudaki birliği bitirmek için de kullanabilirsin. Seçim senin, ne yapmak istiyorsun?"

"Kocamla devam etmek."

Bir yıl boyunca onun hayatındaki gelişmeleri izledim. Gerçekten de özellikle belli gezegen açılarında oldukça zorlandılar ve birlikte bir dönemi atlattılar. Aralarında bir iş ortaklığı vardı, onu bitirdiler, mesleki olarak yolları ayırdılar, mahkemelerle ilgili başka konular oldu ikisinin de ayrı ayrı, onların sonuçları için de uğraştılar. Yıl bitti beni aradı. Kocasıyla ilişkisinin eskisinden iyi olduğunu ve bunun için bana teşekkür ettiğini ifade etti. Ona yaptığı seçimlere teşekkür etmesini hatırlattım. O evliliğine sahip çıktı, kolaya kaçıp bu benim kaderim demeyi bıraktı, hayat onu zorlanacağı bir alana davet etti ve o da mücadelesini hakkını vererek yaptı. Sonuç hiçbirimizin bilmediği belki tahmin ettiği şekilde gerçekleşti.

Ay Hareketleri

MÖ 30.000-25.000 yıllarına tarihlenen ve Eyzies'te bulunan bir rengeyiği boynuzunun üstündeki çentiklerin Ay'ın döngülerini yansıttığı düşünülmektedir. Zamanı anlama ve göğün mesajını almak için ilk çaldığımız kapı en kolay gözlemlediğimiz Ay'dır. Suları, sularla olan ilişkimizi, duygularımızı, annemizi, hayattan beslendiğimiz alanları sembolize eder. Günümüzde Yahudi ve İslam dini günlerin belirlenmesi için Ay takvimi kullanır.

Yeniay

Ay, ilkdördün de denilen yeni doğduğu zamanlarda, başlatma, ilerletme ve büyütme enerjilerini iletir. Yeni bir başlangıç yapmak, yeni bir mekâna geçmek, bitkilerimizin topraklarını değiştirmek, konserve yapmak gibi işlerde ayın büyüme enerjisinden faydalanabilirsin. İlk doğduğu anda zayıf olsa da niyet tohumlarını ekmek için iyi bir zamandır. Ay doğduktan sonraki haftalarda dolunaya kadar toplama, ilerletme ve büyütme enerjisi gittikçe artarak etkisini hissettirir.

Küçük bir bilgi de vereyim: Yeniay sırasında ve sonrasında arınma sistemlerine, diyetlere başlamak doğru değildir.

Dolunay

Dolunay; ayın zamanda sondördün olarak da bilinen halidir. Özellikle ay dolmadan hemen önceki birkaç gün en yüksek enerjiye sahiptir. Bu etkiyi vücudumuzda da yoğun olarak hissederiz. Dünyadaki suları kabartan bu enerji bizim de bedenimizde kabarmalara, kendimizi huzursuz hissetmemize ve baş ağrılarına neden olabilir. Beslenmemizde şekerli, aşırı tuzlu, kızartma ve hamurişlerini azaltarak vücudun daha az su tutmasını ve bu yoğun enerjiden daha az etkilenerek, bu potansiyeli hayrımıza kullanabiliriz. Hamam, buhar banyosu, masaj yaptırmak için uygun zamanlardır ve su alımımızı artırıp, boyalı içecekler ve alkol alımını azaltmakta fayda sağlar.

Dolunay hasat almak ve toplamak için uygun zamanlardır. Bir işi tamamlamak, bitirmek, terk etmek, taşınmak, bırakmak için uygun zamanlardır. Aynı zamanda içsel olarak arınmak, temizlenmek ve bir duyguyu veya bir alışkanlığı bırakmak için de destekleyici etkiye sahiptir. Bu nedenle dolunayın hemen öncesinde başlanan bedensel arınma yani detoks sistemleri daha başarılı olur. Dolunay zamanlarında sakinleştirici çaylar içmek, ibadet ve meditasyon yapmak yoğun enerjiyi topraklamamıza yardımcı olur.

Dolunaylar, bırakmak istediğimiz bir duygu, alışkanlık hatta bağımlılıklar için niyet edebileceğimiz doğru zamanlardır.

Güneş ve Ay Tutulmaları

Gökyüzünün belki de dünyamızı en yoğun etkileyen ve en çok dikkate alınan olayları sanırım Güneş ve Ay tutulmalarıdır. Günümüzde medyanın ilgisini çektiği kadar geçmişte tüm inanışların takip ettiği göksel hareketlerdir. Ay tutulmaları dolunay zamanlarında olurken, Güneş tutulmaları yeniayın doğduğu zamanlarda gerçekleşir. Oluştuğu dönemdeki göksel etkilere, gözlemlenen ülkelere ve uzunluklarına göre etkisi tahmin edilmeye çalışılır. Aslında her iki tutulma da adı gibi tutulup kaldığımız, hareket edemediğimiz, bırakamadığımız taraflarımıza dokunarak açabilir, elbette niyetimiz doğrultusunda.

Ay Tutulmaları

Yoğun dolunay enerjisi olarak algılayabiliriz. Arınmak, özgürleşmek ve bırakmak için destek alabilirsin. Bitirmeye yönelik niyetlerin yanında tutulup kaldığın hallerden ve tekrar eden olaylardan özgürleşmek daha kolay olur. Hayatındaki negatif unsurlardan arınmak için etkili bir dönemdir.

Ay Tutulmalarında Ne Yapmalı, Ne Yapmamalı?

- Ay tutulmaları büyük bir karar ve dönüşüm enerjisi taşırlar. Keskin kararlar almaktan uzak dur. Ay duygularla ilgili olduğu için duygusal olarak etki altında olduğunu hatırla.

- Tutulmaya yakın dönemlerdeki ifadelerine, kararlarına ve attığın imzalara dikkat et.

- Teklif edilenleri değerlendirebilirsin ancak bir şeyi başlatmadan önce tutulmanın geçmesini bekleyin.

- Hayatınızda bir türlü yapamadığınız değişiklikleri yapabilir, bırakamadığın birisinden kolayca ayrılabilirsin.

- Bazen tutulmalar hayatında hiçbir zaman şanslı hissetmediğin bir alana dokunur ve orayı açıverir. Şansın da açılır.

- Tutulmalar çoğu zaman bizi korkutsa da bizi bir halden başka bir hale taşırlar, biz o sürede çok anlayamasak da tutulmanın etkisi hafiflediğinde memnun oluruz. Değişiklikleri takip et.

- Tutulmaya yakın gerçekleşmeyen olayları zorlama, geçmesini bekle ve kararlarını tekrar gözden geçir.

* Tutulmaların sana mesajları yaklaşık 2-2,5 yıl boyunca devam eder. Ay bıraktırır, Güneş başlatır. Bu enerjileri bir sörf tahtası gibi görüp kendini ilerletmek için faydalanabilirsin. Bunun için astroloji haritanı bilmene gerek yok. Tutulma başlamadan aylar önce konularını hissettirmeye başlar. Sen bir hafta öncesinde ve bir hafta sonrasında kendi gündemini gözden geçir. Sonrasında da olayların izini sür. Sembollerini oku. Sembolleri kolayca okuman için *Sırlar Bohçası* kitabımdan yardım alabilirsin.

Dolunaylar ve Ay tutulmaları sırasında ve sonrasında bırakmak istediğin ve aslında bağını kesemediğin anıların, kızdığın kişiler veya taşıdığın bazı özelliklerle ilgili çalışma yapabilirsin. Önce yaşananların sana ne kattığını fark et. Hatırlarsan bırakmanın seni özgürleştireceği ilgili kitabın içinde anlatımlarım oldu. Önce helallik ver. Yani aldığını kabul et. O öfke, kızgınlık, kırgınlık gitmeyecek. Sen o kişiyi, o olayı onaylamayacaksın. O yaşananın sana kattıklarını, deneyimini kabul edeceksin. Sana mutlaka bir faydası oldu. Sonra atamadığın, bırakamadığın o duyguyu, o tarihi ve gitmesini istediklerini bir kâğıda yaz, bir kabın içine koy ve istersen içine üzerlik tohumu veya bir iki dal adaçayı ekle ve yak. Beş duyusu ile öğrenen, öğrendiği ile hayatına yön verir. Duyduğumuz, gördüğümüz, kokladığımız, dokunduğumuz ve tattığımız bizim için gerçektir. Yaktığında şuuraltın o kodları silmek için harekete geçecek. Bu bilinçle hareket et. Yapayım bakayım işe yarıyor mu dersen, şüphe senin faydana engel olur. Kalan külleri toprağa dök. Bu ölen duygunu gömdükten, toprağa gönderdikten sonra kendine birkaç dakikanı ayır. O andan itibaren ihtiyacın olan iyi bir duygu yaşamaktır. Kırmızı renkli bir çiçek, bir mum, bir lambaya bak ve aydınlığın gücünü hisset. Hayat seni bugüne gelirken mutlaka destekledi. Bu desteği fark et, yeniden destek isteyebilmek ve o desteği hissetmek için sıkıntı yaşamayı bırak.

Tutulup kaldığım hallerimden
İlerlememim önünde duran engellerden
Beni bağlayan sözlerimden,
sözleşmelerimden
Hayatıma atılan, attığım
düğümlerden özgürleşiyorum.

Güneş Tutulmaları

Güneş; baba ve otorite ile olan ilişkimizi, egosal alanımızı ve bizim diğerleri ile olan sınırlarımızı anlatır. Geleceğe dair bakış açımız, hayallerimiz, hayatta nerede var olmak istediğimiz, hayata nasıl bir alanda katılacağımızın planlarını onunla alırız. Astrolojide Güneş burcumuz üzerinden hangi burçta olduğumuzu tanımlarız. Güneş, neredeyken doğduk? Aslında bu yeterli gelmez. Bizi tanımlayan daha birçok unsur bulunur. Fakat Güneş tutulmaları hepimiz için aynı enerjileri aktarır. İsteyerek, katılarak, onaylayarak ya da farkında olmadan, aniden, belki bazen istemeden bir yeniliğe başlatır. Güneş tutulmaları yeniay ile beraber gerçekleşir. Uzakta gördüğümüz hedeflere ilerlememizi hızlandıran bir etkiye sahiptir. Doğru kullanmak için farkında olmamız yeterlidir.

Güneş Tutulmalarında Ne Yapmalı, Ne Yapmamalı?

✓ Güneş tutulmaları yeniay ile beraber gerçekleşirler. Dolayısıyla yeniyi başlatma enerjileri taşırlar.

✓ Yeniye başlamak için uygun zamanlardır.

✓ Güneş tutulmaları daha çok olaylar ve insanlarla ilgili yenilik ve yenilenme enerjisi taşırlar. Hayatımızda da yeniliklere yer açarlar.

✓ Tutulma enerjisi genellikle uzun süredir ertelediğin ve belki de karar vermekte zorlandığın alanlarda birdenbire bir değişim yaratabilir, karar vermeye zorlamak yerine bu enerjinin hayatına sunduğu yenilikleri takip etmek daha doğru olur.

✓ Tutulma anı dışında 15 gün öncesinde ve sonrasında aynı enerji yoğun olarak hissedileceğinden, bir konuda yenilik yapmadan önce bu tarihleri takip etmende fayda var.

✓ Tutulmaya yakın hayatına giren kişi ve olaylar aynı hızla çıkabilirler. Uzun soluklu planlar yapmadan önce izlemede ol.

✓ Büyük bir işe başlamadan veya ani kararlar almadan önce tutulma enerjisinin geçmesini beklemek yararlı olabilir.

Güneş tutulmaları sırasında yaptığın niyetlerini enerjinle desteklemek için yeni bir çiçek ekebilirsin. Bu çiçeğe verdiğin emeğinin sonucunda onun gelişmesi sana niyetin hakkında bir fikir verebilir. Çiçeğin hangi tür olacağına niyetine göre karar verebilirsin. Evin bir köşesinde bulunduğu yerden hoşnut büyüyorsa niyetin ilerliyordur. Eğer yerini beğenmediyse belki niyetinle ilgili yazdıklarına bakman için bir işaret olabilir. Yeniden oku, tesirini hisset, çiçeğin yerini değiştir. Özenle bakımına dikkat. Burada önemli olan; senin enerjinle, farkındalığınla ve emeğinle niyetinin sembolü olan çiçeğin aracılığı ile niyetin için diri kalabilmendir.

Huzurda kalbim
Olduğu gibi, olduğum gibi...
Kendim gibi yaşayarak
Zorlamaları bırakarak
Özgürce ifade ederek, ifade edileni duyarak
Ve hakkını vererek yaşıyor
Teslim oluyorum akışa...
Geleni ve gideni kucaklıyorum...

Merkür Gerilemeleri

Güneş ve Ay kadar izlenen bir diğer gezegen, Dünya'mıza en yakın olan Merkür ve onun hareketleridir. O geri hareketine başladığında çoğunluğu bir telaş alıyor. İletişimi, yazılı ve sözlü ifadeyi etkileyen bir enerjinin sembolü olan Merkür, geri hareketine girdiğinde aslında daha doğru olarak tanımlarsak; enerjisini bize aktaramadığında, bu alanlarda aksamalar olabilir. Yılda üç defa geri harekette olur. Bu dönemlerde özellikle yeni bir işe başlamak, yeni bir sözleşme imzalamak, özellikle iletişime dayalı satın almaları başlatmak doğru değildir. Yapmamız gereken geçmişte başlayan işlerimizi devam ettirmek ve bir türlü bitiremediğimiz işleri gündemimize almak olur. Merkür geri hareketinde iken iletişim sorunu nedeniyle yanlış anlaşıldığımız, yanlış anladığımız, konuşmadığımız, hatta küs olduğumuz kişilerle ilgili niyet edebilir, aramızdaki sorunları çözmek için adım atabiliriz. Eğer sen doğduğunda Merkür geri hareketindeydiyse retro dönemler senin için farklı çalışır. Senin bu bahsi geçen konularla ilgili başlatman için destek olur. Doğum gününü bilmen bu bilgiye ulaşman için yeterlidir. İnternetten doğum haritanı oluşturup, Merkür'ün işaretinin yanında kırmızı bir R harfi var mı, kontrol edebilirsin. Eğer bu işaret varsa Merkür retro iken doğmuşsun demektir.

Merkür Geri Hareketindeyken Ne Yapmalı, Ne Yapmamalı?

✓ Sözleşme imzalaman gereken bir konuyla ilgili yeni bir arayışa girmemelisin (ev, ofis, iş vb.).

✓ Ticari veya kişisel konularla ilgili kontrat gibi resmi evraklara imza atmamalısın.

✓ Yeni bir form doldurman gereken bir konuda, herhangi bir başvuru yapmamalısın.

✓ İletişim ve görsel alanda yapılacak reklam, kitap baskısı, TV programı gibi görüşmeleri başlatmamalı ve yatırımları gerileme sonrasına bırakmalısın.

✓ Geçmişte başladığın ve Merkür gerilerken tamamlanabilecek konularla ilgili sözleşme, anlaşmalara imza atabilirsin. Diyelim bir mekân görmüşsündür. Konu bir türlü sonuca ulaşmaz. Merkür retro iken seni ararlar ve sözleşmeyi tamamlamak için yeni bir teklifte bulunurlarsa, o imza iyidir.

✓ Merkür retrosu öncesinde evlenmeye karar verdiniz. Merkür retrosu sırasında evlilik tarihi buldunuz. Evlenmenizde bir sakınca yok. Ancak Merkür retrosunda yapılan evlilik teklifine binaen nişan, söz gibi konularda bir atılım yapmak için düşünmen iyi olabilir.

✓ Boşanma kararı veren ama bir türlü bu kararlarını uygulamaya koyamayanlar için de retro enerjisi olumlu çalışır.

✓ Geçmişte başlayıp bitiremediğin konuları tekrar gözden geçirebilirsin.

✓ Merkür gerilemesinden önce sipariş ettiğin iletişim ekipmanlarını ve bu konularla ilgili yatırımlarını tamamlayabilirsin.

✓ Kısacası retro hareket sakınılacak bir döneme değil, yarım kalmış, tamamlanması için yeterli dikkati oluşturamadığımız alanlara dikkatimizi vermemize destek olur.

Geçmişte yaptığım
ve beni bağlayan
İlerlememde engel olan
Sözlü ya da yazılı
akitlerimi sonlandırıyor
Kendimi özgürce ifade ediyorum.

Gün Doğumu

Gün Doğmadan Neler Doğar

Atalardan aktarılan ve sıkıntılı anlarda birbirimize söylediğimiz bu sözde gün doğmadan yani karanlık aydınlığa kavuşmadan senin aklında olmayan daha nice fırsat, çözüm gelir o kısacık anda denilir.

Gün doğumunda dile, tam karanlık aydınlıkla buluştuğu anda bir kez olsun dene. O an tan vaktidir. Karanlık en derin halini almışken, ışık çıkagelir. Bir sıkıntı anında feyiz olsun. Her şey sonlanır. Ne iyi, ne kötü vardır. Bir olan vardır aslında ve bizim ona olan yaklaşımımızdır hissedişimizin kaynağı. Biz içine girip yerleşmedikten sonra her şey gelir ve geçer.

Günün gelişi karanlığı kovar. Yeni bir doğumdur o gün, bizim için herhangi bir gün gibi gözükse de o gün ilk günümüzdür kalan hayatımızın ve belki de son günümüzdür. Nedense biz insanlar bir şey elimizden kaçacağı anda kıymet veririz. Ne yapmamamız gerektiğini biliriz de doktora gidip de böyle yaparsan ölürsün kelimesini duyuncaya kadar, kendimize ve bize verilen armağan olan bu hayata zarar vermeye devam edebiliriz. Oysa her gün yeniden başlar hayat, güneş aynı sanırız, biz aynıyız sanırız. Oysa dün dünle ölmüştür. Bize yepyeni fırsatlar sunulmaktadır. Fırsatları alıp kullanacak olan biziz. Bize verilen yaşam şansını fırsata dönüştürelim.

Sabah Uyanırken

✓ Sabah uyanacağın saati akşamdan niyet ederek yat. Çalar saat ve benzeri uyaranlara gerek kalmadan uyanırsın.

✓ Başucunda bir defterine rüyalarını yazarsan hayatın içinde sana gelebilecek mesajları erkenden yakalayabilirsin. Rüya sembollerini okumak için *Sırlar Bohçası* sana destek olabilir.

✓ Uyanır uyanmaz gülümse, yatakta bütün vücudunla gerinerek tüm enerji noktalarını uyar.

✓ Yataktan aniden kalkmak enerji alanına zarar verebilir, bu nedenle önce bedeninin kendine gelmesine izin vererek yavaşça doğrul ve otur, sonra ayağa kalk.

✓ Sabah ilk uyandığında bedenini tam olarak dinle. Herhangi bir değişikliği bu saatlerde anlaman daha kolay olur.

✓ En az iki bardak su ile biriken toksinlerden arınması için bedene destek ver.

✓ Elini, yüzünü, dirseklerini suyla yıka ve aynada kendine bir bak. İlk selamın kendine olsun.

✓ Gülümsediğinde değişen yüz hatlarına bir bak, yaşama sunacağın enerji karşında, ilk olarak onu tasarla, gülmek bulaşıcıdır. Gülümse...

✓ Niyetini istediğin bir anda yap ve güne başla.

Yeteneklerimi doğru kullanarak
Yepyeni ve hayırlı işlerin içinde olmayı
Sevmeyi ve sevilmeyi
Bana verilen gücün farkında
Parlayarak yükselmeyi kabul ediyorum...

Buraya birlikte bir niyet yazalım. Bugün nasıl bir gün olsun istiyorsan, ifade et ve yaşama niyetinle katıl. Gün bittiğinde niyetinle buluştuğun ve yaşadığın halin içinde neler var? Kendinle mi ilgilenmek istiyorsun, ödemelerinde kolaylık mı istiyorsun ya da sakin bir gün olsun mu istiyorsun, hadi birlikte yazalım. Al kalemi kalbinden akanla ol.

Benimle beraber boşlukları doldur, zaman bizim için var. Sen bu satırları okurken, dua ediyorum, niyetin kabul olması için her bir satırda kâinatın tüm ışığı seninle, gel haydi yapalım.

Ey gelen gün
... ver
... doldur
... olsun.

Sana her anlattığım alanda sonunu gör diyorum farkında isen ve buraya da sadece son kelimeyi yazdım. Orası eylemin alanı. Eylemini nereye taşıdığın bitirdiğin, bağladığın fiilde saklı, ilk zamanlarda yaz veya iyi dinle kendini, orada potansiyelin var. O seni aşağıya taşıyan kalıplarından da haber verebilir, yaşamı ileriye taşıma gayretinden de; ak hayatla, o senin varlığını destekliyor. Buradasın, onca olasılık içinden sen doğdun. Birçok yaşamın önüne geçtin geldin. Şimdi geldiğin hayatı hakkıyla yaşa, kalbine ve özüne güven.

Günbatımı

Tüm günün hasat vakti geldi. Zaman her ne kadar bizim aklımızın içinde takvimlerle uzayıp giden lineer bir çizgi gibi tasarlansa da öyle olmadığını biliyoruz. Zaman, bir daire şeklinde yaşadıklarımızı içine alan, içinde olduğumuz sürece var olandır. Mekân ile beraberliği mutlaktır. Mekân senin bedenin, sen o bedenin içinde olduğunu fark ettiğin sürece zaman var. Şimdi sağ elini kalbine götür ve orada atanı hisset. O hissediş senin zamanla bağın, mekânının makine dairesi. Gün biterken hatırla ki sabah kucakladığın ışık giderken bir tamamlanmayı haber veriyor. Her ne varsa bitecek, sen içindeyken yaşadıklarınla kucaklayacaksın hayatı. Bu anı kucaklayabilirsin. Ne zaman endişe kapını çalarsa elini kalbine götür, buradasın ve zaman gelip geçecek. Senin en değerli yakıtın hâlâ seni destekliyor. Hastalık biter, para biter, aşk biter, zamanın varsa bu gece giden ışığın yeniden geldiğini göreceksin. Ama zamanın bittiyse bu saydıklarım olsa da bu mekânı terk eder gidersin. O zaman kucakla şimdi hayatı ve bugün sana neler ikram etti, nasıl ağırladı fark et. Ne istedin ne buldun, şükre, teşekküre ve buluşmanın şahitliğine dahil ol.

Gece sakinliğe davet eder bizi, arınmak, uyumak ve yenilenmek için iyi bir fırsattır. Sabaha değin bedeni tamir eden sistemin parçası olduğunu hatırla. Sende ne varsa kâinatta o var. Sakinlik, dinginlik ve içsesini dinlemek yeniyle buluşmana aracılık edebilir.

Kısa süre de olsa kendinle kalarak, günün akışını yaşamın sana ne dediğini dinle. Gün içinde pek de hoşuna gitmeyen olayları tekrar değerlendirerek sana neyi anlattığını fark ederek, negatif hislerin varsa onlardan kendini özgürleştirebilirsin, enerji tazeyken içe itilmeden fark edişin daha kolay olur. Yoğun ve belki bizi yoran bir günün ardından belki dua, ibadet, meditasyon ile beraber o günü yolcu etmemiz bizi rahatlatır. Yorgunluklarını, telaşlarını, korkularını ve belki de kırgınlıklarını fark edip, helalleşip geceyle beraber yolcu edebilirsin. Gece uyku öncesinde başucunda bir defter bulundurman sabah uyandığında rüyalarının mesajlarını hatırlamana ve ruhunun sana ilettiklerini anlamana yardımcı olur.

Aldıklarım ve verdiklerimle helalleşiyor
Hayatın tatlarıyla buluşuyor
Öfkelerimi, kızgınlıklarımı bırakıyorum.
Şükrediyorum verilen
her bir nimete, zerreye.
Gün geceye kavuşurken, içim huzurla
Kalbim neşesiyle buluşsun...

Bir tane de güne ve verilenlere şükür niyeti yapalım, nasıl geçti bugün? Kendine ne kadar zaman ayırdın, senin için açmış çiçekleri fark ettin mi, ne topladın yaşam bahçesinden neleri seyrettin? Seyrettiklerin titreşimlerini etkiliyordu hatırla. Dışarıyı düzeltme çabamızı trafik, yaşadığımız ülke ve en nihayetinde diğerlerinin yaptığı ya da yapmadığı hakkında konuşmamız elverir. Trafik kuralları seninle temas ettiğinde ilgin olmalı, yanlış yere park eden sürücüyü değiştiremezsin. Yere çöp atanın davranışların üzerinde bir hükmü olamaz. Onun attığı çöp seni rahatsız ediyorsa iki yol çıkar önüne; ya eğilip alırsın ya da yanından geçer gidersin. Ona yönelen enerjin kendi alanına zarar verir. Dünyayı düzeltmemizin tek yolu var. Ona olan yaklaşımımızı düzenlemek. Aklı üstün görerek aklıyla dünyaya üstünlük kurma gayretinde olan insan geçiciliğinin ezici yönüyle buluşmak yerine milyonlarca yıl doğada kalacak icatları ile dünyaya meydan okuyabilir. Dünya zamanında bir milyon yıl 4.400 defa tekrar etti. Biz gideriz o kalır. Onu düzenleme gayretimiz nafile bir çabadır.

Şimdi biz kendi dünyamıza ve bize verilen yaşam hediyemize sahip çıkalım. Kendi yaşamımızı iyileştirelim. Parçası olduğumuz sistemin bizi kucaklaması gibi biz de yaşamı kucaklayalım.

Ruhumuzun ışığının çekilmesi gibi ışık gidince biz bizimle baş başayız. Ne yaşadıysak yaşadık, şimdi burada helalleşelim, kendimizle yüzleşelim, şükredelim.

Bugün bana verilen ... şükürler olsun.

Aldığım ... teşekkür ederim.

Verdiğim ... helal olsun.

Akşam Uyurken

✓ Uyumadan iki saat öncesinde herhangi bir şey yeme. Yediysen en az iki saat geçmesini bekle ki en azından miden boşalsın. Et yemekleri midede 4 saat kalır. Mide çalışırken rahat bir uyku pek mümkün olmaz.

✓ Elektrikli tüm aletleri odandan çıkar. Prizdeki tüm cihazlar yaydıkları radyasyon ve elektrik frekansı ile uykunun kalitesini azaltır.

✓ Yatak odanda sivri şekiller yerine yuvarlak hatlı olanları, küre gibi yumuşak hatlı eşyaları tercih etmen iyi olur.

✓ Yatağın direkt kapıya bakmasın. Eğer bakıyorsa uyku sırasında kapı kapalı olsun.

✓ Yatağının arkasında cam varsa perde ve benzeri bir eşya ile kapalı tutarak enerji kaçağını engelleyebilirsin.

✓ Uyuduğun ortam tamamen karanlık olmalı. Bu sayede beden kendini yenileyebilir.

✓ Uyku öncesinde iyi havalandırılmış bir odan olsun.

✓ Yatak odanı içinde var olduğun anne karnı gibi düşün. Orada yarın başlayacak yeni bir hayata hazırlanıyorsun. Huzurlu, rahat bir uyku bedeni yeniye hazırlar.

***

Hayat güzellikleriyle gelsin
Neşe eşlik etsin işlerime
Yardımcılarım yetenekli
Kazançlarım bereketli olsun.
Gün keyifli anlarla süslensin
Geceyle buluşmam ruhuma huzur katsın..

Doğum Günleri

Doğum gününü kutlar mısın? Bahsettiğim kutlama illa ki pasta kesmek, parti yapmak manasında değil, yani biten yılını, giden yaşını uğurlar mısın? Doğum günlerinde bilinenin aksine gelen yaşın değil uğurladığımız yaşın kutlamasını yaparız. İlk doğum gününde pastanın üzerinde 1 mum vardı. Onu üfleyerek bu dünyada oluşunun kutlamasını yaptın. Eskiyle bağı kesmeyi geçmiş kültürler çok önemsemişler. Takvimlerin net olmadığı dönemlerde eski yılın bitmesi için büyüler yapmış, ayinler düzenlemişler, gideni sonlandırmak ve yeniyi başlatabilmek için. Bu nedenle mumu üflerken verilene şükretmeyi hatırla.

Benim bir doğum günü defterim var. O deftere birkaç cümle ile o yaşın nasıl geçtiğini, neler öğretip neleri geliştirdiğini not ederim. Yaşın kaç olursa olsun, sen de böyle bir deftere not alabilirsin. O yaşın en değerli deneyimi neydi ve seni neyle vedalaştırdı? Gecenin bitişinde yaptığımızı yaş döngünün bitişinde yapabilirsin. Her yaşımızı hatırlamamız zor ama güzellikleri not etmek ne iyi gelir tekrar açıp baktığımızda. Çocuklar için de hazırlanabilir ve hatta ilerleyen zamanda onun doldurması için teşvik edilebilir.

Doğum günlerimizde yeni yaşımız için, gelecek olan günler için bir niyette bulunmak en güzeli olur. O niyetimizi yazabiliriz. O yaşa özel bir niyet olabilir istediğimiz, ezbere yaptıklarımızdan daha derin, daha biz gibi. Ben burada bir niyeti paylaşıyorum sana ilham verebilir.

Biten yılın verdiğine, aldığına
Bedenimin sağlığına, soframın bereketine
Ruhumun huzuruna şükürler olsun.
Bana verilen bu hayat hediyesini sevgiyle yaşamayı
Kendi merkezimde, huzurda olmayı diliyorum.
Gelen yıl, gelen yaş
Bedenimin güçlü, sağlıklı ve esnek olmasını
Yeni yerler keşfetmeyi ve bu keşiflerden keyif almayı, mutlu olmayı
Karşılaştığım güçlükleri, engelleri aşmamda kolaylıklar verilmesini
Ve gücümü doğru kullanmayı
Rahman ve Rahim olanın himayesinde olmayı diliyorum.
Dileyim kabul olsun.

Gelen yıl, çalıştığım, çabaladığım işler, emeğimi başarı tacıyla ödüllendirsin.
Paylaşılan, yardım edilen, yardım alınanlarla uyum içinde olayım. Kucağım sevdiklerimle, kalbim sevgiyle, kazancım bereketle dolsun. Bedenimin koruyucusu sağlık, niyetimin koruyucusu ışık olsun.

İçsel Etkiler

Pozitif hallerimiz duygusal olarak kendimizi coşkulu ve enerjimizi yüksek hissettiğimiz anlardır. Bir bebeğin doğumu, güzel bir sürprizle karşılaşmamız, bir meteor yağmuru, sevdiklerimize kavuştuğumuz anlardır. Bize itirazlar üretebilecek olan zihnimiz o anda başka şeylerle meşguldür, isteriz ve olur. Bu olumlu anlarda dikkatimizi söylediklerimize verirsek ileride değişimi yaratamadığımız alanlardan korunuruz.

Örneğin; çok mutlu olduğun bir ilişkin var ve sevgilin bir hediye verdi. Sen de seninle sonsuza kadar birlikte olurum, olayım dedin.

Başka neler olabiliyor, karşılaştığım örnek cümle kalıplarını hatırlayalım.

- Hep beraber olsun./Hep beraber olmayacaksa olmasın.
- Hep birlikte olalım./Ayrılsak da kalbimde, zihnimde kal.
- En kötü günümüz böyle olsun./Burada yaşadığından daha iyisi olmazsa kendini iyi hissedemez.
- Nazar değmesin./Bu yaşadıklarının yıkılmasından, kaybetmekten korkuyor. İyi bir şeyler yaşamayı kendine hak görmüyor. Nazar enerjine çağrı yaptı.

Negatif haller içindeyken, korku, endişe, panik, öfke, kızgınlık gibi duyguların yaratımları oldukça güçlü olur. İçinden çıkılmasına odaklanan bir anda pek çok sözler verilebilir: "Buradan kurtulayım başka bir şey istemem." "Çocuğumdan haber alayım bütün küs olduklarımı affedeceğim." "Ona bir şey olmasın da ben her şeye razıyım."

İlginç olansa bunların hiçbiri daha sonra hatırlanmaz. Öfke ile çıkan ifadelerin olma hızı ve gücü daha da tehlikelidir. Bu durum bir yıldırım gibi tüm gücü toparlayıp karşımızdakine göndererek ona zarar verebilme potansiyeli taşır. O anda sorsalar "Evet zarar vermek istiyorum" diyebilirsin. Ancak çoğu zaman o öfke halin geçince eskisi kadar zarar vermek istemeyebilirsin. Daha önce de bahsetmiştim öfke elimizde tuttuğumuz bir ateş gibidir, karşıya gönderene kadar bize de yansıtacakları olur. Böyle bir anda dikkatini bir başka yöne vererek, mümkünse el yüz yıkayarak, inancın doğrultusunda dua ederek, derin bir nefes alarak o öfke bulutunun üzerinden gitmesini sağlayabilirsin.

Dini bayramlar, özel günlerde topluluklarla ortak bir alan oluşur ve niyetimizi topraklayacak yani gerçekleştirecek daha yüksek bir enerji alanıyla buluşuruz. Hangi dinden olduğumuzun bir önemi yoktur, önemli olan bu manevi enerjiyle buluşabilmektir.

Hay ile başlayan, hayat veren, hep var olan, varlığın içinden varlıkla kendini gösteren, varlığımla buluşturan, vardığım noktayı gösteren, kendi merkezimde buluşmayı, hakkını vererek yaşamayı, hakkını vererek buluşmayı, kendini bilenlerden, fark ederek dönüştürmeyi, dönüşerek özgürleşen, özgürlüğün içinde huzurla, sevgiyle buluşanlardan olayım...

Büyüsel Etkiler

Söz büyüdür hatırlatması yaparak devam ediyorum.

Sözlü akitler: Pozitif enerji alanlarında yaptığımız geleceği bağlayan ifadeler gibi anne-çocuk, karı-koca, kardeşler, arkadaşlar arasında da bu tip bağlayıcı anlaşmalar büyüsel bir etkiyle bazı düğümlere neden olabilir. Bu gibi durumları fark edebilmenin en kolay yolu; bir türlü bitmeyen ilişkilerini, aile bağlarını, geçmişe olan düşkünlüğünün seni boğan etkisini izleyerek bulabilirsin. Arınma niyetleri sana bu konuda iyi gelebilir.

Kendimizle yaptığımız anlaşmalar: Bazen koşullu sevmemiz gibi koşullu niyetlerimiz olabiliyor. Evimi alınca evleneceğim, borcumuz bitince çocuğumuz olsun, okulu bitirince sevgilim olsun. Yani şu belirlediğim şartlar olduktan sonra niyetim gerçekleşsin. Bil ki gerçekleşmeyecek. Hem şart koştun hem de akışa müdahale ettin. Oysa ne kadar hayatla akıyorsan o kadar hayrına olanı kendine doğru çekiyorsun. Burada aynı zamanda korkularınla yüzleşebilirsin.

Diyelim evlenmeden önce ev alacağım veya ev alınca evleneceğim dedin.

Okuması: Evlenmekten öyle korkuyorsun ki ev alma bahanesiyle kendini oyalıyorsun, üstüne üstlük evlenmemek için ev sahibi de olmayabilir veya ödemeleri uzun vadeye yayabilirsin. Bu gibi durumlarda bu gibi sözlerini hatırlıyorsan veya en azından tahmin ediyorsan bu sözünü hükümsüz kılabilirsin. Merkür retroları harika bir zaman olabilir. Ay tutulmalarını da değerlendirmeni tavsiye ederim.

"Daha önce söylediğim ... sözümü dönüştürüyorum" yerine yapalım hemen bir örnek:

"Ev almadan evlenmem ifademi dönüştürüyorum. Evlilik ile ilgili kendime yaptığım bağlayıcı ifadelerimi iptal ediyorum. Yerine; mutlu, huzurlu ve sevdiğim insanla evlenerek, birlikte güzel bir hayat kurmaya niyet ediyorum. Borcumuz bitince çocuk sahibi olmak istiyorum sözümü dönüştürüyorum. Çocuğumuz vakti gelince sağlıkla, huzurla doğsun."

"Tam ifade edilmemiş, tamamlanmamış niyetler sorun olarak önümüze gelir."

*Hayatımın şu anına kadar bilerek veya
bilmeyerek ifade ettiğim
Ve şu anda ilerlememin, gelişmenin önünde
engel oluşturan
Tüm sözlü anlaşmalarımı bitiriyorum,
kendimi ve söz ile düğümlendiklerimi
Özgür bırakıyorum.
İrademe hükmetmesine izin verdiklerimle
bağımı kesiyorum.
Kendi merkezimde kararlarımın
sorumluluğunu alarak ilerliyorum.*

Yersel Etkiler

Her mekân canlıdır...

Dünya var olduğu günden bu yana birçok coğrafi noktada değişmeyen enerji noktaları bulunur. İnsanların davranışları, inanışlar, uygarlıklar değişmiş ancak bu noktaların yaydığı enerjilerin yarattığı çekim etkisi aynı kalmıştır. İlk çağlardan bu yana farklı inanışların mabetleri, ibadethaneleri, şifahaneleri bu noktalara kurulmuştur. Kâbe, Kudüs, Tac Mahal, birçok kilisenin, caminin kurulduğu alan daha önce başka inanışlara da hizmet etmişlerdir. Mardin'de Süryani Manastırı'nın altında Güneş Tapınağı halihazırda orada durmaktadır. Birçok ibadet yeri bu şekilde seçilmiştir. Kendimizi bu noktalarda arındırabilir, niyetimize enerji yükleyebiliriz.

Coğrafi etkiler, aslında ibadet alanları dışında birçok alanı kapsar. Dağlar, enerjinin yükselerek zirve yaptığı noktalardır. Nitekim tüm mitolojilerde ve dinlerde seçilmiş kişiler Tanrı ile dağlarda görüştüklerini ifade etmiştir. Dağın yanı sıra deniz kıyısı, akan sular, şelaleler, mağaralar arınma ve içsesimizi duyabilmemiz için doğru noktalardır.

Mekânlarımız, evimiz, işyerimiz, çalışma odamız, masamız, yatağımız hepsi bizimle birlikte bizim enerjimizi taşıyan alanlardır. Hayatımızda bir yenilik yapmak, var olanı değiştirmek için öncelikle yaşamımızı sürdürdüğümüz alanları bir gözden geçirmekte fayda vardır. Çıkış noktası bulamadığında, darlığa düştüğünde veya hangi yöne gideceğini bilemediğinde yaşadığın alan sana yol gösterebilir. O alan, dağınık, tozlanmış, karmaşık görünüyor ise hayat kendine çekidüzen ver diyordur. Temizlik, düzen ve içinde kendini hissettiğin hal ile mekânların sana destek olur. Kendini iyi hissetmediğin mekânlardan taşınabilirsin. Bir mekâna taşındıktan sonra o yaşadıklarını bir gözden geçir, yerin sana sundukları olumlu mu olumsuz mu değerlendir. Bazen bir eşyanın yerini değiştirmek dahi iyi gelebilir. Durmuş sular, kırık eşyalar, akan musluklar, arızalı eşyalar sana hayatındaki aksamaları, durgunlukları ve kaçakları anlatır.

> "Sihirli değnek senin elinde.
> İşe yaraması için sihirli sözler de dilinde.
> Hatırlamak için bakacağın yer kalbindir."

NİYETLER

ÇEKİL ARADAN, AKSIN YARADAN...

5. BÖLÜM
ARINMA, YENİLENME VE GÜN NİYETLERİ

Arınma Niyetleri

Geçmişin beni kısıtlayan hallerinden
Bırakamadıklarımdan, affedemediklerimden
Helalleşemediklerimden özgürleşiyorum.
Hayatımın, bedenimin, içsesimin, benden yansıyanların
Ya da herhangi bir yerde bilemediğim, tıkanmış, beni benden
alan Özümden uzaklaştıran tüm tıkanıklıkları açıyorum.
Sevgi enerjisini buraya gönderiyor, sevgiyle şifalıyorum.

Bu hayatın içinde, bilmeden attığım düğümleri açıyorum.
Kendime yaptığım büyüleri çözüyorum.
Beni bağlayan anlaşmalarımı bitiriyor ve özgürleşiyorum.
Kontrol ettiklerimi, bırakamadıklarımı, ayak bağı olanları,
huzurla ve sevgiyle bırakıyorum.
Kendi merkezime dönüyorum.
Yaradan'ın himayesinde güvenle, huzurda ve
huzurunda olmayı diliyorum.

*Hayatıma, bedenime, geleceğime
yük olarak aldığım miraslarımı
kolaylıkla dönüştürüyorum.
Şu ana kadar hayatıma giren,
hizmet eden, hizmet ettiği
her kim varsa sevgiyle kucaklıyorum.
Attığım adımları, verdiğim kararları,
yaptıklarımı, yapmadıklarımı onaylıyorum.
Şu andan itibaren hayatımın akışında
kendi kararlarımı irademle vermeyi ve
atamadığım adımlarımı, ilerleyemediklerimi
kucaklıyorum ve "An"a teslim olarak
emin halde Yaradan'ın korumasında
kucaklıyorum hayatı.
Niyetim kabul olsun.
Hayatım güzelliklerle dolsun.
ÂMİN...*

༄

*Aşırıya gittiğim hallerimi bırakıyor
İçimde ve dışımda almayı ve vermeyi
Hayat ile alışverişimi dengeliyorum.
Dengeyi içimde kuruyorum.
Yaşamın içinde ilerlerken yardım aldığım
Yardımcılarım yetenekli olsun.
Himayede, sevgiyle ilerleyerek mutluluğu
içime alıyorum.*

༄

*Geçmişin, yaşadıklarımın ve hayatın bana yazdığı
mektubu Anlayamadığım, çözemediklerimi
Geçmişe bırakarak O mektubu kapatarak
An içerisinde okumayı, anlamayı ve
Hayatın diliyle muhabbetle öğrenmeyi seçiyor
ve diliyorum. Yaşadıklarımın içinde, yaşarken
fark edemediğim Bugün beni anıların içerisine
sürükleyen tüm halleri bırakarak, özgürleşerek
Tam bulunduğum ana, olana, hayatın içindeki
hale, kendime, merkezime dönüyorum.
Kendimle olmayı seçiyor ve kendimden kendimi,
seyrettiklerimi, ifade ettiklerimi dinleyerek,
şuurlanarak yaşamın bana söylediklerini,
benim yaşama ifade ettiklerimi anlıyor ve kabul
ediyorum. En kıymetlinin içinde bulunduğum
an olduğu ve anın içinde yaşayarak, merkezimde
ve özümle buluşmak için çıktığım bu hayat
yolculuğunda akış ile olayım.
Âmin...*

❦

*Zor diye bildiklerimi, kolaylıkla değiştiriyorum.
Bildiğimden ötesi yok diye direttiklerimi bırakıyor
Teklif edileni dinliyor ve hayrıma olanları alıp kabul ediyorum.
Yolum açık, işlerim keyifli, kazançlarım bereketli olsun.
Sevgi dolu sözler aksın dilimden
Kulaklarım sevginin yaydığı müziği dinlesin
Yansımalarım, aşkı anlatsın.
Ve her an kutsanarak son nefesime kadar huzurda ve huzurunda
olmayı diliyorum.
ÂMİN...*

❦

Aldığımı ve verdiğimi dönüştürerek
Hayatın tatlarıyla buluşuyorum.
Kabulde, güvenle ve
keyifle ilerliyorum geleceğe.
Mutluluk ve huzurla dolsun,
neşe ile atsın kalbim.

※

Var olanın şükrüyle
Gidenlerle, bıraktıklarımla özgürleşiyorum.
Hayatın akışı içinde yenilenmeyi diliyor
Endişe ve korkularımı kabul ederek
Güvenle ve teslimiyetle dönüştürüyorum
Sevgiyle himayede olmayı, korunmayı
diliyorum.
Her bir zerremde Aşk ile akıyorum hayata.
Niyetim kabul olsun, hayatım dengede
olsun...

※

Yaşarken fark edemediklerimi görüyor
Tutulup kalarak, erteledikferimi başlatıyor
İlerlememe engel olan, öfkelerim
Kırgınlıklarım ve pişmanlıklarımla
Barışıyorum.
ÖZ'üm ile buluşmak için çıktığım bu yolda
yardımcılarımı çağıyorum.
Gelin buluşalım, yola koyulalım
Öz'den akanın tadına varalım.
Yolum açık, kalbim kabulde olsun.

※

Arınsın bedenim, zihnim, hayatım
Katılıklardan, kızgınlıklardan ve kinden
Eskinin izlerini temizlesin niyetim
Yeniye, yepyeniye hazır benliğim
Aşk çağrımı duy, kalbime uy

❦

Şikâyetten şükre
Korkudan cesarete
Esaretten özgürlüğe
Geçişim kolayca olsun.
Yaradan yardımcım olsun.

❦

Geçmişle helalleşiyor
An içinde yaşamayı seçiyorum.
İfademin idraki ile farkına varıyorum yarattıklarımın.
Öfkelerim, sakinliğe İtirazlarım, kabule
Güçlüklerim, kolaylığa Darlıklarım, ferahlığa
Karanlıklarım, ışığa dönüşsün.
İçimde kurduğum denge ile ilerliyorum geleceğe...

❦

Nedenini bilemediğim korkularımı
İçimi kemiren endişelerimi
Benim zannederek sahiplenip bırakamadıklarımı
Beni kısıtlayan, zorlayan halleri akışa teslim ediyorum.
Varlığımı Ruh'un, Rahman ve Rahim olanın
parçası olan Öz'üme teslim ediyorum.
Huzura varsın AN ile akışta sevgiyle kucaklansın.
Şifam ve duam kabul olsun.

❦

Rahman ve Rahim olanın adıyla
Geçmiş ve geleceğimden emin olmayı
Bu dünyayı yuvam gibi görerek bütün ve
bütünüyle barışarak
Geçmiş ve gelecekten emin
Geldiğim ve gideceğim yeri yuva görerek
Ötesi beresi, aşağısı yukarısı demeyi
bırakarak, kadın ve erkek demeden
Her biriyle barışmayı ve bütün bunların
merhamet ve şefkatle olmasını
Birliğin içine davet edilmeyi ve
bu davete icabet etmeyi
Yaradan'ın birliğinin içerisinde kutsanmayı
Kabul görmeyi, tüm bunların şefkatli
bir elle sarılarak yapılmasını ve
bundan keyif almayı
İlerlediğim bu ruhsal yolda maddemin ve
ruhumun bana keyif vermesini
ve keyif almasını
Sevgimin açılarak bana sağlık vermesini,
sağlıklı ilişkilerin içinde,
sağlıklı dileklerin içinde
Sağlıklı eylemlerin içinde amacımı bilerek ve
Selam vererek aşka, gücümle buluşmayı
Güzellikleri seyretmeyi, güzel olmayı,
güzellikleri görmeyi ve güzelliklerden emin
olmayı diliyorum.
ÂMİN...

Ben ne dünkü ne de bugünkü halimdeyim.
Tam şu anda burada bambaşka bir haldeyim.
Her ne yaşadıysam, her ne kattıysam, her ne
bıraktıysam hayata şükürler olsun.
Karşılaştığım, karşılaştırılan tüm yansımalara,
hizmet edenlere, yanımda olmayanlara, bu hayattan
ayrılıp gidenlere uğurlar olsun.
Yaşadıklarım ve yaşayacaklarım sevginin ışığında
beni kabule getirsin.
Kabul içe açılan aradığım
o kapının kilidini açıversin.
İçeriye doğru, kendimize doğru,
fark edişim, uyanışım yumuşakça ve
Bir annenin çocuğunu yataktan
sarması gibi sevgi dolu olsun.
Yaşam bereketi, sundukları, şaşkınlıkları,
öfkeleri Terk etmişleri, terk edişleri, bıraktıklarım ve
bırakamadıklarımla bir bütün ve
ben bütünün parçasıyım.
Açılacak niyet kapısı ışıl ışıl ve evrenin
yardımcılarıyla, güzellikleriyle, sevgisiyle,
bulunduğum halden daha iyiye, daha derine, daha
güzele, en önemlisi kendim olma haline açılsın.
Bu geçtiğim niyet kapısı, sunduklarını fark ettirsin.
Bana verilen kısmetleri, şansları, bereketi alıp
kolayca kullanayım.
Lezzetine, tadına varayım.
Şu an ve sonrasında, hayat hiç tatmadığım
güzellikteki tatlar, görmediğim diyarlar,
keşfetmediğim, henüz buluşmadığım yerler ve
insanlarla buluştursun.

*Gönülden gönüle, candan cana, gözden göze
akacağım, sadece bedenle değil, sevgi ile sarılacağım
yansımalarla bu hayat yolu taçlandırılsın.
Yaptığım işler başarıyla, attığım adımlar kolaylıkla,
niyetlerim hayrıma, vedalaşmalarım
kavuşmalara katkıda bulunsun.
Kendi rızamla vedalaşayım,
kendi rızamla özgürleşeyim.
Uyandığım her sabah, bana verilen yaşam
hediyesini taçlandırdığım ilk günün başlangıcı olsun.
Yaşadığım her gece, başıma konan tacın
bir emanet olduğunu hatırlatmasıyla
huzura kavuştuğum an olsun.
Şu andan itibaren aldığım her soluk kıymetli,
bedenim en iyiyi hak eden, bu dünya yaşadığım
en güzel ve en şahane mekân.
Yaradan'ın en sevilen kulu olduğumu
hissederek yaşayayım.
Başım sıkıştığında, zora düştüğümde,
çıkış yok dediğim anlarda, yardımcılarım
ben daha dile gelmeden, yanımda olsun.
Onlardan yardım almak, onlarla birlikte olmak,
bana sunulanı, yeniyi, teklifi, yardımı kabul ederek,
sıkıntıların içinden feraha, karanlıktan aydınlığa,
korkudan güvene geçişim Hızır'ın eliyle olsun.
ÂMİN...*

Hayatın tüm renklerini kabul ediyorum.
Aşırıya gittiğim taraflarımı,
huzurla dengeye alıyorum.
Geleceğimle ilgili kararları,
Yaradan'ın aracılığıyla, kalbimin gücüyle
ifade ederek fark ediyorum.
Köklenerek gelişmeyi, gelişerek büyümeyi,
dönüşmeyi kabul ediyorum.
Hayatımdan uzak tuttuğum renkleri, onların
temsil ettiklerini hayatıma çağırıyorum.
Kapattığım yanlarımı, katılaştığım
taraflarımı, ışığın gücüyle açıyor,
esneyerek, sevgiyle kabule geçiyorum.
Karanlıkla bıraktığım taraflarım
ışıkla buluşsun.
Renkler hayatımda kabul bulsun.
ÂMİN...

❦

Sahip olduğum her şey için, sahip
olamadıklarım için
Bedenimin sağlığı, ruhumun ışığı,
hissettiklerim, tadına baktıklarım,
keyif aldıklarım
Yaşadıklarım ve geçmiş seçimlerim
için şükürler olsun.
Şikâyeti bırakarak, şükür kapısını açıyorum.
Şükredeceğim, keyif alacağım, lezzetine
varacağım tatlar, güzellikler, buluşmalar,
kavuşmalar hayatıma gelsin.
Kabulüm kolay olsun.

❦

*Beni benden alan hallerimden, beni özümden
uzaklaştıran engellerimden arınıyorum.
Mutlu olmama, âşık olmama, kendim olmama,
özgürce kendimi ifade etmeme, bu hayata güvenmeme,
coşmama, neşelenmeme, kolaylıkla istediklerimi
yaratmama engelleri kaldırıyorum.
Attığım ve attırdığım düğümleri çözüyor, yaptığım ve
yaptırdığım büyüleri açıyorum.
Şimdi şu anda kendi merkezimde dilediklerimi
kolayca yaratıyorum.
Güvenerek kendimi akışa bırakıyorum.
Gücün asıl sahibinin yetkisi ile
gücümü alıyor ve kullanıyorum.
Başarıya adım atıyor, başarılarla
taçlandırıyorum. Güzelliklerle,
keyifli anlarla, neşeyle, coşkuyla aksın hayat.
ÂMİN...*

☙

*İtiraz ettiklerimi şu anda bırakıyorum.
İnatlaşmaktan, şikâyetten özgürleştiriyorum kendimi,
ruhumu, bedenimi ve kabule geçiyorum.
Almayı ve vermeyi dengeli bir şekilde yaparak, hayatın
içerisinde doğruyu seçiyorum.
Aşka, sevgiye, neşeye ve huzura kalbimi açıyorum.
Bir pınar gibi çağlayarak, sevgiyle hayattan tat
almama yardım edecek
Seveceğim ve sevileceğim, kucaklayacağım ve
kucaklanacağım yansımalarını hayatıma çağırıyorum.
Niyetim kabul olsun. Hayatım keyifli olsun...*

☙

*Hayat, bildiğimin ötesinde bildirilenin tadıyla,
attığım her adımla açılarak, yenilenerek, tazelenerek,
güvenle ve kararlılıkla ilerlediğim bir yol.
Bu yolun içerisinde beni, ağırlayan, karşılayan,
buluşacağımla kavuşana kadar geçirdiğim zamanda,
yardım eden ve sevgiyle saran yol arkadaşları
ile buluştur. Sevginin ışığı ile aydınlanmama,
aydınlandığımı fark etmeme yardım et.
Ve şimdi tam merkezimde, tüm yönleri kucaklayarak,
denge ve neşe ile olanı kabul ederek şükrediyorum.*

❦

*Yaratılışın ilk anından beri var olana, şekil alana,
yön verene, yön alana, yönleri oluşturana, merkezini
bularak dengelenene, dengeye getirene, dengeyle
olana, şu anda buluşarak ve fark ederek, göğün ve
yerin enerjisi, dört yönün efendisi, tam da merkezinde,
gökten yere doğru, soldan sağa doğru, sağdan sola,
yerden göğe doğru, bütünü oluşturanın içinde, siyah
ve beyazın birliği ile bir olanın içinde ve sevgiyle
içeriye daha içeriye koyduğumuz engelleri kaldırarak,
engel zannettiklerimi açarak, aşarak, ilerlemek ve
gelişmek için bize verilen fırsatları alarak kendimize
ördüğümüz duvarları yıkarak, tekrardan başlamaya,
başladığımda tat almaya, yaşadığım her anın içinde
tam orada, tam da onunla ve o lezzette buluşarak,
keyif almaya, keyif vermeye, hayatın sadece
yaşadığımız an olduğunu hatırlayarak,
yaşamaya başlıyorum.
ÂMİN...*

❦

Güneş Tutulmasına Özel

Kırgınlıklarımı bırakıyorum
Hayata olan öfkemi dönüştürüyorum,
sevgi ile kucaklıyorum onunla paylaştığım her anımı.
Geçmişten getirdiğim bildiğim ne varsa
aşka dair şu anda bırakıyor ve özgürleşiyorum.
Çocuklarım bana emanettir, onları
kontrol etmeyi bırakıyorum.
Aşırıya gittiğim yanlarımı dengeliyorum.
Kendimi kısıtladığım alanları açıyorum.
İçimdeki kadın ve erkeği dengeliyor ve
kendi merkezime geliyorum

⁂

Babamla, annemle helalleşiyor
Onlara olan itirazlarımı bırakıyor
Kabule geçiyorum.
Bana can veren her bir zerreyi şükürle
Tüm yansımalarımı sevgiyle kucaklıyorum.
Hayatın içinde esneyerek ilerliyorum.

⁂

Geçmişi, geçmiş seçimlerimi kabul ediyor
Gelecek endişelerimden özgürleşiyorum.
Hayatın tatlarını ve bana sunduğu
güzellikleri fark ederek an içinde
yaşamayı seçiyorum.
Kendi merkezimde, olanın kabulüyle,
hayat planımın farkında keyifle ilerliyorum.
Yeniye geçişim sevgiyle olsun.

⁂

Ay Tutulmasına Özel

Geçmişin bilgisini alıyor,
izlerini bırakıyorum.
Geleceğin kaygısından özgürleşiyorum.
Erteledilerimi harekete geçiriyor
Hareket halinde
olmayı kabul ediyorum.
İnatlaşmayı bırakıyor,
kabule geçiyorum.
Kinden, öfkeden, kızgınlıklardan arınıyor
Hayatın akışına teslim oluyorum.
Sevgi diliyle konuşmayı diliyorum.
Tutulup kaldığım yanlarımı açıyor
ve özgürleşiyorum.
Geride bırakıyorum geçmişi,
güvenle bakıyorum geleceğe.
İfadem ruhumun ışığını yansıtsın,
duyduklarım ruhuma ışık tutsun.

❦

Var olanın şükrüyle
Gidenlerle, bıraktıklarımla
özgürleşiyorum.
Hayatın akışı içinde
yenilenmeyi diliyor
Endişe ve korkularımı kabul ederek
Onları güvenle ve teslimiyetle
dönüştürüyorum.
Sevgiyle himayede olmayı,
korunmayı diliyorum.

❦

Aşk

"Hayatı ısıtan, canlandıran, yeniden başlatan, buluşturan, aydınlatan, etrafında toplayan, birleştiren, güzelleştiren, coşturan aşk ateşi...
İçimde, olduğum andan itibaren var olan, fark ettiğim ya da fark edemediğim, gücünden beslendiğim ya da beslenmekten vazgeçerek güçsüz hissettiğim aşk ateşi...
Aşk, aşk dedikçe güçlenerek...
Hayata katılmama, hayata değer katmama, değerli olduğumu hissetmeme, sevmeme ve sevilmeme, olduğum halin içinde hakkını vererek yaşamama, yaşadıklarımın kabulünde olmama aracılık et.
Aşk, hayatın her alanında önümü aydınlatan bir ışık gibi bilinmezlikleri, endişeleri, korkuları aydınlatarak, güvene, eminliğe ve akışa teslim olmama aracılık et..."

❦

Niyetim özle buluşmak, aşka kavuşmak geldiğim ve döneceğim ana kadar
Yaşadığım bu dünyanın tadına vararak, merhamet ve şefkatle kucaklanarak
Güvenle, sevgiyle, özgürce hayat amacıma yürümek
Niyetim kabul olsun, kalbim huzur bulsun.
Âmin...

❦

Gün Niyetleri

Kendimi gerçekleştirmek için
Akdimi yerine getirmek için
Hayatla olan birliğimi güçlendirmek
İlerlediğim yolda desteklenmek ve korunmak için
Sevdiğimi ve sevildiğimi rahatlıkla ifade etmek için
İçinde var olduğum, bütünün bir parçası olarak
kattığım ve katıldığım
Sevdiğim ve sevildiğim, fayda vererek
kucakladığım ve kucaklandığım
Hem kendime hem de ait olduğum
o bütüne değer katarak ve değer görerek
Bana sunulmuş olan güzellikleri kucaklayarak
ve o güzelliklerin içerisinde
Yaşamı ve yaşamı var edeni, sonsuzluğun içinde,
her dönüşümde, teslimiyet içinde selamlayarak
Dönüşmek üzere başladığım bu yolculuğum yardımla,
sevgiyle kabul olsun.

Hayatı sevinçle içime almayı, kolaylıkla bırakmayı, aşk ile kavuşmayı, geçmiş ve geleceğin tüm hallerini bırakarak anda yaşamayı seçiyorum. Tüm sorularımı bırakıyor, şükürle kabule geçiyorum. Ruhta ve maddede zenginliği, zenginliğin yanında konforu, konforla birlikte keyfi ve onunla birlikte lezzet almayı diliyorum.

❦

Dengedeyim ve dengeyi içimde kuruyorum. Her şey mükemmel akışta ve ben onun parçasıyım. Bütün damarlarım enerjiyi taşısın. Hayatı içimde hissediyor ve bana verilenleri kolaylıkla alıyorum. Hayatı yaşıyor ve kolaylıkla bırakıyorum.

❦

Almayı ve vermeyi dengeliyorum. Dengeyi içimde kuruyorum. Ben dengeyle ilerlerken hayatın içinde yardımcılarım yetenekli olsun. Dudaklarımdan sevgi dolu sözler dökülsün. Kulaklarım sevgi dolu sözlerle çınlasın. Yansımalarım aşkı anlatsın. Hayat, Yaradan ile aşkımın bir yansıması olsun. Ve her an kutsanarak son nefesime kadar huzurda ve huzurunda olmayı diliyorum.

❦

Şükürle kucaklıyorum hayatı. Karmaşadan düzene giderken huzuruna al beni. Dingince kabul edeyim olanı. Sevgiyle uğurlayayım gidenleri. Güçlükleri bırakıp kolaylaştırdığım geçmişle barışıp geleceği kucakladığım bir gün olsun.

❦

Günüm aydın, yardımcılarım yetenekli, sağlığım, keyfim ve huzurum yerinde, kazançlarım hayırlı, işlerim yolunda olsun. Rahman ve Rahim'in himayesinde huzur dolu bir gün olsun.

❦

Huzuru içimde hissettiğim, sevgiyle ifade ettiğim, güzelliklerle kucaklandığım keyifli ve sağlıklı bir gün olsun.

❦

Hayatı içime alıyor, sevgiyle kucaklıyor ve kucaklanıyorum. Attığım her adım bana bereketli kazançlar getiriyor. Gelen günün verdiğine, aldığına, bedenimin sağlığına, soframın bereketine, kalbimin huzuruna şükürler olsun.

❦

Bana verilen bu hayat hediyesini, sevgiyle yaşamayı, kendi merkezimde huzurda olmayı diliyorum. Bugün Rahman ve Rahim'in himayesinde tamamlansın sevgiyle.

❦

Severken sevildiğim, hayata katıldığım, kendimi fark ettiğim, renklerin içinden geçtiğim, güzelliklerle taçlandırıldığım bir gün olsun. Yaradan yardımcım olsun.

❦

Rahman ve Rahim'in himayesinde açılsın kazanç kapılarım. Sevginin ifade bulduğu, negatifin uzakta olduğu, hayırlı, keyifli, neşeli bir gün olsun.

❦

Gülümseyen yüzlerle, kalpten bakan gözlerle, içten gelen ifadelerle yaşanan, işlerin kolay ve keyifli olduğu bir gün olsun.

༄

Kolaylaştırılsın işlerim, akışta olsun zihnim. Esnek ve sağlıklı olsun bedenim. Kazançlarım bereketli, işlerim keyifli, sağlığım yerinde, sohbetlerim tadında olsun. Günüm hayırlı olsun.

༄

Geçmişimle barıştığım, sevgiyle dönüştüğüm, merkezimde kaldığım, huzurlu olduğum bir gün olsun.

༄

Tazelensin hayatım. Bedenim enerjiyle, kazançlarım bereketle, kalbim sevgiyle dolsun.

༄

Güzelliklerin sunulduğu, keyifli anlarla dolu, mutlu ve huzurlu bir gün olsun. Rahman ve Rahim'in himayesinde kolaylaştırılsın işlerim sevgiyle.

༄

İçimizde kuralım dengemizi, hayatın keyfine varalım. Cem edelim gönlümüzde, huzuru hissedelim.
Hayatın lezzetiyle coşalım. Olanı, hoşgörü ile ve sevgiyle seyredelim.

༄

Günü kucaklıyorum. Dengede olmanın güzelliklerini anlatsın. Dengede olmanın huzurunu hissettirsin. Bırakmayı, anlamayı, kolayca teslim olmayı, an içinde yaşamayı diliyorum.

༄

*Zorluklar kolaylaştırılsın. Öğrettikleri anlatılsın.
Akışta yardımcılar işime destek olsun. Sakince huzurlu
yaşayacağım bir gün diliyorum.*

❦

*Kabul ediyorum gücümü, bırakıyorum güçlüğü.
Akışla akıyorum hayata. Kucaklasın beni coşkuyla.
İlerliyorum geleceğe. Ve kavuşuyorum dileklerime.
Huzur içinde, güvenle.*

❦

*Bedenim ve zihnimdeki fazlalıkları,
kolayca ve sağlıkla bıraktığım, sevgiyle kendimi ifade ederek
olanın hayrını fark ettiğim bir gün olsun.*

❦

*Aşkla baksın gözlerim, sevgiyle sarılsın bedenim.
Almayı ve vermeyi kabul ettiğim bir gün olsun.*

❦

*Aydınlık bir gün olsun. Kalbim sevgiyle dolsun.
Açılsın bolluk kapılarım. Kazancım hayırlı ve bereketli olsun.*

❦

*Neşe dolu olsun günüm. Akışla gelsin bilgim. Aklım idrak ile,
kalbim sevgi ile anlasın. Hareketli, neşeli ve keyifli bir gün olsun.
Sevdiklerimle paylaştığım anlar benim olsun.*

❦

*Hayatın bana, benim hayata aktığım bir gün olsun.
Evim huzur, kalbim sevgiyle dolsun.
İfadelerim sakin ve anlaşılır olsun.*

❦

Şifa ve huzur bulduğum, sevdiklerimle olduğum anlarla taçlansın günüm. Kalbim neşe ile dolsun.

⊰❈⊱

Ahenkle aksın yaşam. Gün ışıkla aydınlatsın karanlığı. İçimdeki karanlıkları ışığa teslim ediyorum. Huzurda ve huzurlu bir gün diliyorum.

⊰❈⊱

Günüm bolluk, bereket, sevgi dolu aksın. Anladığım aktardığım, aktardığım anladığım olsun. Söylediklerim anladıklarım olsun.

⊰❈⊱

Kalp gözümle seyrettiğim, hislerimle fark ettiğim, sağlıkla tat aldığım, kazançlı, keyifli, işlerin kolaylıkla tamamlandığı, sevgi dolu bir gün olsun.

⊰❈⊱

Yaşam enerjimiz, şifamız, kaynaklarımız, rahatımız, neşemiz, konforumuz, sağlığımız, anlayışımız, huzurumuz ve sakinliğimiz bol olsun.

⊰❈⊱

Gücü ve güçlü olmayı kabul ediyorum. Yaradan'ın gücünü kullanmayı seçiyorum. Onunla olmayı, bir olmayı, birlikte olmayı seçiyorum. Bütünün parçası olmanın asıl güç olduğunu anlamayı diliyorum. Sevgi denizinde yüzmenin ne kadar arındırıcı olduğunu deneyimlemeyi diliyorum.

⊰❈⊱

Mucize yağmurları ile yıkanayım. Her yağmur damlası, mucizelerle uyandırsın. Her bir mucize, uyanışıma katkı sağlasın. Dünya işlerim kolaylaştırılsın.

❦

Dönüşürken dönüştürmeye, öğretirken öğrenmeye, öğrenirken öğretmeye, an ile akmaya, an ile akışa katılmaya ve katmaya, sevgiyle yaratmaya, sevgiyle dönüştürmeye, sevginin gücünü almaya niyet ettim, şükürler olsun.

❦

Bedenimdeki fazlalıkları, kolayca ve sağlıkla bırakmayı, sevgiyle kendimi ifade etmeyi ve olanın hayrını görmeyi diliyorum.

❦

Kalpten geleni duysun kulağım, dilden aksın dileğim, ruhum huzurlu, bedenim sağlıklı, zihnim dingin, dengeli ve akışta olsun.

❦

Darlıktan bolluğa, yokluktan varlığa geçişim kolay, kazançlarım bereketli ve hayatım keyifli olsun. Kalbim sevgi, ruhum birliğe açık olsun.

❦

Bir'den gelene açık, an'a teslim, akış ile sevgi ile Rahman ve Rahim'in himayesinde, sağlık, keyif, huzur dolu bir ömrüm, hayırlı olanı seçen bir gönlüm olsun. Duam kabul olsun.
Âmin.

❦

Mucizelerle taçlandırılmayı, sevginin şifa enerjisiyle dolup taşmayı, bu hayatın hakkını vererek hayat amacımla bir olmayı, kolayca ilerlemeyi diliyorum.

֍

Ey zihnim! Sus ve dinle kalbim ne diyor? Ey nefsim! Kalbime uy, kolay koyul. Kalbimin sesini duyuyor ve yeniye sevginin gücüyle geçiyorum.

֍

Evime, mutfağıma, gelirime, İlyas Peygamber'in duası, tıkanmış, yavaşlamış, durmuş işlerime Hızır'ın eli değsin. Bedenime, sağlığıma buluşmaların gücü aksın. Hayatıma neşe, keyif, huzur ve bereketin hayırlısı gelsin.

֍

Bütünün hayrı için sorumluluklarımı kabul ediyorum. Kendime ve çevreme hayırlı işlerin içinde olmayı, sevmeyi ve sevilmeyi diliyorum. İlerlemeyi ve dönüşmeyi kabul ediyorum.

֍

Sevdiklerimle birlikte, yeni yerler keşfederek huzur ve neşe içinde, keyifli seyahatlerle dolu anlar yaşamayı diliyorum.

֍

İfadelerimde uyanacağım, sözlerimi fark edeceğim, olanı sevgiyle kabul edeceğim bir hal diliyorum. Sıkıntılarımın feraha kavuşturulmasını, darlıklarımın açılmasını, hayatın sevgiyle ve coşkuyla akmasını diliyorum.

֍

Baktığımı görmeyi, işittiğimi duymayı, dokunduğumu hissetmeyi, hayatın içinde bana sunulan güzellikleri fark etmeyi diliyorum. Dileğim, Rahman ve Rahim'in buluşmasında kabul olsun.

❦

Sevgi ile şifanın aracılığını kabul ederek her buluştuğum zerrenin aracılığınla fark edişini hissederek ilerliyorum. Her bir araya geliş, hissediş, bütünün hayrına olsun.

❦

Kazançlarım bereketli, dualarım hayrıma kabul olsun. Gücü, gücü verenin yetkisi ile kullanayım. Her dem yenilensin şifa çemberim. Negatifler uzak, bir aradakiler dengede, keyifli ve huzurlu olsun.

❦

İfadeler işitilsin, idrak edilsin, şuur yaratsın. Karşılaşmalar şükürle karşılansın. Yardımcılar yetenekli, uyumlu ve dengeli olsun. Bolluk bereket hayra çalışsın. Madde ve ruh bir arada, birliği yaratsın.

❦

Sihirli bir el dokunsun işlerime. Sevginin ışığı ile aydınlansın yolum. Keyifli olsun günüm. Korunsun hayatım. Huzuru bulsun zihnim. Kabulde olsun kalbim.

❦

Mucizelerin sunulduğu ve bunları alıp yüksek hayrıma kullandığım bir gün olsun. Sevgi dilinde aksın hayat. Kalbim sevgiyle coşsun. Bedenim sağlığına kavuşsun. Aydınlık, keyifli, neşeli bir gün olsun.

❦

En doğru seçimlerle geldiğim şu ana şükürler olsun.
Geçmiş benim seçimlerimdi. Biliyor ve kabul ediyorum.
Hayat benim için güvenli ve keyifli. İhtiyaçlarımı,
olmasını istediklerimi ifade ederim ve olur. Bana teklif
edilenleri yüksek hayrım için alır ve kullanırım.

❦

Şimdi, şu anda, kendi merkezimde, dileklerimi kolayca
yaratıyorum. Kendimi güvenle akışa bırakıyorum. Gücün
sahibinden aldığım yetkiyle gücümü kullanıyorum. Başarıya
adım atıyor ve başarılarla taçlandırılıyorum.

❦

Güzelliklerle, keyifli anlarla, neşe ve coşkuyla
akıyorum hayata. Her dem mucizeler kapısını açık
bırakıyor, ihtiyacım olduğunda kullanıyorum.
Ey hayat! Duy niyetimi, ver dileğimi!

❦

Huzurla kaplansın içim. Hayatın ritmiyle tadına vararak
yaşadıklarımı fark ediyorum, fırsatları alıp kullanarak
kazançlı, keyifli işlerle, sevgi dolu kalplerle buluşuyorum.

❦

Anladığım ve anlaşıldığım, sevdiğim ve sevildiğim, mutlu
olduğum ve mutlu edeceğim, bereketli kazançlar elde
edeceğim, sağlıklı hissedeceğim bir gün olsun.

❦

Yaşam bana sevgiyi anlatsın. Sevildiğimi hissedeyim.
Yardımıma koşsun yardımcılar. Hızır'ın eli değsin. İşlerim
su gibi aksın. Gün huzurla yaşansın.

❦

Gün aydınlık, yürekler sevgiyle dolsun. Tıkanmış, ilerlemeyen işlere Hızır'ın eli dokunsun. Bereketlensin kazançlar, işler hayırlı olsun.

❦

Bedenim sağlıklı, zihnim huzurlu, kalbim neşeli, hayatım keyifli olsun. Doğru yolda, hayırlı işlerin içinde, bereketli kazançlarım olsun.

❦

Bu dünyayı seviyorum. Tam merkezimde, hayatı olduğu gibi kucaklıyorum. Bana yapılan teklifleri fark ediyor ve hayrıma olanları alıyorum.

❦

Yardım dilediğim tüm alanlarda mucize enerjisini harekete geçiriyorum. Mucizelerle taçlandırıldığım, sevgiyle kucaklandığım bir gün olsun. Yenilikler hayatıma tazelenme sunsun.

❦

Bedenimi seviyorum. Her organım, her hücrem bana hizmet ediyor, şükrediyorum. Sağlıklı, huzurlu ve keyifli bir hayatın içinde, güvenle ilerliyorum. Günüm aydınlık, sohbetlerim keyifli, buluşmalarım candan olsun.

❦

Dünyanın, dünyaya gelişimin, bedenimin, hayatın akışının yepyeni bir haliyle buluşuyorum. Yaşadıklarımın idrakine vararak şuurlanıyorum. Vesveselerden uzak, geldiğim ana şükrediyorum. Huzur dolu anlarla buluşuyorum. Günüm keyifli olsun.

❦

Yaşadığım her an tekâmülüme hizmette, kavuştuklarım ve
buluştuklarımın her biri merkezime dönüşümde hizmetimde.
Tüm hizmet edenlere, aldıklarıma ve verdiklerime şükürler olsun.

Huzurda, sevgiyle, coşkuyla hayata katılıyorum.
Gün güzelliklerini sunsun.

Huzurla kaplansın içim. Hayatın ritmiyle, tadına vararak
yaşadıklarımı, fırsatları fark ediyorum ve alıp kullanarak
kazançlı, keyifli işlerle, sevgi dolu kalplerle buluşuyorum.

Mucizeler hayatıma gelsin, dileklerime yön versin.

Günüm bolluk, bereket, sevgi dolu aksın. Anladığım
aktardığım, aktardığım anlattığım olsun.

Sevdiğim ve sevildiğim, anladığım ve anlaşıldığım, işlerimin
kolaylıkla aktığı, ruhla ve bedenle, bolluk bereket içinde bir
olduğum bir gün olsun.

Saygı duyduğum ve saygı gördüğüm, her işimden hayırla ve
kazançla çıktığım bir gün olsun.

Nur ile yıkandığım, her an yenilendiğim,
kolaylıkla bıraktığım bir gün olsun.

Sevginin ışığı ile baksın gözlerim. Sevenle buluşsun yüreğim. Huzur ve keyif içinde, neşeli bir gün olsun.

⊷⊶

Her bir zerremde Aşk ile akıyorum hayata. Niyetim kabul olsun, hayatım dengede olsun.

⊷⊶

Yeteneklerimi doğru kullanarak, yepyeni ve hayırlı işlerin içinde olmayı, sevmeyi ve sevilmeyi, bana verilen gücün farkında parlayarak yükselmeyi diliyorum.

⊷⊶

Şükürle kabul ediyorum olanı, bırakıyorum inadı, sevgiyle kucaklıyorum hayatı, sevgiyle kucaklanmayı diliyorum.

⊷⊶

Farklılıkları ve barındırdıkları güzellikleri kucaklayan bir kalple harika bir gün olsun.

⊷⊶

Canlı, neşeli, verimli ve huzurlu, Yaradan'ın koruması ve himayesinde, sevgiyle aktığım, hayrıma olanın kabulünde olduğum bir gün olsun.

⊷⊶

Güzellikleri fark ettiğim, farklılıkları kucakladığım, huzurlu ve mutlu olduğum bir hafta olsun.

⊷⊶

Başladığım işlerimi tamamladığım, kalbimden akanla olduğum, neşeli, huzurlu ve verimli bir gün olsun.

⊷⊶

Söz eyleme dönüşürken,
kalbim huzur içinde olsun.

※

Günaydın, dingin,
kendi merkezinde içten geleni duyduğum bir gün olsun.

※

Günaydın, verilenin şükründe, keyifli ve huzurlu olsun gün.

※

Günaydın, yaşamın sunduğu fırsatları alıp değerlendirip hayrıma
kullandığım,
neşe, huzur, sağlık ve dinginlik içinde
olduğum harika bir hafta olsun.

※

Günaydın, renkli, keyifli ve huzurlu bir gün olsun.
İşlerim kolaylıkla aksın, sonuçları hayrıma olsun.

※

Severken sevildiğim, hayata katıldığım, kendimi fark ettiğim,
güzelliklerle taçlandırıldığım bir gün olsun.

※

Günaydın, keyifli, verimli, neşeli, huzurlu ve kazançları bereketli
hafta olsun.

※

Yaşadığım her alışverişe şükrederek, her şükredişimde, bereketimi,
huzurumu, dengemi koruyarak, korunarak geleceğe doğru
ilerliyorum.

※

Tuttuğum, bırakamadığım bana engel olan her ne varsa bırakıyor ve özgürleşiyorum. Yeniyi hayatıma davet ediyorum.

❦

Dengemi bozduğum, aşırıya gittiğim hallerimi bırakıyor, kendi merkezime geliyor ve hayatı uyum içinde yaşıyorum.

❦

Sevdiğimi ve sevildiğimi hissederek, hayatı coşkuyla yaşıyorum.

❦

Beni huzurdan alan, bedenimi sağlıklı olmaktan alan geçmişe dair olanları bırakarak, yaşadığım anın içine geliyorum.

❦

Geleceğe dair hayallerimi gerçeğe dönüştürmem için yardım gelsin, yolum açılsın, kolaylık verilsin.

❦

İçimden yansıyan ışık önce beni sonra çevremi aydınlatsın, verilenin şükründe, olanın kabulünde, sevginin diliyle ifade ederek, kıymet bilen kıymet gören olayım.

❦

Günüm aydınlık, canlı, keyifli, işlerim yolunda, kazançlarım bereketli, sohbetlerim lezzetli, huzurlu, Rahman ve Rahim olanın himayesinde olsun.

❦

Korkularımın güvene dönüşmesini, kucaklanmayı, sevilmeyi Rahman ve Rahim olanın himayesinde Korunmayı ve kollanmayı diliyorum.

❦

Gücü doğru ve farkında kullanmayı, asıl gücün yaratıcı ile birlikte yaratmak olduğunun farkına vararak, güzellikleri yaratmayı, konforu, başarıyı ve yarattıklarımın bana özgüven vermesini, gelişimime katkıda bulunmasını, bu hayatın içinde attığım her adımın bir ibadet gibi Yaradan'la buluşmama vesile olmasını diliyorum.

❦

Sustuğum ve susturulduğum anlarda kapattığım ifademi açıyorum.

❦

*Sevginin diliyle anlatıyor ve dinliyorum.
Zihnim sakin, kalbim kabulde, dengeyi içimde kurarak ilerliyor ve neşeyle yaşıyorum hayatı.*

❦

*Kalbim huzurlu, zihnim sakin
Yenilikler hayatıma güzellikleri ve sevgiyi taşırken
Akışına bırakarak hesaplarımı
Kabule geçiyorum olanı.*

❦

Geçmişin kapılarını kapatıp, geleceğin kalbime fısıldadığını duyuyorum.

❦

Attığım her adım, aldığım her nefes tekâmülüme hizmet ederken, kabulde, huzurda, sevgiyle iletiyorum.

❦

Tut elimden hayat, sar sarmala kalbimi, sevildiğimi hissedeyim, sevdiğimi ifade edeyim.